小人經

長樂老◎著
馬樹全◎譯註

好讀出版

小人經

目次
CONTENTS

總序

也許，眞的像有人所說的，中國文化是一種謀略型的文化。但是，當下謀略類書籍的流行卻似乎與所謂的「謀略型中國文化」並無太大的關係，起碼沒有本質的關聯。因爲文化的深處未必是謀略，而「謀略」的深處一定是文化。

在中國歷史上，存在著儒、道、兵、法、墨、縱橫、陰陽等許多學派。這些主要的學派不僅非常關心政治，還不約而同地指向了「治人」，而治人就必須講究方法，講究方法就是智謀，就是謀略，就是權術。然而，當時的實際情形是智謀被提升爲一種牢不可破的社會制度性之規範和原則，各種學派和文化都在智謀中找到自己的定位，納入了謀略的範疇，成爲智謀的不同組成部分。這樣一來，中國的智謀型文化就形成了。

在歷史上，對中國的智慧、謀略、政治有影響的學派雖有十幾家，但影響最大的主要是儒、道、法三家。中國的智慧和政治雖然常常呈現出紛紜複雜的狀態，其實萬變不離其宗，只要掌握這三家的思想精要，也就把握了中國的謀略和智慧。

儒家的智慧是極爲深刻的。它是一種非智謀的大智謀，其運謀的方法不是謀智，不像法家或兵家那樣直接以智慧迫使對方服從；而是謀聖，即從征服人心著手，讓人們自覺自願地爲王道理想獻身。用今天的話講，就是非常注重做「政治思想工作」，首先爲人們描繪一幅美好的藍圖，並百折不撓地到外宣傳這種理想，直到人們心悅誠服。其實，這已經不是儒家謀略的高明，更不是儒家謀略比別的學派的謀略狡詐，在這裡，它已經上升到了人性、人道的範疇。這就是儒家智謀的合理性之所在，也是其成爲眞正大智謀的根本原因。

法家的智慧很特殊。法家之法作爲君主統治天下的手段，是建立在非道德的基礎上的。法家之法的根源在於君主集權制，因此，它就特別強調「勢」。「勢」就是絕對的權威，是不必經過任何詢問和論證就必須承認和服從絕對的權威。有「法」無「勢」，「法」不得行；有「勢」無「法」，君主不安。但如何才能保證「勢」的絕對性呢？這就需要「術」。「術」就是統治、防備、監督和刺探臣下以及百姓隱祕的具體權術和方法。中國的「法制」最發達的地方就在於「法」與「術」聯手創造御臣、牧民的法術系統。「法」的實質是強力控制，「勢」的實質是強權威懾，「術」的實質則是權術陰謀。這些都是直接爲維護君主王權服務的。

道家的智慧是極爲聰明。黃老的有關著作處處流露出智慧的優越感，處處顯示出對別的學派之鄙夷和不屑。黃老道術自以爲是最聰明的學說，它認爲天地萬物都受道的支配。道是絕對的、永恆的，是永遠不可改變和褻瀆的；世間的人是有限的，對於道只可以體味、尊重和順應。那麼，如何體味和遵循道呢？黃老哲學認爲，那就是要順應自然，要無爲，然後才能無不爲。所謂「聖人無心，以天地之心爲心」，說的就是聖人沒有自己的主張，萬物的自然運行就是聖人的主張。人如果不能體察道，就不能「知常」，不能順應自然，在現實中就容易招致禍害。

當然，在具體的歷史進程中，這三家的智慧從來沒有單獨存在過，總是相互融合，甚至進而吸收其他學派的思想，只是在不同的歷史時期和不同的背景下各個學派的思想相互消長而已。

智謀型文化對於塑造中華民族的性格有著很大的影響，甚至在一定程度上決定了我們民族的性格特徵。當然，這裡不僅有正面的影響，也有負面的影響。在一定意義上，中國人的學問往往被理解成謀略，「世事洞明皆學問，人情練達即文章」，就是很有代表性的話。有許多中國人不惜把自己的一生都花在謀劃、算計別人上，對社會帶來了極大的內耗。遺憾的是，謀劃和算計在長期的歷史發展過程中，不僅有用，而且早已上升爲一種根深蒂固爲人們所稱許的處世態度。它已經不是一種「術」，而是人生的「道」，已成爲中國人難以改變的文化精神。一般所說的中國人善於「窩裡鬥」，就由此而來。

然而，中國的智慧首先是道而不是術，也就是說，術只是道的表現形式，道則是術的根本，是術的決定因素。只要掌握了道，術就會無師自通，就會自然而然地顯現出來。無論是儒家、道家，還是法家、兵家，他們都是正大光明的「陽謀」學派，他們都有一個共同的特點，就是都要求首先提高自己的道德境界，加強自己的人格修養，然後才是智慧謀略。如果顛倒了這一關係，那無論如何也弄不懂中國的智慧。

所以魯迅先生說：「搗鬼有術，也有效，然而有限，所以以此成大事者，古來無有。」

因爲，權謀絕不僅僅是一種技術，中國權智在本質上是一種至爲深刻的文化。只有人的身心內外都滲透了這種文化，才能自然而然地達到內謀謀聖、外謀謀智的境界，才能成爲眞正的聖、智兼備的謀略家。

中國人民大學文學院教授
冷成金

前言

縱觀中國歷史，不難發現一種奇特現象：人們呼喚忠臣，忠臣卻多是命運坎坷；人們抨擊奸臣，奸臣卻多是逍遙自在。兩者生存狀況迥異，這使人們面臨選擇的兩難。只有破除小人的夢魘，這一難題才能得到解決。

「小人」的確很難定義：是齷齪卑鄙的雞鳴狗盜之徒？是六親不認的唯利是圖之輩？還是善於誘人陷入謠言迷宮的巧匠？似乎都不確切。但有一點是明確的，在幾千年的歷史中，小人已成爲善良人、君子乃至中國歷史的夢魘。

《小人經》是中國歷史上最早出現評述小人「智慧」的專著。由於作者馮道的特殊經歷和小人視角，此書便來得有些份量。用曾國藩的話說：「一部《小人經》，道盡小人之祕技，人生之榮枯……」

一部《小人經》可以給我們很多啓發。依據此書，試著作出下面的歸納：

一、小人從不怕麻煩，基本上又不犯法。他們善用謠言和謊話製造麻煩，以渾水摸魚；他們怕水清、怕規則，他們見不得美好。生活中，人們明知那是小人還與其交結，不是爲了撈好處，而是怕小人對自己製造麻煩。

二、小人懂得找到實現利益的最短路線。打破一切規則，爲我所用，是小人的不二法門，他們是順應時變的高手。與君子比起來，小人最突出的品質是不迂腐，並具有超人的嗅覺。

三、小人具有極高的智慧。從適者生存的角度來講，他們眞正稱得上爲「智者」。馮道在空前的亂世中，竟先後服侍過十位君主，居相位二十餘年，僅用人格低下是難以解釋的。

四、小人多是僞術高明之徒，是揣摩心意的高手。他們具有兩面性：搖尾乞憐與窮兇極惡。在需要時搖尾乞憐，那是欲取先予；在翻臉時，小人會無所不用其極。

五、對小人應以毒攻毒、以惡制惡。小人不懼品行高尙的君子，卻害怕比他們還奸險的小人。用更凶惡的小人來對付小人，可謂一招妙法。

當然，人們根據不同的生活經驗，可以歸納的還有很多。

爲了保留本書原貌，我們對原文只作了部分刪減；爲了讓讀者正確理解經文要義，在每段原文之後，我們加了批評性的釋評，並編寫了相關事典。另外，還編入了《鬼谷子巧制小人八招》，以供讀者參考。

應該指出的是，由於作者馮道是歷史上著名的小人，其中的某些謬言怪論並不足信，希望讀者諸君能以批判的眼光閱讀本書。

搗鬼有術，也有效，然而有限，
所以以此成大事者，古來無有。

～魯迅

第一卷

圓通卷

善惡有名，智者不拘也。天理有常，明者不棄也。道之靡通，易者無虞也。

惜名者傷其名，惜身者全其身。名利無咎，逐之非罪，過乃人也。

君子非貴，小人非賤，貴賤莫以名世。君子無得，小人無失，得失無由心也。名者皆虛，利者惑人，人所難拒哉。

榮或為君子，枯必為小人。君子無及，小人乃眾，眾不可敵矣。名可易，事難易也；心可易，命難易也。人不患君子，何患小人焉？

本卷精要

◎小人天生有一套能屈能伸、能真能假的本領。

◎找到利益的最短路線，打破規則，為我所用，便是小人的祕密。

◎彎曲的樹木盤根錯節、古怪離奇，卻能變成天子的名貴器物。

◎見風轉舵和富於變化，這是小人們最拿手的本領之一，也是他們常常能出奇制勝、轉危為安的處世之道。

◎當小人的實惠和誘惑遠比當君子的清貧和艱難更能打動人心。

善惡有名，
智者不拘也。
天理有常，
明者不棄也。

譯文

善與惡有固定的名稱，有智慧的人不受它的限制。天然的道理有不變的準則，聰明的人不會放棄它。

釋評

人們對善惡的定義和認知，對天理的解析和評議，直接決定著一個人的價值取向和生活方式。對此，君子有他們的見解，小人也有他們的認知。

事實上，對善惡的界定往往會因人而異，存有極大的片面性和欺騙性，小人們常會利用此環節，陷善為惡、誣美為醜，以正當的名義幹下罪惡的勾當。

正因如此，人們對善惡的認識和天理的認知就絕不該停留在表面，一味輕信小人們所製造的種種假象，受其愚弄。可以說，善惡之詞和天理之道是最易為人所利用和歪曲的，以惡為善是小人們最無恥和最顯著的特徵。

事典

鄒陽的上書

西漢景帝時，志士鄒陽投效到梁孝王劉武門下。鄒陽學問精深，見識不凡，梁孝王對他十分器重。剛入門不久，他便和梁孝王門下的老門客們平起平坐。鄒陽爲此暗自得意。

一天，一位素來被人奚落的門客向他辭行說：

「這裡我待不下去了，特來向你告別。」

鄒陽和此人並無交情，深感驚詫。他有意無意地說：

「這裡藏龍臥虎，卻不知你在此幾年了？」

那人回答說：

「五年了。」

鄒陽笑道：

「難得你有自知之明，不過你從此也算解脫了。」

那人也是一笑，卻道：

「此中人等，我看只有你像個君子，故來拜見。我只想提醒你一句，這裡是小人之所，君子是容不得的。你若不信，大禍不遠了。」

鄒陽一愣，馬上說：

「你如此咒我，太不應該了。想必你心情沮喪，才會如此，我也懶得和你計較。」

那人搖頭說：

「在小人群中，你卻以君子自居，恃才傲物，和我初來時一般無二。我今天落得如此下場，只是不想讓你走我的舊路啊。」

那人走後，鄒陽十分氣憤，又感到好笑，自然沒把這事放在心上。

鄒陽的得寵和不俗，果然如那門客所說，惹得那些老門客十分忌恨。老門客羊勝、公孫詭於是一同晉見梁孝王，百般進讒，說鄒陽的壞話。梁孝王被激怒，把鄒陽關進獄中，準備將他殺死。

到了此刻，鄒陽才相信那個門客的話並非虛言。他又恨又悔，百感交集，一時放聲大哭，哀聲不絕。

一位獄卒同情他的遭遇，便對他進言說：

「你這個樣子是沒有用的。如果眞有什麼委屈，何不上書給梁王自辯？」

此言令鄒陽止住悲聲，他於是上書給梁孝王說：

「忠貞無不得到報答，誠實不會被人猜疑。過去我認爲這話有理，現在看來只是一句虛言……我竭誠盡忠，傾吐自己的滿腹見解，大王卻受左右大臣矇蔽，聽信了獄吏的審訊之辭，使我遭受世人的懷疑……

「我還聽說，把明月之珠、夜光之璧扔給夜間走路的人，行人無不手握利劍怒目而視。這是爲什麼呢？是因爲珍寶突然降臨的緣故。彎曲的樹木盤根錯節、古怪離奇，卻能變成天子的名貴器物，這是因爲左右的人事先對它精心雕飾。因此，無故落到面前的東西，雖然是珍貴的珠、璧，也只是結下仇怨而無人感恩。假如有人事先吹捧、宣揚，即使是枯木朽株，也可以建立功勳而不被人遺棄。現在天下處境困窘的普通士人，只因貧病交加，雖然學到唐堯、虞舜的治國之術，具有伊尹、管仲的雄才大略，懷著關龍逢、比干的耿耿忠心，倘若他們沒有像木雕那樣經過修飾，儘管竭誠盡忠，當世君主也必定要對他們握劍怒目而視。普通士人在君主眼中比不上枯木朽株。

「正因如此，聖明的君主治理天下，要不受低劣計謀的設計，不被紛紜眾說動搖。過去秦始皇聽了蒙嘉的話，信任荊軻，以致發生了被匕首暗殺的事件；周文王到渭水打獵，識得姜子牙予以重用，因而稱王於天下。秦王信用小人而亡國，周文王任用君子而稱雄。這是什麼原因呢？就在於周文王能擺脫小人親信的偏見，不拘泥好壞善惡的俗見，順從天理所致啊。人主沉湎於阿諛奉承的讚揚聲中，受左右寵臣的牽制，讓不受世俗拘束的士人和牛馬同槽，這就是像周朝那樣的耿介之士憤世嫉俗的緣故，天理何在呢……」

梁孝王閱過鄒陽此書，連聲叫好說：

「此人大才，乃眞君子也。」

梁孝王急命人放出鄒陽，待爲上賓。

道之靡通，易者無虞也。

譯文

道義行不通的時候，善變的人就不會憂慮了。

釋評

見風轉舵和富於變化，是小人們最拿手的本領之一，也是他們常常能出奇制勝、轉危為安的處世之道。在他們眼裡，利益是第一位的，如果能保住自己的私利，別的就不在話下，任何無恥的事都可以做得出來。

值得注意的是，小人們往往把世道黑暗、道義不通作為自己行事的藉口，常常把自己裝扮成一個被逼的無奈者，在這一點上，小人們可使出的騙術相當多，同時，他們又可藉此擺脫良心的不安，為自己的醜行找到一個自辯的理由。這是小人們無所顧忌、為所欲為的心理基礎，也是君子們對他們難以測度的地方，這是不可不知的。

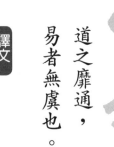

事典

元景安的保命之法

西元五五〇年，北朝東魏的孝靜帝萬般無奈之下，被迫讓位給丞相高洋，北齊從此取代了東魏。高洋是個心狠手辣之輩，爲了斬草除根，他當上皇帝不久，又毒死了孝靜帝和他的三個兒子。爲了掩人耳目，他每每對群臣自辯說：

「我受命於天，接受帝位是迫不得已之事，無奈魏室不順天命，屢生反叛之心，這就是自取災禍了。不過我還是心有不忍，常爲此事心痛啊！」

高洋惺惺作態，群臣只能恭請皇帝萬歲了，誰也不敢把此事戳穿。

十年之後的一天，日蝕出現了。高洋心中驚恐，以爲這是大不祥之兆。他擔心自己篡奪的皇位不保，於是便把他的一個親信召來。高洋對他說：

「王莽奪了漢室劉家的天下，按理說劉家氣數已盡了，可是爲什麼光武帝劉秀又能把天下奪回來呢？」

親信無言以對，只好胡謅：

「這個都怪王莽沒把劉氏宗親殺盡，否則，怎會留下後患呢？」

高洋嗜殺成性，竟信以爲眞，點頭說：

「不錯，王莽太過仁慈了，這是迫不得已的事，又怪得了誰呢？」

高洋一聲令下，東魏宗室近親七百多人全部被殺，連嬰兒也未能倖免。

這個消息一經傳來，東魏的遠房宗族也恐慌異常，他們擔心殺戮最終也會降臨到自己頭上，一時人人自危，聚在一起商議對策。

元景安身爲東魏遠房宗親，此時正擔任縣令之職。他爲人陰險、自私自利，卻常常做出大度慷慨的模樣。此時，他一下露出小人的面孔，聲淚俱下地說：

「世道昏亂如此，我們又能怎麼樣呢？眼下唯有保命要緊，別的也顧不了許多了。」

眾人向他求問保命之法，不料元景安出口道：

「皇上殘殺我等，無非是怕我們心念先祖，再生異端。如果我們脫離元氏，改姓高氏，皇上定會龍顏大悅，對我等網開一面。此事雖說有些難爲，但在此生死關頭，這是最好的保命之法，縱是難爲也要爲之了。」

元景安的堂兄元景皓，爲人光明磊落，一聽元景安之言，拍案而起說：

「一派胡言！認賊作父、拋棄本宗，我寧可一死也不會這樣做的！大丈夫活得安然、死得其所，這樣生不如死，爲人恥笑，縱是苟全性命，活又何益？」

元景安也不示弱，他狡辯說：

「此乃權宜之計、保身之法，別人怎會知道我們的苦衷？你逞能愚頑，不計後果，硬充好漢，到頭來只有死路一條。再說，世事已變，我們不變也是不可能的事，若是不思變通之計，惹來災禍也是自己的事了。」

二人爭吵不休，最後元景安還氣極敗壞地對別人訴苦說：

「元景皓這小子死到臨頭，還妄談清高，不僅會害了他自己，也會害了我們大家，我要和他一刀兩斷。你們也別讓他給騙了，免得白送性命。」

事後，元景安竟把元景皓的話向高洋作了報告，還添油加醋地說元景皓意圖造反，請高洋嚴加懲治。結果，高洋立即逮捕了元景皓，把他處死，而元景安則因告密有功，被高洋賜予高姓，還加升了官職。有人指責元景安卑鄙無恥，不料他還振振有詞地說：

「如果我不會變通，和元景皓一樣固執，這樣的閒話我也無法聽到了。你們儘管說我好了，對我又有什麼損害呢？」

惜名者傷其名，惜身者全其身。

譯文

愛惜名聲的人容易因名聲的緣故受到傷害，愛惜身體的人則會因爲愛惜自身而使身體得以保全。

釋評

君子和小人是難以相容的。在小人眼裡，君子們為了一介虛無的名聲而放棄實利乃至生命，實在是一件十分可笑的事。為此，他們採取了和君子們完全不同的處世方法和為人方略，也就不難理解了。

應當指出的是，君子的行為固然高尚，可總是一味清高、唯名是求、不講策略，極易形成薄弱之處，為小人所利用和攻訐，落入小人所布下的重重陷阱。歷史上君子和小人的爭鬥，小人常常是勝者，這個教訓不僅深刻，也是能警醒後人的。

事典

張華的死難

西晉初期的大臣張華，以博學著名。他為人謙讓，引人上進，無論何人有一點美處，他都想方設法為人傳播美名，是當時人所敬仰的君子典範。

張華如此高潔，卻遭到朝中奸惡小人們的百般詆毀。於是有人對張華說：

「若論修身處世，你的修為當是無可指責了。可不幸的是，你既身在朝中風險之地，又擔任要職，這般不願和小人為伍，他們怎會放過你呢？你若不顯得庸俗一些，和小人們略作周旋，我真為你的命運擔心啊。」

張華自恃博學多聞，從不把那些勢利小人放在眼裡，這時他聽了好心人的勸告，馬上正色說：

「朝政昏暗，有我在此，方能顯得有些光亮，為什麼他們不能容下這一點不同呢？再說，我不招惹他們，潔身自好，他們又怎會無端加害於我呢？做人名聲第一，我又怎會為了討好小人而損害我畢生的追求呢？」

正因張華聲望卓著，名聲極佳，八王之亂時，趙王司馬倫和他的死黨孫秀準備發動宮廷政變，想到了利用張華的威望，藉以增加自己成功的籌碼。孫秀密派司馬雅夜訪張華，對他百般勸誘，並說：

「現在賈后當權，朝政黑暗，你爲當世君子，怎能坐視不管呢？趙王欲行大義，匡扶朝廷，請你襄助此事，日後趙王論功行賞，大人可就遂了畢生之志。」

張華深知趙王和孫秀的爲人，知他們乃是亂臣賊子之輩，於是冷冷一笑說：

「此乃國家大事，我一個書生無能相助。何況我和你們王爺素無交情，此等大事我又如何擔待得起呢？請恕我不能從命！」

司馬雅好話說盡，張華都是一口回絕。司馬雅最後氣極敗壞，大聲吼道：

「刀都擱在脖子上了，你還敢這樣說話！」

說過此言，司馬雅頭也不回地走了。

張華的家人都怪他得罪了趙王，只怕後果嚴重，家人哭著勸他說：

「那些人既是有心犯上作亂，他們又怎會心慈手軟呢？他們拉你入夥不成，勢必會加害於你，你爲何不假意應承他們再另作打算呢？」

張華這時也默默流淚，許久方道：

「這是身關名節的大事，我哪敢糊塗呢？只不知他們爲何找上了我，這也許是天意弄人吧。」他連聲哀嘆，卻絕不肯作出讓步。

趙王司馬倫和孫秀發動叛亂，捕殺了賈后之後，立即命其死黨張林假傳詔書，把張華抓了起來。張華拼死抗爭，質問張林自己身犯何罪，張林陰笑著反問張華說：

「你身爲宰相，向以君子自譽，可賈后專權，太子被廢，你卻無動於衷，不能盡忠，這也是君子之道嗎？」

張華辯解說：

「我早有諫書加以勸阻，你去查驗便知。你們這是加害忠臣，又何必作此罪名害我名聲？」

張林哈哈一笑，忽又低聲道：

「你不識抬舉，只怕名聲有了，命卻是要沒了。你這是何苦呢？」

張華連叫冤枉，張林一聲喝斥打斷了他的話，陰聲道：

「你不能盡忠，也稱不上眞正的君子了。你勸諫不成，又爲何不辭官呢？想必你心有貪念，何必再冒充什麼好漢？」

不久，又有使者來到，說：

「有旨意要斬你。」

張華至此忽發悲聲道：

「我一片忠心，乃先帝老臣，得此報應，我至死不服啊。」

張華被殘忍地殺害，不僅如此，他的父、母、妻三族親屬也被一併斬首，一個不留。朝野上下對張華的死難十分悲痛，卻懾於當權者的淫威，沒有一人敢爲他申辯。

名利無咎，逐之非罪，過乃人也。

譯文

名利本身並沒有什麼過失，追逐它也不是什麼罪過，過錯都是人所造成的。

釋評

古人亦有言：「好榮惡辱，好利惡害，是君子、小人之所同也；若其所以求之之道則異矣。」本來名利無所謂好壞之分，求取名利也沒有對錯之別，關鍵在於人們所採取的手段和態度的不同。

俗話說「君子愛財，取之有道」，強調的也是求取名利之方式和方法的正當性，而對名利本身是並不加以排斥的。應該認識到，在專制政治時代和十分複雜的背景下，小人的伎倆和招法往往比君子的手段和方略更能迎合當權者的自大心理和貪圖虛榮的本質。

名利作為一種獎賞和恩賜，已成了當權者御人的一種利器，失去了它應有的光彩。由此觀照，古來君子們淡泊名利的所作所為，從中不難發現，他們對名利的蔑視，其實是一種無聲的抗爭，而這種抗爭又常常是要以捨棄眼前的名利為代價的。不是真君子，實難為之。

事典

謝方明的不凡之舉

東晉末年，桓玄舉兵反叛後，丹陽尹卞範之權傾朝野。他看重謝方明的聲望，幾次想把自己的女兒嫁給他，不想謝方明都毫不猶豫地拒絕了。卞範之私下把謝方明召來，當面對他說：

「你是個君子，名聲卓著，我才肯把女兒嫁給你。不知你對我有何成見，竟毫不客氣地讓我難堪，你能說說你的理由嗎？」

面對卞範之的興師問罪，謝方明並不畏懼，他直言道：「我雖不敢自命君子，卻也深知高攀富貴、獵取名利的羞辱。大人如果強人所難，我也只好任憑大人處置了。」卞範之見他正義凜然，心中理虧，一時竟無法相強。

劉裕掌權後，謝方明正在擔任晉陵太守。一次他竟在年終的時候，把其所管轄區域內的江縣在押囚犯，全都暫時釋放回家，讓他們三天之後返回。此令一出，轄區官吏人人色變，不敢相信。於是，謝方明的手下弘季咸、徐壽之勸阻說：

「大人情動天地，施恩於人，這本無可非議。可如此施恩於那些囚犯，大人所冒的風險實在太大，要知他們之中還有二十多人是重犯，要他們如期返還，一個不差，是不可能的事。如此一來，朝廷怪罪下來，不但大人官位難保，只怕會有性命之憂，大人為何要自毀前程呢？」

謝方明謝過他們的好意，自信地說：「這種舉動，古人已然做過，我不過是效仿先賢罷了。君子有成人之美，人皆有惻隱之心，我眞心對待囚犯，他們又怎會有負於我呢？」弘季咸、徐壽之連連搖頭說：「人心不古，世風日下，大人豈能視而不見？用古代人的恩誼對待囚犯，現在是行不通了，大人萬不可意氣用事，鑄成大錯！」

謝方明思忖片刻，猛然正聲道：

「我意已決，你們不可再言此事。我乃眞心爲人，早已把榮辱名利拋之腦後，這是你們不知所以啊！」

最後，那些放歸的囚犯沒有一個逃亡，謝方明的義舉也被廣爲傳頌。

經過此事，弘季咸、徐壽之對謝方明更是敬佩有加，他們向謝方明謝罪說：

「我們乃小人之見，大人的君子之風我們算是見到了極致。敢問大人，可願意原諒我們？」

謝方明爽聲一笑說：

「你們一心爲我，何談『原諒』二字？老實說，直到最後一名囚犯回來，我的心才輕鬆下來。我本無慾無求，可笑有人竟說我這是沽名釣譽之舉，如果他們知道這幾天我的心境和最壞的打算，只怕他們又會說我完全發瘋了。」

原來，謝方明爲此已作了貶官、受死的準備，甚至連裝殮自己的棺材都已備好了。後來的知情者無不爲他連叫僥倖，心有餘悸。

君子非貴，小人非賤，貴賤莫以名世。

譯文

君子不見得就是身處高位的人，而小人也不見得是貧賤低微的人，尊貴和貧賤不能光用名聲來獲取。

釋評

對君子和小人的定義，人們並不陌生。君子品德高尚、志存高遠、重義輕利、正大光明、和而不同、知書達禮。而小人則相反，他們無才無德、搬弄是非、見利忘義、陰險狡詐、結黨營私、不學無術。

按理說君子的處境和命運應該比小人不知好上幾百倍，可事實卻不盡然。歷史上的君子大多命運坎坷，屢受磨難；小人卻是如魚得水，大行其道。

窮其原由，就是一個人身份的高低和他的名聲完全是兩回事，認識不了這一點的人絕稱不上是智者。

事典

爲人鄙陋的王戎

身爲「竹林七賢」之一的王戎貪財好利，十分苛刻。阮籍有一次在飲酒時，把他稱爲「俗物」，王戎卻道：

「俗物最好，這樣才好保全啊。」

王戎善於鑽營，深通官場之術，他曾對自己的心腹說：

「嵇康、阮籍傲物凌人，每以君子自居，唯恐天下不知，這樣必招人怨啊，怎麼能長久呢？時下不缺君子，奈何以君子爲榮？」

王戎任尚書令時，在主持選舉人才一事上，他從未推薦過一個出身寒賤卻有才幹的人，也從未貶退過一個出身高貴但徒有虛名的人。有人說他尸位素餐、不理正事，他卻暗暗心喜，索性更是敷衍了事。拜任司徒時，他乾脆把政事推給同事，整日騎匹小馬，從小門出來閒遊玩樂。

王戎的家人擔心他不務正事，終會大權旁落，於是勸他說：

「大人在朝中位列三公，人人稱羨，可大人似乎並不在意，這是爲什麼呢？」

王戎回答得卻也實在，他說：

「有些人以爲自己聲名俱佳、才德具備，便可青雲直上了，其實根本沒有這樣的事。凡事看看別人是怎麼做的，不務虛名，但求實利，便會萬事亨通了。我這個樣子和前時三公沒什麼兩樣，難道我還要自命君子、自討沒趣？」

王戎愛財如命，不計聲名，到處收買土地，與小民爭利。朝中有人就此彈劾他時，王戎心中並不驚慌，他總是說：

「現在皇室大亂，只要不是謀反，皇上是不會怪罪我的。」

正如王戎所料，每次彈劾過後，皇上非但沒有懲治他，反而更大膽地用他。有人向他請教此中學問，王戎說：

「貪財之人，必無遠大志向，也極易馭使，這樣的人皇上還不放心嗎？」

王戎的不光彩行爲招來世人的恥笑，可他依然如故，有時更是變本加厲，達到不近人情的地步。他的女兒出嫁時向他借了錢，女兒回來省親時還沒有歸還，他便滿臉不高興，直到還錢了他才有笑容。他的姪子結婚，他送了一件單衣，婚後他竟把衣服討回。他家的李子好吃，爲了怕別人也得到好種子，他在賣李子時就會先在李子核上鑽孔。

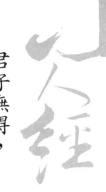

君子無得，小人無失，得失無由心也。

譯文

君子沒有收穫，小人沒有損失，得失不會依從人的願望。

釋評

歷史的殘酷和無情，突顯在君子受苦受難而小人威風得意上。這看似有違常理的現象，卻道出了人性的弱點和封建專制體制下最真實的一面。

由此，當社會上充斥君子吃虧、小人卻可佔便宜的心理和事實時，無形之中會催生出更多的小人來，令君子的處境和有志成為君子的人變得更為艱難和茫然。得失的錯位和不公，是小人滋生最直接的誘因，也是他們甘為小人的重要理由。對這種得失的錯位和不公，君子或可不計，而不是君子的則萬萬不能。

事典

李玄盛的反叛

西元三九九年，北涼國段業即位爲王。漢將李廣的十六代孫李玄盛時任敦煌太守。李玄盛性格沉靜機敏，寬和待人，人所敬愛。他在轄區內推行仁政，頗得人心，被稱爲謙遜君子，是難得的好人。

李玄盛和段業的部下索嗣交往密切，二人還結拜爲兄弟。爲此李玄盛的好友宋繇曾向他進言說：「索嗣外表仁厚，實乃奸險小人。他見大人官高職尊，這才極力巴結，且出言多有諂媚，少有實詞。大人萬不可將心託付於他，以免他日爲他所詬陷。」

李玄盛誠心對人，這會兒連連擺手說：

「爲人最忌妄加猜測，視友若仇。我既和索嗣爲友，又怎會對他如此防範？你太多心了，這不是君子所爲啊。」

宋繇欲言又止，哀嘆而走。

後來索嗣果如宋繇所言，見李玄盛的權位鞏固，聲譽愈隆，忌恨難已，便屢次向段業誣告李玄盛心存不軌，且說：

「大王仁愛待人，這是爲王者的大忌呀。眼下天下大亂，亂世當用重典。李玄盛利用大王的仁慈，招兵買馬，樹尊立威，大王若是再加容忍，只怕他羽翼豐滿，就要取而代之了。萬望大王早下決斷！」

段業初時不信，還訓斥過索嗣。無奈索嗣說得多了，段業心中也不免產生了疑慮。一次，他當面問索嗣說：

「你和他乃是結拜兄弟，你這樣說他，可是君子所爲？你若是小人，我又怎敢相信你呢？」

索嗣有些心慌，忙伏首道：

「天下的君子，大多不願甘爲人下；天下的小人，方能趨利避害，安於一己之私。爲了大王的天下，只要大王深知我心，縱是遭到天下人的痛罵，我也甘爲這樣的小人了。」

段業一怔之下，爽聲大笑。他走到索嗣面前，上下打量了他一番，道：

「你去接任敦煌太守，切記，萬勿使他生疑。」

索嗣帶領五百騎兵前去接任。離城尚有二十里時，他便命令李玄盛前來迎接，且口氣十分輕慢。李玄盛心中雖感到奇怪，卻仍準備前往。宋繇和效谷縣令張邈阻攔說：

「索嗣小人得志，大人不可再受其愚弄。段業昏庸無能，定是受索嗣的挑撥，才免去大人的官職。眼下大人兵權在握，他們方有一點顧忌，若大人輕往爲其所制，只怕悔之不及！」

李玄盛猶豫不定，宋繇又道：

「時下世道昏亂，君子遭殃，小人得道。大人何必妄逞什麼君子呢？大人若能振臂一呼，建立大功，再行君子之道於天下，方是大丈夫所爲。如大人再行婦人之仁，請恕在下就此告辭。」

效谷縣令張邈接道：

「人心不古，世事難料，大人若能懲惡除奸，何須拘於小節？索嗣無德無能，若是由他接任太守之職，百姓受苦受難的日子就不遠了。還望大人為了敦煌百姓著想，切勿輕率從事，任人宰割。」

李玄盛被二人的話語打動，心緒難平。他沉吟多時，方沉聲道：

「你們說的沒錯，我自認誠心對人，誰料竟會如此？看來對付小人之輩，實須用小人之道方能奏效。我的心已經涼透，看來世事得失，遠沒有人們想像的那麼簡單啊。」

李玄盛於是出動軍隊，打敗了索嗣的人馬。他又向段業呈文為自己開脫，頗有激憤之詞。段業又陷遲疑，這時和索嗣有仇的另一位將領沮渠男成趁機進言說：

「李玄盛乃一邊關大將，平白無故受了索嗣的誣陷，有些衝動或可寬恕。大王為了天下著想，不如將那索嗣斬首。一來可安撫李玄盛，不令其心生異志；二來可除去索嗣這等奸惡小人，以昭大王重賢之名。」

兵敗逃回張掖的索嗣，萬沒料到自己會落個害人不成卻反遭人害的結果。直到段業派人前來誅殺他時，他才痛哭流涕地說：

「我一死卻成就李玄盛之名，難道他就是君子嗎？李玄盛必反，萬請將我言轉告大王。」

後來，李玄盛見時機成熟，遂自立為王，建立了西涼。

名者皆虛，利者惑人，人所難拒哉。

譯文

名聲都是虛妄的，利益才最能誘惑人，這是人們難以抗拒的。

釋評

君子惜名，小人逐利，這是君子和小人的根本不同。對名和利的認知，也決定了一個人最終的人生走向。事實上，在小人的眼裡，所謂的君子實在讓他們費解：他們務虛名而受實害，這又是何苦呢？正因如此，他們才極力地貶損君子，又不遺餘力地為自己的行為正名。

應當承認，當小人的誘惑和實惠遠比當君子的清貧和艱難更能打動人心，在利益面前，這一念之差所產生的後果是截然不同的。許多人正是受了利益的驅使，才一步步墜入小人之深淵的。在此，亦可看出君子的寶貴和不易，它折射出現實社會最真實的一面，令人深思。

孟嘗君
名田文，戰國四公子之一，齊國宗室大臣，以養士著稱。

事典

孟嘗君的妙喻

齊國的孟嘗君是戰國四公子之一，有一次他出使楚國。楚王為了結交孟嘗君，送給他一張象牙雕的床，派登徒直護送。登徒直深以為苦，於是他找到孟嘗君的隨從公孫戌說：

「象牙床太珍貴了，價值兩萬四千兩黃金，萬一有個閃失，我的小命就沒了。先生如果有辦法使我不致成行，我將把祖先留給我的寶劍送給先生。」

公孫戌貪圖登徒直的寶劍，可嘴上還是對他說：

「此事已然決定，我一個隨從怎有如此能耐？不過為了你的安危著想，我倒可一試。」

他找到孟嘗君，開口道：

「大人一向以君子自居，又怎能幹下那小人的勾當呢？」

孟嘗君驚訝之下，怒道：

「何出此言？」

公孫戌說：

「聽說大人收了楚王的重禮，在下以爲萬萬不可。大人受天下仰望，人人敬畏，愛的就是大人仁義清廉、體恤貧窮。如果大人收了象牙床，大人的名聲便會因此斷送，也提醒天下人等，大人先前所做的一切不過是裝裝樣子罷了，所以在下口不擇言，冒死進諫。」

孟嘗君思忖之下，忙換上笑臉，對公孫戌感謝說：

「若不經你點醒，我險些鑄成大錯，在此謝過了。」

孟嘗君於是決定婉轉辭謝楚王的禮物，且對公孫戌說：

「那象牙床乃人間至寶，人見人愛，我不及你，可見利之惑人深矣。你堪爲君子，還望日後多多指教。」

公孫戌見孟嘗君接受了自己的勸告，心中竊喜。他急於把這個消息告訴給登徒直，以至在辭行時讓孟嘗君看出了破綻。孟嘗君叫住公孫戌，問他說：

「你走路和平時大不一樣，什麼事情使你如此興奮？」

公孫戌無奈相告說：

「大人對在下的君子之譽，實不敢當。其實是在下受了別人所託，在下所爲又全是爲了賺取那人的祖傳寶劍。」

孟嘗君聽完嘆道：

「君子難覓，這也怪不得你了。」

他審視了公孫戍一眼，又說：

「《詩經》有云：『采葑采菲，無以下體。』（只管摘蕪菁的葉子，只管摘土瓜的葉子，不要管它們的根是什麼樣子。）無論是誰，只要他提的意見對我有利，他的動機我是不問的。」

有人對孟嘗君不懲罰公孫戍大爲不解，並說：

「大人對他寬容不說，還接受他的建議，這不是成就公孫戍這個假君子之名嗎？」

孟嘗君卻道：

「眞正的君子，世上能有幾人？似我，又豈能不爲利所惑？這是人之常情，我又怎能改變人之俗心呢？但求對我有一點益處，也就十分難得了。」

孟嘗君又公開聲明說：

「人無論出於何樣心機，只要能促使我得到美好的名譽，或是能制止我犯錯，就是我能接受的。」

孟嘗君的舉動，使人們在驚駭之餘，更增加了對他的欽敬。

榮或爲君子，枯必爲小人。

譯文

顯達的時候有的人還可以當個君子，敗落的時候就一定會做回小人了。

釋評

俗話說：「良心喪於困地。」不可否認，人的際遇和處境的不同，對人的價值取向和處事方法有著極大的刺激作用。當君子不易，當小人其實也很難為。

高高在上者為了沽名釣譽、贏取好名聲，有時拋捨小利，充當君子，實質上卻是和君子所為大相逕庭的。而敗落的人，沒有了名聲和虛名的羈絆，做事直奔主題，甚至不擇手段，自不在乎落個小人之名了。

從這個角度來看，界定君子和小人，絕不是表面看起來那麼簡單。在特定的時候，必須看穿表面，人們才能看清偽君子和真小人的真面目，識破他們做出的種種假相。

事典

特立獨行的灌夫

西漢景帝時，魏其侯竇嬰爲大將軍，勢力顯赫、門庭若市。滿朝文武之中，唯獨將軍灌夫不去巴結竇嬰，且說：

「人們趨炎附勢、醜態百出，正人君子怎會幹下如此勾當！」

此言傳到竇嬰耳裡，他便在一次私下場合當面問灌夫說：

「將軍不喜歡和我結交也就罷了，爲何還要貶損拜見我的人呢？」

灌夫直言道：

「大將軍位高權重，勢利小人才會無恥攀附。若是大將軍一日無權，可還會如此風光嗎？在下今日提醒大將軍，是盼大將軍不要爲小人所惑啊。」

竇嬰心中不快，口道：

「你所說的小人，可能爲我指出一二？」

灌夫隨口便說：

「田蚡。」

田蚡是孝景皇后的弟弟，此時還只是個普通郎官。他爲人奸險，工於心計，表面上卻極做謙謙君子之態，對竇嬰更是謙卑逾常，獻媚之態十足。竇嬰爲他所惑，對他信任無二。此刻灌夫說出他的名姓，竇嬰不禁大笑出聲，連道：

「若是別人，我還可信你一次。若說田蚡，我只能笑你狂妄無知了。你這樣率性而爲，出口無忌，不識奸小，我還能責怪你什麼呢？望你當知收斂，否則後患無窮啊。」

灌夫一笑置之。因平生嫉惡如仇，性情剛直，灌夫不僅不去奉承人，反而故意侮辱地位在他之上且爲人卑劣之人，對貧賤之士，對地爲比他低的正義之士，灌夫卻能恭敬有加，不敢絲毫怠慢。對灌夫這番行爲，他的一位摯友深以爲憂，反覆勸他說：

「興衰之道，世之常情。將軍何以顚倒至此呢？要知塵世之中、官場之上，趨炎附勢本是常事，亦是迫不得已的事。一個人顯達的時候可以裝模作樣換取名聲，一個人平庸的時候也不必顧忌小人的行爲。這都是情之所迫啊！你爲何違逆著做呢？你如此不識時務，絕非幸事。」

灌夫一嘆說：

「我行事磊落，不屑與小人爲伍。縱小人道長，我也難與之周旋。只恨蒼天無眼，世道不公。」

後來，竇嬰失勢，田蚡當了丞相。朝中文武都轉而巴結田蚡，灌夫又反其道主動和竇嬰交好。竇嬰至此感慨地說：

「人之榮辱，一致若此，將軍的品德，這會兒才顯現出來了。」

他們至此變得無比親密起來。有人提醒灌夫說：

「將軍身處下位，這會兒不去交結丞相，卻和失勢的竇嬰爲善，這哪裡是爲官處事之道呢？縱然這是君子行爲，對你又有何益？」

灌夫不以爲然，且每每痛斥別人說：

「世道人心都是被你等小人所敗壞的。我雖不敢自稱君子，卻也效仿君子之所爲，豈是爾等所能窺測的！」

田蚡小人得勢，驕橫異常。灌夫在一次酒宴上，故意出言不遜，譏諷田蚡，結果被田蚡抓住把柄，關進牢中。竇嬰爲灌夫四處奔走，他的夫人便對他說：

「灌將軍和丞相作對，人人唯恐避之不及，你又何必蹚這個渾水呢？你已失勢，非比從前，只怕救人不成，反要禍及自身。」

竇嬰哀聲說：

「我悔不該不聽從灌夫之言，以致讓田蚡這個奸惡小人爬上如此高位，禍國殃民。如今灌夫又被此賊所害，我怎能袖手旁觀？這樣一來，別人會怎樣說我？」

竇嬰的夫人哭道：

「眼下保命要緊，你又何必在乎別人怎樣說你呢？你有權有勢時，固可以當君子，如今失勢無權，當回小人又何妨？情勢如此，你萬不可學灌夫。」

竇嬰心有所動，可還是不忍如此行事。最後，灌夫不僅仍被處死，竇嬰也因救助灌夫而獲罪被殺。

君子無及，小人乃眾，眾不可敵矣。

譯文

沒有人能達到君子的標準，因此小人眾多，眾多的小人是難以對抗的。

釋評

君主專制和封建道德的虛偽本質，是產生小人的溫床。歷來的封建統治者表面上推崇君子、貶斥小人，可實際上卻無不是親小人而遠君子。

在實際生活中，君子們的坎坷遭遇和小人們的春風得意，又似在提醒人們：君子不僅難為，做到了也不見得有什麼好處，反是小人好做，好處還不少。這種現實和失落促使許多人走向反面，進而造成小人眾多、世風日下的嚴酷局面。

在此背景下，君子的處境就可想而知了。難怪古來君子大多不敢以君子自居，他們甚至故作平庸，以免四面樹敵。這是君子的智慧，也是君子日見稀少的原因所在。

事典

直言獲罪的楊最

明世宗時，楊最為太僕寺卿。世宗皇帝迷信道教，常深居宮中，不與朝臣見面。楊最深以為憂，便聯合朝臣要給皇上上書，加以勸諫。

楊最多方努力，可朝臣都怕因此致禍，無一人敢附和他的建議。楊最心中氣憤，便對家人說：

「時下皇上不理政事，大臣們又明哲保身，不敢直言，這哪裡是安邦之道呢？我想冒死進諫。」

楊最的家人一聽，惶恐變色，急忙勸阻他說：

「天下的君子，絕非只你一人。如今人皆默然，只因皇上沉溺太深，重用奸人，不容君子啊！別人能順水推舟，全在以此避禍。莫非你就不怕連累家小嗎？此事萬萬不可，否則大禍就不遠了。」

楊最眉頭緊皺，強把此念壓下。

一次，楊最和同僚喝酒聊天時，又舊事重提，同僚便對他說：

「強人所難，這是人所不願的。你若執意讓皇上不信神仙，皇上怎會高興呢？君子當以識時務爲根本，你素來聰明，萬不可再幹這樣的傻事了。」

楊最怒火中燒，激憤地說：

「仗義執言，不事諂媚，這才是君子所爲。何況我等爲朝中大臣，又怎忍坐視皇上爲那道人所騙，做此愚昧之事？你們眼中的君子，若是貪生怕死，只知保全自己之輩，我萬難苟同。」

同僚冷笑道：

「你每以君子自居，何必在此徒逞口舌之利？你若冒死進諫，我等也無話可說。若非如此，你也休談君子之道。」

楊最臉色鐵青，擲杯於地說：

「豎子不足與謀！爾等妄談高義，自稱君子，今日看來不過是徒有虛名罷了。」

楊最爲人一向坦蕩，在任工部侍郎和寧波知府時，他便多次直言上疏，爲民請命。所幸當時世宗即位不久，儘管他言詞激烈，世宗也強自忍下，並未懲罰他。楊最自以爲皇上英明，然而楊最的一位好友卻看出了事情的眞相，他私下提醒楊最道：

「皇上初登大寶，尚能爲了大局，維繫一下他納諫愛賢的名聲，其實，又有哪一位君王眞正愛聽忠言呢？你切不可糊塗了，這對你並不是件好事。」

楊最大惑不解，笑道：

「你太多慮了。我一心爲公，忠心爲國，皇上自知我心。似你說來，那麼天下的人都該做小人不成？」

楊最的友人道：

「世不容君子，上不容君子，你又何必偏愛君子之名呢？你不懂世情，不察上意，只怕君子做不成，反要落個小人的罪名。」

楊最勃然變色，竟和這人斷絕了交往。

方士段朝用爲了愚弄世宗，竟對他說：

「皇上俗事太多，這對成仙不利。若是皇上不與外界接觸，一心修道，大事必成。」

世宗聽信了段朝用的荒謬之言，竟下旨讓太子監國，自己好專事修道。此諭一出，楊最再也忍不住了，他不顧家人和朋友的勸阻，上疏進諫說：

「陛下正値壯年，如今誤信方士之言，竟置天下於不顧，臣以爲不可。要知神仙之事本來虛幻，既或爲眞，也需隱居山中沐浴修練而成，哪有深居宮中，錦衣玉食，而能白日飛升成仙之事呢？我雖愚笨無知，但不敢奉此聖詔，望陛下以天下爲重，勿受方士之害。」

世宗迷戀道教正深，一聽楊最之言，立時怒不可遏。他馬上傳命將楊最逮捕下獄，重重地杖責。楊最受刑不過，杖責未畢，已然氣絕身亡。

名可易，事難易也；心可易，命難易也。人不患君子，何患小人焉？

譯文

名聲可以改變，事實卻難以改變。想法可以改變，命運卻難以改變。人們不擔心自己成不了君子，又何必擔心自己做個小人呢？

釋評

事實的殘酷和命運的無情，使許多人藏頭縮尾，不自覺地背離了君子之道，幹下了許多小人勾當。的確，在小人當道、君子無為的專制制度下，非大智大勇者，實難抗拒小人的誘惑。

在不屑小人作為的同時，生存的現狀和環境的惡劣又誘使人們為了自己的私利，學著小人的手段和方式獵取些什麼，一旦小有斬獲，他們也就不再顧忌背上小人之名了。這種但求功利、不計名聲的心態和事實，一方面反映了封建道德的虛偽和無力，另一方面也充分暴露了社會不公和專制黑暗對人的侵蝕和毒化作用。

由此看來，小人的產生不是偶然的，小人的滋長和蔓延總是社會現實的一面鏡子，映照出最本質的所在。

葉向高

字進卿。萬曆年間進士，三次出任首輔，為明代三朝元老。他於複雜的黨爭之中始終保持清醒的頭腦，對抗奸邪，然力有不及，退隱後抑鬱而終。

事典

葉向高的隱退

明熹宗重用魏忠賢，不辨忠奸。時任內閣首輔的葉向高卻一直保持緘默，全不似在神宗朝時那樣直言上諫。給事中章允儒一次在拜見葉向高時，對他直言說：

「大人爲人正大光明，向爲天下正人君子所重。如今魏氏專權，多行不義，天下人本指望大人仗義執言、爲國除奸，卻不知大人有何打算？」

葉向高微微一笑說：

「除奸去穢，我等只能發一倡議，成否全在皇上。眼下皇上寵幸魏氏，無以復加，我等何必做那徒勞無功之事？我無能爲力，你切勿再言此事了。」

章允儒變色說：

「想不到大人也有明哲保身的時候，豈不讓天下君子心寒？我雖不敢自命君子，卻再不敢以大人爲榮了。」

章允儒憤憤而去，葉向高的家人指責他無禮，葉向高卻痛聲說：

「他說得不錯，可是他哪知我此刻的心境呢？我無力回天，若是再逞匹夫之勇，只怕朝中再無一人可與魏氏抗衡，我這是忍辱負重啊！」

後來章允儒被太監進讒信，皇上敕命廷杖章允儒，葉向高極力救助，章允儒這才得免。事後章允儒拜謝葉向高，葉向高只說：

「我所做的，也只能是這些了。如今奸人當道，你凡事小心。」

葉向高鬱悶難耐，卻始終不肯和魏忠賢同流合污。他救助了許多被魏忠賢陷害的人，和魏忠賢對抗的人也都以葉向高爲依靠。因此，魏忠賢對他十分忌恨。

葉向高對朝中之事心知肚明。他見熹宗對魏忠賢言聽計從，遂心中涼透，萌生了退意。他對家人說：

「我若捨身，想必也於大事無補，何況我也沒有君子的勇氣。我此次求退，勢必遭天下人恥笑，卻可保全家人。雖然落個小人之名，卻總比我當君子對你們好處多些。二者相較，我還求什麼呢？」

葉向高求退的消息傳出，朝中正義之士人人驚駭。有人斥責他膽小怕事，更有人罵他是僞君子，此時才露出了小人面目。葉向高不怒不怨，還公開自責說：

「我本不是什麼君子，也不是什麼小人。如果我個人進退不涉國家大義，你們又何必指責我呢？我年近古稀，意志消退，令你們大失所望，都是我個人的德行不足，自甘平庸。我退意已決，你們儘管責怨我好了。」

他內心痛苦，暗中飲泣。其子深知其意，不平地說：

「父親無力除奸，也不必太自責了，只恨魏氏奸惡。可是連父親救助過的人也指責父親，實在讓人氣憤。」

葉向高擺手說：

「別人說什麼並不重要，重要的是身爲首輔，我卻只能學那小人模樣，求退自保。可是若不如此，我又能做什麼呢？世道昏亂，只恨我生不逢時，空餘此恨！」

葉向高上疏二十多次請辭，終獲熹宗批准。他離去後，魏忠賢更加肆無忌憚，大肆殘害忠正人士，朝中皆爲奸小之徒。葉向高不久就鬱鬱而終，至死也不敢再言國事。

第二卷 聞達卷

仕不計善惡，遷無論奸小。悅上者榮，悅下者蹇。君子悅下，上不惑名。小人悅上，下不懲惡。下以直為美，上以媚為忠。直而無媚，上疑也；媚而無直，下棄也。上疑禍本，下棄毀譽，榮者皆有小人之謂，蓋固本而舍末也。

富貴有常，其道乃實。福禍非命，其道乃察。實不為虛名所羈，察不以奸行為恥。無羈無恥，榮之義也。

求名者莫仕，位非名也。求官者莫名，德非榮也。君子言心，小人攻心，其道不同，其效自異哉。

◎在統治者眼中，君子的名望是能爲他所用的，否則便一文不值，甚至是一種威脅。

◎小人總能順應時勢，改變自己，從而謀取自己的最大利益。小人的智慧往往令人驚訝。

◎任人唯親、小人得志的現實，使官場中人難爲君子。

◎官位的高低絕不是代表品行高低，不善於心計和不耍手段的人，很難爬上高位。

◎獲得合法地迫害他人的能力，是小人的看家本領。

◎君子禍從口出，小人大奸若忠。

仕不計善惡，遷無論奸小。悅上者榮，悅下者蹇。

譯文

當官不計較人品的好壞，升遷也不管此人是否爲奸惡小人。使上司高興的人會顯達，讓下級滿意的人則會坎坷。

釋評

官場向來講究權術和做官之道。對此，任何人都不能逾越。那些抱著善良願望和遠大理想的人，每每在官場碰壁，心灰意冷，就是這種現實的最真實反映。

事實上，在官場做官和做人完全是兩回事，統治者所要求的做官標準與人們追求的君子風範是截然不同的。只要對統治者有利，只要討得上司歡心，便會不分善惡地重用提拔。否則，有君子之名，下級縱是交口稱讚，而上司不喜，也是無用的。

專制和官場人治的事實，決定了官場中人的命運始終掌握在上司手裡。如果把握不住這個關鍵所在，那麼晉升幾乎是不可能的，立足官場也無法長久。

事典

湯斌的失寵

清康熙時，明珠爲相，權傾天下。明珠有一家奴，爲人狡詐，深得明珠賞識，明珠對他言聽計從。一次，這個家奴出外替明珠辦事，所過的州縣，當地知府、縣令無不口稱弟子，親自出迎，極力巴結。

這個家奴經過江蘇時，時任江蘇巡撫的湯斌早聞他的飛揚跋扈，決心教訓他一下。他對身邊幕僚說：

「我最恨狗仗人勢之徒，這樣的小人，如不給他點教訓，天下人都會笑話我湯斌和小人爲伍，此事萬難容他。」

湯斌的幕僚忙道不可，勸說道：

「此人雖爲家奴，卻是明珠身邊的紅人。所謂『打狗看主人』，大人怎可得罪他呢？何況此等小人最是記仇，倘若他在明珠面前進讒言，大人的前程就堪慮了。」

湯斌一聽更氣，怒道：

「我乃堂堂一巡撫，莫非也讓我去巴結一個奴才？此風一長，萬事堪憂啊！如果人人畏手畏腳，天下還有君子嗎？」

那個幕僚痛聲說：
「大人素來正直剛烈，不容奸小，這是人人敬仰、萬人皆知的事。大人爲官多年，自知爲官之道。明珠他位高權重，大人怎可和他結怨呢？若是大人嚥不下這口氣，只怕後患無窮，徒招報復，這又是何苦呢？」
湯斌沉吟片刻，還是說：
「話是不錯，可是我也不能讓一個奴才這般囂張。」
湯斌召見明珠的家奴時，穿戴朝服南面正坐。他非但沒有親迎，且只派他的一個管家在轅門等候。當明珠的家奴帶著幾十個跟班騎馬來到轅門時，一見場面如此冷清，立時怒氣沖沖地對湯斌的管家說：
「湯斌爲何沒來接我啊？」
那管家依照湯斌所囑說道：
「我們都是奴才，這樣有什麼不妥嗎？」
明珠的家奴氣極敗壞地來見湯斌，待見湯斌一臉正氣的樣子，也只好暫時壓下怒氣，只得無奈地按朝廷規定，以下級參見上級的禮節跪下行禮。
湯斌看也沒看他一眼，草草應付幾句，便說：
「你主子與本大人同朝爲官，你來了我也該犒賞你一頓便飯才是。」
他命看門的走卒陪明珠家奴去吃飯，飯菜也十分粗劣。

明珠的家奴回京後對明珠哭訴道：

「湯斌故意侮辱我，其實這是和大人作對啊！此人這般惡毒，大人的名聲豈不毀在他的手裡？我受點委屈不算什麼，但此事已經傳得沸沸揚揚，大人不會不計較吧？」

明珠讓那個家奴退下，臉色鐵青。

一日，退朝時，明珠故意留下對康熙說：

「臣有一事不明，想要請教陛下。」

康熙讓他講明，明珠便說：

「爲臣之道，本該揚君主之善名，不計自己之私怨。如今江蘇巡撫湯斌反其道而行之，一味增己名望，取悅下民，以爲己功。陛下以爲如何呢？」

康熙默然無語。明珠於是無中生有，極力誣陷，把湯斌的君子之行說成是湯斌的一己之私。湯斌的所有美德反成了朝廷最大的禍患。

康熙聽過，良久方道：

「湯斌這般想做君子，該到山中修行才對啊。」

康熙雖沒有罷免湯斌的官職，卻也從此不再重用他了。

君子悅下，上不惑名。小人悅上，下不懲惡。

譯文

君子讓下面的人稱頌，上級卻不會爲他的名聲所迷惑。小人諂媚上級，下面的人卻不能懲罰他的罪惡。

釋評

小人往往和惡行密不可分。考察小人的行徑，研判小人的心理，有一點十分重要，那就是小人多會受到上級庇護。上級對他們的所作所為並不是概不知曉，只因小人贏取了他們的歡心，這才睜一隻眼閉一隻眼。

惡行得不到懲罰，這是小人之所以有恃無恐、無惡不作的根本原因，也是短視者向小人看齊的要素之一。其實，在統治者眼中，君子的名望都應輸於自己，並能為他們所用，否則便一錢不值，甚至是一種威脅。相反地，只要小人的惡行不危及他們的統治，他們並不會真的放在心上。

事典

楊爵的困境

楊爵是明代三原學派的著名學者，以學問品行聞名於世。嘉靖二十年（西元一五四一年）元旦，天下小雪，大學士夏言、尚書嚴嵩等作頌文稱賀。楊爵卻爲此上書說：

「當今君子堪憂，小人諂媚。時下降雪本非祥瑞，他們卻公然稱賀，我深爲陛下擔心。去年，從夏到秋，久旱無雨，京師周圍千里之地，秋糧絕收；之後，又是一冬無雪，元旦剛下小雪就停止了，百姓失去了希望。這個時候，夏言、嚴嵩等人卻以爲祥瑞，大加稱頌，其欺天欺人，不是已達到極點了嗎？翊國公郭勛，人人皆知他是大奸巨惡，而陛下卻寵信他，讓天下君子傷心絕望。現在群奸日趨於前，君子漸退於後，臣以爲此勢萬不可再維持下去了。」

楊爵的上書令嘉靖勃然大怒，他把楊爵的奏章摔到地上，咬牙切齒地說：

「楊爵一味恃名傲上，硬充君子，時下又大逆不道，胡言亂語。難道他眞以爲朕會顧忌他的名聲，不敢懲治他嗎？」

嘉靖立即下令將楊爵逮捕入獄，將他打得血肉橫飛，並用五木刑具用刑，令楊爵昏死一夜才醒。和楊爵同獄室的周怡、劉魁同情楊爵的遭遇，對他照顧有加，還勸他說：

「大人直言無忌，敢言人所不敢言，像大人這樣的君子，眞是世上少有了。可是大人又得到了什麼呢？世道如此，大人何不同流合污，暫且與之周旋，以保全自身呢？」

楊爵氣喘吁吁地說：

「小人得不到懲治，這是禍亂天下的大患啊！君子遭受災難，這是匡扶朝廷應該付出的代價啊！」

周怡和劉魁搖頭說：

「大人能改變這個現狀嗎？不能。大人能懲罰小人嗎？也不能。若是犧牲自己寶貴的性命來成全小人罪惡的功名，這太讓世人傷心了，我們深爲大人心寒。」

楊爵流淚唏噓道：

「皇上縱容奸小，不辨忠奸，若無一人出言點醒，只怕受難的君子就更多了。我拚掉性命，若能讓皇上醒悟，也是值得的。」

周怡和劉魁對視一眼，低聲說：

「皇上豈會不知大人的忠直？又怎會不曉那些小人的惡行？大人冒犯了皇上，這才是大人致禍的根本，大人應該徹悟才是。」

楊爵許久方說：

「也許你們所言不錯，但我一生追求剛直，又豈能因此放棄？我只恨官小職微，不能懲治奸人。」

楊爵入獄，朝野反響甚大。爲楊爵鳴冤之人多次上疏，極言楊爵的品行高尚，請求嘉靖釋放楊爵。嘉靖對此又生怨恨，他說：

「人們稱頌楊爵是個君子，難道我就是個小人嗎？他們明是稱頌他的君子之風，實則是咒我幹下了小人勾當。我無端受此指責，當是爲那楊爵所害，僅此一節，他便是大罪一條了，何談其他！」

嚴嵩等人趁此極力慫恿嘉靖重責爲楊爵求情之人，嚴嵩還說：

「陛下英明無比，人人稱頌，萬不能擔下此等惡名。我嚴嵩倒要問他們一句：欺君罔上，與奸一黨，他們也敢稱君子嗎？楊爵沽名釣譽，他的同黨也是一夥欺世盜名之徒，陛下切不可姑息。」

嘉靖對嚴嵩所言聽得入耳，不禁龍心大悅。把爲楊爵申救的主事周天佐、御史浦鋐抓捕起來，活活打死在獄中。楊爵聽得此訊，痛聲道：

「君子禍己，亦禍人，難道我遵從先哲教誨真的錯了嗎？我屢屢受困，志不得伸，也該是因爲這個緣由吧！」

七年後楊爵被釋放出獄，雖僥倖未死，但身心已受到極大摧殘，不敢再上書言事了。

下以直爲美，
上以媚爲忠。
直而無媚，上疑也；
媚而無直，下棄也。

譯文

下面的人把剛直看成是美好的行爲，上級把諂媚當作是忠誠的表現。剛直而不諂媚，上級會懷疑你的忠心；諂媚而不剛直，下面的人會厭棄你的爲人。

釋評

官場的用人標準和是非界定，主導著君子和小人的人生命運。這本不是君子的過錯，君子卻承載著常人所無法承受的痛苦與磨難，甚至是死亡。

探究此中真諦，應該看到，君子的品格和小人的德行是無法相容於一人之身的。一個人若沒有堅定的意志和捨生忘死的勇氣，最後絕成不了君子。

小人則不然，他們不怕遭人非議和唾罵，更不把名譽和口碑的好壞當回事，甚至冒天下之大不韙也不在話下。君子和小人的行為比較起來，美醜自分，結果卻是大相逕庭、悲歡有別。這只能說明統治者雖然極力美化自己，但仍改變不了其真小人的本來面目，這也是君子悲劇產生的最本質原因。

事典

看破紅塵的康海

明朝的大奸臣劉瑾和康海爲陝西同鄉。和劉瑾不同，康海爲人正直、氣節高尙，他深惡劉瑾爲人，從不主動和劉瑾交往。劉瑾得勢時，康海便多次拒絕劉瑾的主動示好和拉攏，他對劉瑾說：

「我們雖爲同鄉，然道不同不相爲謀，你何必如此費神呢？現在你權傾天下，主動巴結你的人不計其數，請你讓我保留個君子的虛名吧，也好讓天下人知道我們陝西人並不全然一樣。」

說來奇怪，劉瑾竟對康海的不敬很能忍耐，他反而奸笑說：

「皇上對我信任，可見我劉瑾並非別人所說的那種奸惡之輩。若非如此，你難道比皇上還聖明？我念你是同鄉，才屢次與你結交，否則，你縱是有十個腦袋，只怕也都要搬家了。」

康海苦笑說：「我一無所用，你何必苦苦相逼？以你的權勢，還用得著我這個官小職微的人嗎？」

劉瑾馬上說：「只要你願意，做個宰相也不是什麼難事。」

康海拒絕了他的誘惑，軟硬不吃，有人便不解地問他：「你這樣做，不爲名利也就罷了，也不怕劉瑾報復你嗎？」康海笑道：「越是眞小人，越能極力掩飾自己，撈取虛名。我對他毫無威脅，他害我何用？」問話之人卻更加疑惑，問道：「劉瑾既是如此小人，你又這般高傲。如今你們二人地位懸殊，相信皇上只會相信劉瑾。」

康海聽此，臉色一沉，再不發一言。那人走後，康海的家人但聽康海一嘆說：「皇上若是明主，劉瑾怎會得寵呢？人們只怪劉瑾奸惡橫行，卻不知皇上正是他的靠山啊。」

朝中正直大臣李夢陽被劉瑾誣陷下獄，康海爲了救他，無奈求見劉瑾爲李夢陽說情。

後來劉瑾垮臺後，眾朝臣便以此爲由彈劾康海，說他是劉瑾的同黨，皇上遂將他罷去官職。當知情者爲他打抱不平時，康海卻縱聲大笑，笑過狂飲，大醉不醒。康海的家人待他酒醒後，埋怨他不爭不辯，還勸他直接向皇上申訴，康海又是一笑說：

「世上的事，總有它的根源所在。若是看不清這一點，又哪裡知道天下的奧祕？只怕舊患未除，再增巨創。皇上重用劉瑾，今又偏聽偏信，將我罷官，這是偶然爲之嗎？皇上如此，朝堂又有何讓我眷戀呢？」

康海從此隱居沂東一帶，和王九思等名士酣飲高談。興致來時，他還自彈琵琶而歌。當朝中重臣楊廷和的弟弟楊廷儀勸他打通關節，找個官做時，他竟舉著琵琶追打楊廷儀，口中還大罵不止。有人說康海不近人情，他卻連聲哀嘆說：

「我先前對官場茫然無知，幾多幻想，現在回頭看來，我在官場的那麼多日子都是虛擲光陰，徒耗生命。所幸我悟到此節，來日卻無多了，焉能再陷泥潭？只嘆世人仍墮霧中，我是爲他們而悲哀啊！」

上疑禍本，下棄毀譽，榮者皆有小人之謂，蓋固本而舍末也。

譯文

讓上司疑心能禍及一個人的根本，被下面的人厭棄卻只能損傷他的名譽，顯達的人都有小人的稱謂，就是因爲他們爲了守護根本才捨棄枝節吧。

釋評

對於官場中的顯達者，一個重要的戒律便是要有上司的寵信，不能讓上司懷疑自己的忠心。這不僅是保官之道，也是常盛不衰的要訣。與此相對立的是，若要做到這一點，難免要幹些諂媚違心的勾當，有時甚至還要傷天害理，背親賣友，不仁不義。

這是一個不可逾越的抉擇，也正是官場最為泯滅人性、黑暗凶險一面。過不了這個關口，縱是榮耀一時，也難保長久。俗話說「為富不仁」，顯達者也是如此，這是由官場的腐朽本質所決定的。透過他們道貌岸然的面紗，人們總能找到他們的斑斑劣跡和見不得人的東西。

事典

迷惑世人的王衍

在歷史上，西晉的王衍以清談著名。他屢居要職，善於惺惺作態，迷惑了當時的朝野上下。人們對他無不敬慕，稱他爲「一世龍門」，紛紛效仿。

王衍有此聲望，仕途又極爲通暢，便有人向他求教此中的訣竅，王衍告訴他說：

「做官和做學問是不同的事。學問可以空談，海闊天空；做官卻要腳踏實地，不能有絲毫馬虎。」

他回答得模模糊糊，卻絕口不提及做官的眞諦。私下，王衍只對自己的獨生子說：

「心善和堅持主見的人是當不了官的，不會見風轉舵和愛惜名聲的人也不會榮耀長久。你不要相信我對別人說的話。」

王衍的「君子」之名愈加響亮，他就愈加極力賣弄。他自號不愛金錢，從來不會說出「錢」這個字。一次他的夫人郭氏故意讓婢女用錢串子把床繞起來，讓他無法離床，逼他開口說出「錢」字。而王衍早上起來看見錢後，只是微微一笑說：

「把這東西拿掉吧。」

王衍的女兒嫁愍懷太子爲妃，王衍每以此事爲自己的最大快事。後來太子遭到繼母賈后的誣陷，王衍立刻換了一副嘴臉，他惶恐地對夫人郭氏說：

「唯今之計，保命重要，我要讓女兒和太子離婚。」

郭氏哭著說：

「賈后生性殘忍，這樣她就會放過女兒嗎？再說，你英明一世，若是做下這等事來，天下人又會怎樣看你呢？」

王衍急道：

「我們爲官的，最重要的是要能贏取主子的歡心。這才是我們的立身之基，別的還算什麼呢？顧不了許多了，我這就上書奏請此事，遲則大禍臨頭。」

王衍用這種手段逃過一劫，心有餘悸。從此他更專營自保之計，對國家大事卻不聞不問。八王之亂時，王衍膽戰心驚，不是裝瘋賣傻，就是畏敵如虎。有人提出讓他整頓朝綱，他竟嚇得閉門不出，且說：

「虛名害人啊，他們把我拱出來，不是成心要害死我嗎？」

爲了討好諸王，王衍還向東海王司馬越獻計說：

「國家蒙難，亂象迭出，王爺應當依靠強力的地方政權做支柱，且要選用文武兼備者。」

他還推薦自己的弟弟王澄做荊州刺史，族弟王敦做青州刺史。司馬越聞言一愣，隨即陰聲說：「他們都是你的兄弟，你就不怕損及你的清名？這似乎不像你之所爲吧。」

王衍忙賠笑道：

「我們王家對王爺之忠心，於此可見啊。用別人我怕壞了王爺的大事，這才讓我的兩位兄弟爲王爺獨當一面，誓死效力。」

王衍如此安排，更主要的還是出於他自保的私心。他事後對王澄、王敦說：

「荊州有長江漢水環繞，地勢險固；青州背負大海，實爲要地。我在朝中，你們二人在外，遇事時可相互策應。這足以稱得上『狡兔三窟』了。」

後來，王衍被石勒所俘，爲了開罪脫身，他竟對石勒說：

「我無心爲官，年輕時就不參與政事，晉室的敗亡當是天意吧。」

石勒氣憤地說：

「枉你人稱君子，怎可至此還胡說？你名蓋四海，身肩重任，少壯時就登上朝堂，到如今已是滿頭白髮，你竟說不參與政事，豈不可笑！晉室敗亡，正是你的罪過。」

石勒命人推牆把王衍壓死，還以王衍爲例對部下說：

「晉之所謂君子，沒有比王衍更富盛名的了。但要不是親眼見到他的德行，誰會相信他實爲小人之輩。看來我們消滅晉室，大功必成了。」

富貴有常，其道乃實。福禍非命，其道乃察。

譯文

富貴有不變的規則，它的方法是務實。福禍不是命中註定，它的方法是善於觀察。

釋評

榮華富貴的得失是有規律可尋的。務實求利、善於觀察，向來是小人制勝的法寶。也可以說，小人的「經驗」之談，不僅道破了他們的處世哲學和行奸之道，也從另一個方面點出了君子們的坎坷之因與不遇之由。

在小人看來，務實就不會做那些有損自己私利的事，善於觀察就不會違逆俗情和不及通變。二者缺一不可，只有這樣才能維繫權位富貴。這般行為和見解固是小人的伎倆，但其中卻在在顯現出他們對官場的深刻認知及對榮華之道的真實體悟。

晏殊

字同叔，北宋大臣。以神童入試，賜同進士出身，後歷任要職，一生富貴優遊，善作花前月下舞榭歌臺之詞。晏殊樂於提拔後進，范仲淹、韓琦、歐陽修等，皆出其門。

事典

晏殊的升官祕訣

宋眞宗時，晏殊作爲朝中小官，仍很貧窮。看見別人縱情享樂、留宿歡場，晏殊無力嘆息說：「有朝一日我也可以那樣嗎？」

他十分羨慕，心中倒是十分清醒，每日在家仍和兄弟們一起讀書作文。晏殊的一位同僚有一次拉他出去遊玩，晏殊先百般推辭，最後無奈地老實說道：

「我沒有閒錢，哪裡能玩得起呀？你還是別刺痛我了。」

那位同僚說要爲他付帳，還開導他說：

「時下士大夫遊玩成風，這也是官場應酬之道。無論如何你是少不了的，除非你想安貧樂道。再說，你與眾不同，知情者或可原諒你的苦處，不知者還道你故作清高呢！這對你的前程都沒有好處。」

晏殊拒絕了他的邀請，同僚只好悻悻而去。晏殊的兄弟們責怪他說：

「他也是一片好心，兄長何必拒人於千里之外？莫非兄長甘心如此？」

晏殊長嘆一聲，解釋說：

「人人思取富貴，我更是心急如焚哪。可是你們要知道，富貴既是人人百般求取之物，焉能輕易到手呢？我們現實如此，只能暫時忍耐，切勿浮躁，眼下苦讀詩書，正是我等他日的晉升之階。這才是我們該做的頭等大事啊！」

晏殊文才出眾、滿腹經綸，一次他在朝中聽聞有人被貶離京，於是急忙書寫一篇贈別之詞送上。此事傳出，人笑晏殊不識時務，竟會和落魄之人交結，晏殊內心暗笑，表面上卻只搪塞說：

「貴人落難，我心有不忍，這也算是錯失嗎？爲人最重『同情』二字，我只是略表同情之意罷了。」

背後，晏殊卻對自己的兄弟說出他的眞意所在：

「如今人情冷漠，官場更是如此。我這樣做，誰都不屑爲之，卻可讓我一人占先，贏取個重情仁義的名聲。我一無所有，這也許會替我帶來意想不到的收穫吧！」

宋眞宗選任輔佐太子的東宮官員時，有人便推薦了晏殊，說他有古時君子之風，正可輔佐太子。宋眞宗問晏殊有何才德，薦舉之人便以他不事遊玩和送人贈詞二例爲證。宋眞宗聽過連聲道好，立即就批示擢用晏殊。消息傳來，晏殊驚喜過望，喜極而泣。他對兄弟們告誡說：「我苦心經營，終有此果。看來蒼天有眼，不負於我啊！你們只要凡事用心，無事不成。」

晏殊上任之初晉見宋眞宗，宋眞宗當面誇獎他知學上進，謹愼忠厚。不想晏殊卻故作認罪之態說：

「臣絕沒有陛下想像的那麼好啊。老實說，我並非不喜歡宴遊，只是因爲太窮，無力參加罷了。如果有錢，我早就去了。」

宋眞宗萬不料晏殊如此誠實，一怔之下，喜不自禁道：

「你這般坦誠，當眞再無第二人了。太子讓你輔佐，我也該放心了。」

晏殊用此方法，令宋眞宗對他的印象更加深了一步。當人們說他命好運高時，晏殊嘴上應承，心裡卻笑他們無知。最後晏殊也官至宰相。

實不爲虛名所羈，察不以奸行爲恥。

譯文

務實就不會被虛妄的名聲束縛住，善於觀察就不會覺得奸詐的行爲有多麼可恥。

釋評

官場造就了無數小人，也斷送了不少君子的性命。這個無情的事實讓後來人不能不為之警惕。官場上所盛行的勾心鬥角、陰謀詭計、整人害人，手段愈發高明，方法愈加殘酷，用意愈加凶險，幾乎可以歸之為官場小人在學習借鑑前人「經驗」的基礎上發明出來的。

更可怕的是，這種陰暗的東西日漸流行，甚至被奉為為官祕笈，人見不怪，成為官場的潛規則。不以為恥、反以為榮的心態和思想是官場小人所共有的特徵。有了這個主觀基礎，做起事來便沒有了束縛和羈絆，也難怪他們幹下任何惡事都可以心安理得。

劉瑾

明朝大太監，於孝宗朝侍奉太子，因善察言觀色、隨機應變，深受太子信任。太子繼位後，遂升任司禮監掌印太監，大權在握，專擅朝政。後因蓄謀造反，事發，被判凌遲。

事典

凶殘的劉瑾

明武宗時，宦官劉瑾多方引誘武宗遊玩嬉戲，宴樂不止，武宗日漸寵信他。朝中群臣見武宗不理朝政，遂連連上書勸諫。劉健、謝遷等還上奏疏請求斬殺劉瑾，戶部尚書韓文也率領眾大臣同聲呼應。

面對群臣的壓力，武宗不得已想把劉瑾等人遣送南京了事，他對劉健等人說：

「劉瑾也是為朕辦事，罪不至死，你們就別趕盡殺絕了。」

劉健等人堅持己見，劉健說：

「奸惡不除，後患不止，陛下萬不可對此小人心存仁念。為了陛下的江山，臣等誓死難從。」

太監王岳也深恨劉瑾的爲人，他也勸諫武宗誅殺劉瑾，還動之以情地說：

「陛下怎能爲了一個劉瑾，讓天下人寒心呢？我等和劉瑾交往多年，深知他陰險叵測。一旦他大權在握，只怕陛下也難以制伏他了，此人斷不可留。」

劉瑾的同黨、吏部尙書焦芳把這些情況飛報給劉瑾。劉瑾十分恐懼，恨恨地說：

「將我發配南京，我也認了。他們竟要將我置於死地，難道只有這樣才能證明他們是聖賢君子嗎？自古道『無毒不丈夫』，看來此言眞是一點不錯。」

劉瑾連夜帶著太監馬永成趕到武宗那裡，跪地痛哭，連叫冤枉。武宗爲其打動，嘆聲對他說：「你行爲不檢，朕也不好公開爲你辯解。你還是到南京去吧，也好暫避風頭。」

劉瑾見武宗憐惜自己，趁機進言說：

「王岳身爲太監，如今竟和大臣們勾結一處，執意殺我，陛下可知此中眞意嗎？這分明是他們心存不軌，要趁此除去他們所忌恨的人，進而控制皇上的出入，實行他們的奸計。此事害我事小，危及陛下事大。」

武宗聞言被激怒了，他竟一改初衷，當即任命劉瑾爲司禮太監，馬永成執掌東廠，連夜逮捕了王岳。第二天早朝，面對事情的突變，劉健、謝遷跺足而嘆，憤而請求辭職。

劉瑾大權在握，在酒宴上對同黨馬永成說：

「我讀書不多，卻知曉古時朝臣爭鬥之事。從前我不深信，以爲胡編，經此一難，我才不得不信啊！不是你死，就是我亡，至於用什麼手段、什麼奸計，根本就沒有好壞之別、美醜之分啊！今日我幸得保全，說什麼也要報此大仇。」

劉瑾於是又鼓勵武宗殺了太監王岳，革去韓文的官職。那些請求劉健、謝遷留任的給事中呂翀、戴銑等二十餘人，也被劉瑾一律杖責。劉瑾同黨有的稍顯不忍之態，劉瑾便斥責他們說：

「對敵人不忍，就是對己不善。你們切不可有什麼婦人之仁，其結果只能害了自己。我這樣做有什麼不好嗎？有什麼可恥嗎？在我眼裡，這才是求取富貴所必須的。前人這麼做，我們只是效仿前人罷了。」

縱觀劉瑾一生，他的所作所為都是在這種理念支配下進行的，結果使眾多的正義之士無端被害。以至他被殺之前，還毫無廉恥地大聲說：

「我不恨自己殺人太多，卻恨自己殺人太少。若不是如此，我又怎會落得如此結局呢？」

無羈無恥，榮之義也。

譯文

無所不爲、沒有羞恥，乃是登上顯達的眞義。

釋評

君主專制時代裡，時局的變遷、朝代的更替、統治者好惡的改變，都左右著個人的命運和得失。在此轉折關頭，小人總能順應時變、改變自己，從而為自己謀取最大利益。面對不忠、不義的惡名，小人們卻能坦然接受，甚至引以為豪。

這種現象屢見不鮮，正可反過來證明官場本無羞恥之說、清名之譽，有的只是功利和投機。人們若不順著這個思路辦事做人，官場就容你不得，失敗也是必然的事。

事典

得意的馮道

五代的馮道歷仕四朝，他服侍的君主有十個之多。奇怪的是馮道總能屹立不倒，榮華不失，高居宰相之職。他晚年寫就的《長樂老自敘》書文中，詳陳自己一一所得的官職，字裡行間充滿得意自豪之態。他認爲自己「對家孝順，對國盡忠……當兒子、當弟弟、當大臣、當師長、當丈夫、當父親、有兒子、有孫子，養活自身及家人則綽綽有餘。時常讀一卷書，時常飲一杯茶，吃了多種食品，欣賞了各種樂曲，得到美人，從小至老平安地在這個社會裡生活，越老越自在安樂，還有什麼樂趣比這更樂的？」

馮道「自我感覺」如此良好，本身就沒把自己的變節行爲看做羞辱和無恥。他曾反覆告誡自己的兒子馮吉說：

「爲父能有今天的地位，關鍵在不受名聲道德所束，不把世人眼裡的羞恥當做羞恥。這說得容易，做起來就難了。首先要打破常規，心裡不能有一點罪惡感。其實，天道在易、世事在變，與天道世事同行，這有什麼好羞恥的？若能得享榮華、長保平安，還有什麼值得顧慮的嗎？」

他的兒子馮吉怯生生地說：

「這是父親的智慧，我怎麼能做得到呢？世事紛雜變幻，我實難看透。」

馮道哈哈一笑，接著說：

「做到這一點也不是什麼難事，只要你沒有自己的主見便可。只要對你個人有利，你盡可大做特做。否則，又與你何干？萬不可心有雜念。」

馮道是這麼說的，也是這麼做的。他與別人不同，任何時候他都能把自己的眞實想法藏在心底，外表卻裝得無一絲破綻，讓人誤以爲他是處處爲朝廷和別人著想。閔帝時，潞王李從珂在鳳翔反叛，閔帝逃到衛州，馮道身爲宰相，卻對百官說：

「天下興亡，本是常事，有什麼可大驚小怪的呢？時逢亂世，大家爲官做事，無非求個平安富貴，其他自不足論。我想以身殉國，卻怕你們效仿，陷你們於家破人亡的境地，若不如此，你們也會背上不忠的罵名。我想來想去，爲了天下早日安定，也爲了解脫你們的困境，我決定迎潞王入京爲帝，一切罪名由我擔下好了，讓世人都罵我馮道一人吧。」

百官早有投降潞王之心，今聞馮道之言，無不表示贊同。爲了感激馮道的「美意」，他們聯名上書保舉馮道爲相，且說：

「馮道不爲愚忠，順應時變、慧眼識人、不計得失，這是國家重興的希望，也是大王治國應倚重的良材。我等爲其開悟，方能服侍大王左右。馮道倒戈之義舉，使京師不見血腥。大王承天受命，自應厚待馮道才是。」

潞王見表即笑，說：「一個老滑頭竟會被人吹捧至此，當眞可笑至極。」

潞王言雖如此，還是對馮道心存感激。爲了安撫百官，收買人心，他十分痛快地任命馮道爲相，對他也是十分信任。

契丹滅了後晉，馮道又主動侍奉契丹。他的兒子都感此事太不光彩，可是馮道卻說：

「面子上的事，各人有各人的說法，何必在乎別人的說辭？我始終認爲，沒有比敗家喪命更羞恥的事了。」

契丹皇帝耶律德光對馮道的反覆無常並無好感，他當面羞辱馮道說：

「你乃晉之宰相，怎麼會來朝見我呢？這與你的身份不合呀！」

馮道回答說：

「陛下應天滅晉，罪臣安敢逆天？何況沒有城池，沒有軍隊，還有什麼可與陛下抗衡呢？我是不敢不來呀。」

耶律德光聽了十分舒服，故意問道：

「你是個什麼樣的人呢？」

馮道馬上說：

「是個無才無德、傻頭傻腦的老頭子。」

耶律德光爽聲大笑，高興異常，又任命他爲太傅，做了皇帝的老師。

耶律德光的手下深感意外，紛紛勸諫他收回成命，耶律德光卻說：

「馮道寡廉鮮恥，不怨不怒，如此之人方能爲我所用。若是人人剛烈忠義，不附我朝，這絕不是我所樂見的。」

求名者莫仕，位非名也。

譯文

求取名聲的人不要當官，官位不會帶來名望。

釋評

君主時代的為官者，不乏滿懷壯志雄心之人，他們為民請命、忠心為國，其結果卻往往志不得伸，有的還被奸人所害，背上種種罪名。有鑑於此，認清官場黑暗的君子才會拒不入仕、辭官不作、隱居修身。

在他們看來，當官不僅會敗壞他們的清名，更會腐蝕他們的思想，動搖他們的意志，這與他們的追求是背道而馳的。事實上，官場上的君子少之又少，這固然與君子的不仕有關，也與官場的不容和排擠密不可分。官場的「染缸」作用更不可低估，許多人正是抱著美好的願望，懷著善良的心理而一步步走向墮落，甚至喪失人性，犯下滔天巨惡。

阮大鋮

萬曆年間進士。在明末黨爭中反覆搖擺，幸得自保，然為官僅兩年，卻留千古罵名。阮大鋮文采斐然，詩文戲曲俱佳，交遊廣泛，亦堪稱一時風流人物。

事典

阮大鋮的蛻變

阮大鋮是明末的大奸臣，他迫害忠良，依附魏忠賢，幹下了許多令人髮指的壞事。探究阮大鋮的發跡史，可知其初入仕時的一次經歷，令他的人生態度發生巨變。

天啓初年，阮大鋮在京爲官，在其居喪歸家期間，他仍和同鄉人御史左光斗多有書信來往，互相唱和。一天晚上，魏忠賢的死黨上門求見阮大鋮，神祕地對他說：

「左光斗乃魏公公的死敵，聽聞你與他素來友善，特來規勸。」

阮大鋮此時一臉正氣地說：

「左御史爲人光明磊落，堪稱仁人君子，和這樣的人結交，阮某一直引以爲幸，倒不知此事與魏公公何干？」

那人冷冷一笑說：

「你文才卓著，想不到也是這般愚鈍。魏公公能看上你，自是希望你能和他聯手，共同對付左光斗等人，這對你的前程大有好處。」

阮大鋮亦是一笑道：

「大丈夫焉能幹出賣友求榮的勾當呢？我們君子之交，絕非你等所能想像的，我勸你就別費脣舌了。」

那人卻不生氣，只道：

「你入仕爲官，卻是爲何？」

阮大鋮冷眼相對，並不回話。

那人接著長聲說：

「你素有抱負，想必要博得聲名卓著，但你現在身在官場，當是大錯特錯了。官者重利不重名，重親不重賢，這是千年不變的事，你能改變它嗎？再說，若是你站錯了方位，跟錯了人，命都將不保，又何來聲名呢？」

阮大鋮憤然打斷他的話，怒道：

「我阮某一心向善，最重剛義，焉能和你們同流合污？要殺要剮，悉聽尊便，若是讓我不仁不義，卻是萬難。」

那人氣極色變，恨聲道：

「既然如此，我就告辭了。」

等他怒沖沖地離去後，阮大鋮仍是心潮血湧，連道「無恥」。

天啓四年（西元一五七六年）春季，吏部都給事中空缺，阮大鋮依次應當遷任，左光斗便召他回朝。二人相見甚歡，暢飲夜深方散。

當時，朝中掌握薦舉大權的是趙南星、高攀龍、楊漣。他們素有君子之名，都和左光斗十分友善。令阮大鋮想不到的是，趙南星等人對他並無好感。他們想要任用魏大中，便把他補任於工部。

阮大鋮探知此中來由，十分憤恨。他上門去找左光斗求助，左光斗便勸他說：

「此事我並不知，不過事已至此，你就暫且寬心吧。朝廷有朝廷的法度，他們這樣做自有他們的道理，我怎好出面周旋呢？只要爲朝廷盡忠，相信你不會過多計較。」

阮大鋮悻悻而歸，對家人長嘆不止，苦聲說：

「我原指望左光斗爲我說句公道話，卻不想他也推三阻四。趙南星等人都是他的密友，此事他能不知？君子之名，竟是如此嗎？」

其家人在旁道：

「官場本來這樣，只怪你單純幼稚啊。你是做官的，就不該要什麼虛名。你前時拒絕了魏公公的美意，如今卻只有他能幫你。」

阮大鋮似被點醒，卻又一嘆說：

「和那些小人交結，終非我所願啊。」

他一夜未寐，第二天仍在猶豫。三天過後，他對家人說：

「我想通了，沒有了官做，我還有什麼呢？非我不仁不義，怎奈身不由己呀。」

他親自上門拜見魏忠賢，賣身投靠。魏忠賢大喜過望，遂命太監擱置任用魏大中的奏疏。在魏忠賢的運作下，阮大鋮得償所願，進入了吏部。從此，阮大鋮依附於魏忠賢，成了他的死黨。

求官者莫名，德非榮也。

譯文

求取官位的人不要愛惜名聲，品德高尚不能帶來顯達。

釋評

中國幾千年的小人政治，從根本上左右著人們的處世觀念，而傳統的道德說教，只是偽君子們用來沽名釣譽的一種掩飾罷了，實際上並無多少人真正實踐。

「三年清知府，十萬雪花銀」的實惠，令官場中人利令智昏；任人唯親、小人得志的現實，使官場中人難為君子。在如此惡劣的大環境下，操守正直、仁德具備之士反成了異類，為整個官場所不容。正因如此，歷史上的清官才顯得特別寶貴和稀少，與此相對照的貪官和小人才會比比皆是。

可以說，榮華富貴的獲取方式總是與人們的善良願望相反。官位的高低絕不是品行的標示。不善用心計與使手段的人，很難爬上高位。

事典

至死方悟的劉文靜

隋朝末年，劉文靜擔任晉陽縣令，此時裴寂任晉陽宮監，兩人交往頻繁，關係十分密切。一次，他們夜晚遙望城上烽火，裴寂感嘆地說：

「我等職位低微，又逢亂世，眞不知道何時才能贏取富貴，光宗耀祖。」

劉文靜卻笑著說：

「君子以德爲要，只要無愧於心，忠義爲人，官職高低又算得了什麼？難道位卑就是低賤？我並不以此爲憾。」

裴寂苦笑著反駁說：

「你現在說說尚可，只怕有朝一日，面對大富大貴，這話就不好講了。老實說，誰不盼著顯達榮耀？若能如此，我不在乎別人說我什麼。」

劉文靜的另一位好友對裴寂十分反感，他總是在劉文靜面前說裴寂是個勢利小人，並不可靠，他還強調說：

「貪戀富貴、渴望顯達，沒有人比裴寂更熱中的了。我看此人心術不正，必會爲此不擇手段，你可要防範些才好。」

劉文靜此刻對裴寂並沒有過多的想法，只是一嘆說：

「位高權重者，必有德行之虧，不過這與我等官小之人扯不上多少關係。裴寂和我乃君子之交，毫無利害衝突，我爲什麼要戒備他呢？」

劉文靜、裴寂投靠李淵反隋之後，都受到了重用。李淵建唐，劉文靜的官職竟遠在裴寂之下。劉文靜心緒難平，有人便對他說：

「你的才幹和功績，有目共睹，但還是不如平庸的裴寂受寵，你知道這是爲什麼嗎？」

劉文靜動容說：

「皇上用人不當，也是難免的事，我又能怎樣？」

那人連道「不然」，還低聲說：

「你直言無忌，自認有理有節，便要力爭；你修身養德，自認德高者人重，遂不用計謀。這不僅會招小人怨恨，更會讓皇上不喜？你再不改過，只怕升遷無望，禍患也埋下了。」

劉文靜憤然而起，大聲說：

「都怪我不識裴寂的小人嘴臉，倒教他今日猖狂。皇上都被他所矇蔽，我一定面諫皇上，剷除這個奸人。」

那人又忙阻止說：

「始作俑者，乃你之所爲也，你何必怪他？若你這般行事，禍患馬上就來了。何況自古天子向不以德看人用人，你又何必自討沒趣、授人口實呢？萬萬不可。」

劉文靜耐不住性子，仍舊入宮。他直言裴寂的種種缺處，還抱怨說：

「陛下開國不久，自當親賢人而遠小人，如此方能久享太平。」

李淵心中有氣，待劉文靜離開，就狠聲說：

「劉文靜居功自傲，氣焰囂張，他眞的就不怕我殺了他嗎？」

劉文靜心中不服，牢騷隨時便發。他在與弟弟劉文起一起飲酒時，不僅大聲痛罵，還拔出刀子狂砍屋裡的柱子，說要殺死裴寂，爲朝廷除奸。劉文起嚇得臉上色變，抱住他哭著說：

「哥哥心中委屈，可是也要愼言保命啊。哥哥自命君子，又何必和小人爭個高下？哥哥若是看不慣世事，我陪哥哥退隱如何？」

劉文靜哀聲道：

「我非全爲自己，我是爲世道不公而心焚哪！皇上不該這樣對我……」

劉文靜的小妾失寵，偷偷把劉文靜的牢騷話告訴了自己的哥哥。她哥哥爲了邀功取賞，便以劉文靜謀反爲名告發了他。

裴寂、蕭瑀受高祖指派，審理劉文靜一案。裴寂趁此向高祖進言說：

「劉文靜一向清高自傲，以君子自居，對朝廷不敬。這樣的人聲名再高，對陛下又有何用處？天下才剛剛平定，懷不臣之心的大有人在。陛下若是殺了他，正是對天下人最好的警示。」

高祖於是下令殺死劉文靜，將其全家罰爲奴隸。劉文靜臨刑之時，仰天而嘆說：「飛鳥盡、良弓藏，此言不虛也。」

君子言心，小人攻心，其道不同，其效自異哉。

譯文

君子說心裡話，小人研究別人的心理，他們的方法不同，所產生的效果自然就有差異了。

釋評

社會的複雜性和政治的殘酷性，小人的認知並不比君子深刻。君子們的處世哲學表現在直抒己見、口無遮攔上，無形中讓自己的想法暴露無遺，這不僅會讓小人抓住把柄，也會令喜歡諂媚的統治者不快。

與君子相反，小人總是把別人心裡所想的當做自己言說的準繩，從不輕易顯現自己的真實想法。這是小人得寵的一個重要原因，也是他們迷惑世人的關鍵伎倆。君子們的禍從口出，小人們的大奸若忠，都可在此找到很好的註解。

朱熹

南宋大臣，宋代理學集大成者。歷仕四朝，曾任提典江西刑獄公事、祕閣修撰等職。後升任煥章閣侍制、侍講。晚年借講學屢有進諫，違逆上意，罷官。

事典

被罷官的朱熹

朱熹爲南宋大儒，在朝爲官時也心直口快，不畏權貴。他對權臣韓侂胄的小人模樣多有譏諷，爲此擔心他安危的朋友反覆對他說：

「你不是不知此中利害，爲何自找麻煩？古往今來都講究『避禍』二字，莫非你想殺身成仁嗎？」

朱熹回答說：

「朝堂之上，總要有一個敢講眞話的人吧？我飽讀聖賢之書，又怎能學那小人所爲，不發一言？可恨我能做的僅此而已，不能爲朝廷除去奸邪。」

右正言黃度爲人正派，他早對韓侂胄專權亂政的行爲十分痛恨，於是他找到朱熹，想和他聯名彈劾韓侂胄。

朱熹對黃度的建議雖心底叫好，但一想到此中的後果便不寒而慄了。他試探著對黃度輕聲說：

「我等職微言輕，若是聯合群臣上諫，勝算便多了許多，不如我們稍等些時日吧。」

黃度冷冷一笑，說：

「先生若怕報復獲罪，但可明言，大可不必轉彎抹角，道此搪塞之詞。我敬你君子氣節，想不到不過如此。」

黃度起身便走，朱熹忙攔住他說：

「韓侂胄矇蔽了皇上，竊取高位，但他雖是小人，卻也不是等閒之輩呀。我非怕事之人，想想從前直言無功，這次也得尋個萬全之策。你何必急於一時？」

黃度不聽，又暗中聯絡他人，結果計畫洩露，遭到貶黜。

朱熹爲黃度痛惜，他對好友彭龜年流淚自責說：

「我枉爲君子，卻落在了黃度之後，我決心向朝廷進言。」

彭龜年嘆息說：

「我們都是有事藏不住的人，怎會鬥得過善於攻心的小人呢？從前我還對此不信不服，黃度之禍，卻讓我哀嘆連連。算了吧，明知於事無補，倒不如保下功名，以待他日。」

朱熹指著他說：

「這個時候，最能顯現一個人的節操，焉能以成敗論之？我明知不可爲之，卻偏要爲之，就是要讓世人知道我良心未泯。我再也忍耐不住，只盼你不要說我意氣而爲也就是了。」

朱熹直言上諫，義正詞嚴。韓侂胄十分憤怒，表面上卻故作委屈地對寧宗趙擴說：

「臣爲皇上日夜操勞，不敢稍有懈怠；臣爲國事不敢有私，方有今日之禍。朱熹等人，自以爲學問高深，從不把國家臣子放在心裡，日夜抱怨不爲皇上看重，懷才不遇，故有遷怒於臣下之舉。臣並不恨他結怨於我，卻擔心他亂言惑眾，損害皇上唯才是舉、德被天下的仁名啊。」

寧宗最討厭的正是讀書人的狂放不羈，指斥朝廷。他爲韓侂胄的言辭打動，不假思索地便下令免去朱熹的官職。韓侂胄猶不解氣，他讓演戲的人戴著高帽子，穿著寬大的袖衣，打扮成大儒的樣子，到朱熹面前百般戲弄他。朱熹心中氣憤已極，面上卻只能強自忍耐，苦笑不止。

第三卷

解厄卷

無憂則患烈也。憂國者失身，憂己者安命。禍之人拒，然亦人納；禍之人怨，然亦人遇。君子非惡，患事無休；小人不賢，佘慶弗絕。

上不離心，非小人難為；下不結怨，非君子勿論。禍於上，無辯自罪者全。禍於下，爭而罪人者免。

君子不黨，其禍無援也。小人利交，其利人助也。道義失之無懲，禍無解處必困，君子莫能改之，小人或可諒矣。

本卷精要

◎君子憂國憂民，不計私利，滿腔忠義，卻往往是他們致禍的原由。
因爲小人見不得美好。

◎人生的許多錯誤往往是因對小人的輕視而犯下的。

◎小人總是把討好上司當做自己的第一要務。

◎任何申辯和絕不認錯只會被上司看成是對他們的又一次冒犯和挑戰。

◎如果不瞭解小人的特性與「智慧」，他終將給你致命一擊。

無憂則患烈也。憂國者失身，憂己者安命。

譯文

沒有憂患意識就是最大的禍患。爲國憂患的人會失去自身安危，爲己憂患的人會安身立命。

釋評

人的一生會面臨重重危難和困境。從人的不同際遇，不難看到小人的自私自利和明哲保身，確是躲避禍患、逢凶化吉的不二法寶。儘管這些手段和方法為人不齒，但它昭示的事實卻是不容置疑的，它的毒害性也由此可見。

反觀君子雖憂國憂民，不計私利，滿腔忠義，但這些美好的品質和正義行為，卻往往是他們致禍的原由。

高力士

唐玄宗朝大宦官，深受器重，權傾朝野。安史之亂爆發，肅宗稱帝，收復長安後，高力士隨玄宗還京，後被誣流放。代宗即位遭赦，知玄宗駕崩，嘔血而卒。

事典

不盡全力的高力士

唐玄宗時，高力士極受玄宗的寵信，榮耀無人可比。他對玄宗也忠心耿耿，只是每到緊要關頭，便會欲言又止，從不盡全力進諫。

其實一開始，高力士尚能對玄宗敞開心扉，大膽進言。有一次，玄宗對他說：

「朕要去學那吐納導引的神仙之術，朝廷的事朕想交給李林甫辦理，你看如何？」

高力士一聽大驚，忙道：

「天下雖然太平，卻也隱患不斷，陛下怎可放手不管呢？何況天子之權，不可落於人手，否則禍患將生。」

玄宗臉上不悅，口道：

「沒有你說的那麼嚴重吧？事情會到這種地步嗎？」

高力士如遭重擊，立時跪下叩頭說：

「我胡言亂語，罪該萬死。」

經此一事，高力士多有感悟，他不無感傷地對自己的心腹說：

「現在我才明白，縱使我風光無限，也不能掉以輕心哪。皇上終究是皇上，我怎可放言直白呢？這只會對我帶來災禍。」

皇太子李瑛被廢後，李林甫等人建議立壽王爲皇太子，玄宗卻有心立年長的第三子忠王李亨。他猶豫不決，以至食欲不振，憂心忡忡。一天，高力士見玄宗食不下嚥，便開口說：

「陛下不思飲食，可是食物不合陛下口味？陛下講明，容我爲陛下分憂。」

玄宗搖頭道：

「你猜猜看。」

高力士頭腦飛轉，低聲說：

「是爲立皇太子的事吧？」

玄宗暗自點頭，苦道：

「此乃國之大事，一日不決，朕難心安，你可有何說辭？」

高力士早知玄宗心意，卻故意說：

「此等大事，臣安敢妄斷？我只知古有立長不立幼之制。」

玄宗看了高力士幾眼，心中歡喜，臉上也有了笑容，他笑著說：

「你說的一點不錯。」

天寶年間，安祿山執掌重兵，又深爲玄宗寵信，一時儘管有關安祿山將反的流言不斷，也少有人敢向玄宗直言。和安祿山有仇怨的宰相楊國忠雖是進言不止，無奈玄宗並不相信，楊國忠於是找到高力士，對他說：

「大人深受皇上厚愛，安祿山又是朝廷大患，此事危及天下社稷，大人爲了皇上，爲了天下，無論如何也要勸諫皇上啊。」

高力士口中應承，心中卻是另有打算。他見玄宗對安祿山言聽計從，自知多說無益。他又爲玄宗擔心，所以只婉轉地對玄宗說：

「臣聽說北部邊防的軍隊不好調御，臣擔憂會有尾大不掉的事情發生，陛下可有整治的良策？」

玄宗冷冷打斷他的話，不耐煩道：

「朕自有處置之法，你不要多言。」

高力士就此打住，絕不再提此事。楊國忠埋怨高力士不盡全力諫言，高力士只沉聲對他說：

「你只知其一，不知其二。我的苦衷，又有誰能知道呢？」

禍之人拒，然亦人納；禍之人怨，然亦人遇。

譯文

禍患是人們所抗拒的，卻也是人們所能接受的；禍患爲人們所怨恨，卻也能爲人們帶來機會。

釋評

俗話說「天有不測風雲，人有旦夕禍福」，在災禍面前，如何逢凶化吉是每個人必修的課題。在這方面上，審視君子和小人的應對之道，小人的方法和策略應該是更為有效。

小人們不僅正視災難的事實，把自己的身份降到最低，而且他們善於應變、不計毀譽，往往能妥善運用災禍，從中找出對自己有用的東西，轉而作為自己翻身和晉升的資本。

其實，這種絕處逢生的本領君子並不缺少，他們只是不屑為之罷了。拋開手段是否卑劣和人格的高低不談，君子的行為固然可敬可佩，但他們付出的代價卻是極為慘重的。

溫體仁

明朝萬曆年間進士，官至首輔。其執政期間，於政治上無甚建樹，所推薦提拔之人亦大多平庸。然其為人善於逢迎，故享官日久，待遇隆厚。

事典

以退爲進的溫體仁

溫體仁是明朝崇禎時的輔政大臣，他爲人外表謹愼，內心凶狠，屢興大獄。

溫體仁劣跡昭昭，彈劾他的正直大臣不乏其人。崇禎二年（西元一六二九年）春季，御史任贊化上書彈劾他娶娼、收賄、奪他人財產等多項不法之事，且證據確鑿。面對突來的災禍，溫體仁嚇得直冒冷汗，他連聲地對家人說：

「這下我死定了，該如何是好？」

他的家人亂成一團，唯有哭泣。

過了許久，溫體仁才緩過神來，突發陣陣苦笑。他的兒子怯聲問他：

「父親大禍臨頭，又爲何發笑？」

溫體仁瞪視著他，斥責道：

「沒用的東西，爲父驟遭此變，或有失態，爾等置身事外，卻無一人勸慰於我、獻言獻策，難道我們就只能束手待斃嗎？」

溫體仁之子吞吞吐吐地說：

「父親可有良策嗎？」

溫體仁此刻神態如常，苦思多時，又是一笑，自言自語道：

「皇上最恨群臣挾私報復，結爲朋黨。如果我將此事說成是群臣聯手所爲，主動請辭，相信必能打動皇上，贏得生機。」

溫體仁連忙主動拜見崇禎，他哭泣著說：

「臣辦事耿直，得罪了很多人。如今臣在朝中十分孤立，他們不把臣逐出朝廷是不會甘心的。與其等死，任其誣陷，還不如陛下哀憐臣，罷我官職，放我回鄉，討個活路吧。」

他言罷放聲大哭，哀聲欲絕。

崇禎同情心起，遂恨群臣勾結。他召見內閣九卿質詢此事，溫體仁與任贊化等人辯論許久，各有說辭。

此事暫時拖下，溫體仁卻忐忑難安。他自知惡行不少，唯恐其他人等再度發難。惶恐之間，他召來同鄉閔洪學商議對策。閔洪學早知事情的來龍去脈，他出語說：

「群臣氣勢洶洶，此事定然不會輕易甘休。我看皇上還是憐惜你的，否則又何必當面對質？證據已在人手，這對你固是不利，但這都是一些雞毛蒜皮的小事，可大可小。只要你藉此抓住群臣結黨一事不放，不僅會轉移方向，還可剷除對你不利之人，這便會因禍得福了。」

溫體仁點頭說：

「此處我已想到，也是這麼做的。不過看此情形，恐怕還是不夠。我想再上幾份奏摺，堅請辭官，以讓皇上解除疑心，早下決斷。只是我還有疑慮，故而……」

閔洪學會意一笑，接道：

「你是擔心會弄巧成拙吧？」

溫體仁急忙頷首，閔洪學高聲說：

「這是步高棋啊，你何必猶疑呢？只有這樣，才能顯出他們的霸道行徑和你的孤立無援。皇上不僅不會准你辭官，也許還要升你的官職，他們也就敗定了。」

溫體仁於是堅定信心，連上奏摺請求辭職，他故作懇切地說：

「臣的毛病很多，但臣從未失去對陛下的忠心。如今群臣個個藉機打擊我，我也無話可說了。臣對不起陛下，更不想讓陛下爲難。如果說臣的離職可以平息這場風波，使陛下不爲群臣叨擾，臣萬死不辭，又怎會在乎丟官去職呢？」

溫體仁的假話讓崇禎十分感動，他看過奏摺，動情地說：

「人無完人，難得他有這份忠心哪。」

崇禎下詔安慰他，且不准他辭官。溫體仁陰謀得逞，但他還是不敢大意，他又晉見崇禎說：

「陛下何必爲臣一人而讓群臣不喜？這都是臣的過錯。」

崇禎一驚，開口問道：

「他們還是不肯甘休嗎？」

溫體仁遂把給事中祖重曄等人將要彈劾他的事告知崇禎。崇禎聽過，怒聲說：

「他們這是別有用心啊。」

不久祖重曄等人的奏書送到，崇禎看也不看，便對他們嚴加斥責。此事過後，崇禎愈加相信溫體仁被孤立，更加偏愛他了。第二年六月，溫體仁便榮升爲禮部尙書兼東閣大學士。

君子非惡，患事無休；小人不賢，佘慶弗絕。

譯文

君子不是惡人，禍患卻沒有終止；小人不是好人，喜事卻從不斷絕。

釋評

禍患的產生，與一個人的處世態度和方法大有關聯。令人不平的是，君子和小人善惡分明，其人生命運卻是君子遭殃，小人得意。

君子的處世哲學也是把躲避災禍當做頭等要事的，問題只在於君子的那些方法是以仁義道德、堂堂正正為標準，總不及小人的五毒俱全和陰險毒辣。

君子致禍並不能說明小人勝利，更不能表示小人的手段有多麼高明，它只能反映出小人政治的無理和黑暗。在小人政治下，君子無論多麼高明和睿智，也始終逃脫不了種種小人的明槍暗箭，其悲劇明顯帶著時代的烙印。

事典

楊愔的殺身之禍

北齊的重臣楊愔忠孝雙全，志向不凡，爲人稱頌。他年輕時屢受磨難，面對死亡的威脅和名利的誘惑，始終不改其志。楊愔的堂兄楊幼卿任岐州刺史時，每每直言上諫，且引以爲豪，楊愔卻深以爲憂，他對楊幼卿說：

「你的抱負和爲人無可挑剔，可是也要講究一些方式、方法。你無論何時何地都貿然直諫，言辭激烈而失婉轉，皇上怎會舒服接受呢？不但如此，還可能會對你帶來禍患啊！」

楊幼卿爭辯說：

「皇上英明，自會體會我的忠心，何況君子爲人，豈能學那小人行徑？正邪不兩立，忠奸本分明，這和方法策略有何相干呢？」

楊愔還是耐心解釋，楊幼卿卻說：

「我們都以小人爲敵，如果我這樣做不好，我相信你的方法也不會讓你永保平安。記住我的話，除非你改弦更張，做個小人。」

楊幼卿後來因直諫被殺，楊愔哀傷不已，得了重病。他在趕往雁門溫泉治病途中，一路仍是爲堂兄的慘死飲泣。同行的家人不停勸他說：

「此事當爲借鏡啊。他不聽你勸，方有此禍，你就不要傷害自身了。」

楊愔慘聲道：

「我既是爲他，也是爲自己而流淚呀。我們同爲兄弟，志同道合。如今他捨我而去，想起他先前說過的話，能不讓人心寒嗎？世道如此不平，好人眞的就該死嗎？」

在雁門溫泉，楊愔收到和他同殿爲官的郭秀素來信。郭秀素嫉妒楊愔的才能，在信中恐嚇他說皇上也要對他下手，勸他逃走。楊愔信以爲眞，於是把自己的衣帽丟棄在水邊，做出自己被淹死的假象。他改名換姓，自稱劉士安，在嵩山隱居，後又逃到海島，以教書爲業。

權臣高歡對楊愔的才能十分賞識。他得知楊愔未死的消息後，馬上派人去接他回朝。楊愔就此事去和暗中幫助他的光州太守王元景相商，王元景說：

「事情既已眞相大白，原是小人作怪，你就不要在此受苦了。你一身才華，該爲國效力才是。」

楊愔悵悵道：

「朝中小人當道，我等又有何爲？我是不想當官了。」

王元景多方勸說，最後道：

「你足智多謀，爲人穩重，諒小人也害你不得。」

有了高歡的庇護，楊愔平安無事，官運亨通。楊愔放鬆了戒備，他的一位好友卻提醒他說：

「我們做好人的，終是小人的眼中釘。你時下無恙，他日難說沒有風險，我們還是想個萬全之策爲妥。」

楊愔一笑說：

「現在丞相當權，高歡對我信任無二，我還怕什麼呢？」

楊愔之友憂心道：

「高丞相終有百年之日，我們凡事籌劃在先，終不爲過。」

楊愔搖頭又笑，並不在意，他自得地對好友說：

「以我的智慧，雖不能說治國安邦，自保還是足夠了。」

乾明元年（西元五六〇年）二月，榮顯多年的楊愔終因小人進讒無端被孝昭帝誅殺。他臨死自語說：

「世不容君子，非我智不及也。」

上不離心，
非小人難為；
下不結怨，
非君子勿論。

譯文

若想和上司的想法保持一致，很難不當小人；若想使下屬不怨恨自己，則非君子做不到。

釋評

禍患的產生有多種原因，人際關係處理的好壞便是其中之一。

在專制時代，上司掌握著下屬的命運，和上司關係的好壞就顯得大為重要了，這是避禍的關鍵所在。有鑑於此，小人總是把討好上司當做自己的第一要務，極盡媚態和手段，相反的，對下屬卻頤指氣使，毫無恩義。

小人的勢利行為有著深刻的社會背景，君子為上不喜的事實令許多人不得不成為小人；輿論和公義的蒼白無力，也是小人不怕不怨、無所忌憚的一大主因。在小人看來，只要把上司服侍好，別的就不足為懼，也就永無災禍了。這是小人的偏見，卻也透露出他們的真實心態。

事典·

媚上專橫的高肇

高肇是北魏孝文帝皇后高氏的哥哥，宣武帝元恪對高肇這個舅舅格外施恩。即位不久就任命高肇爲尙書右僕射、冀州大中正等要職，信任有加。

高肇初登高位，卻能留心政務，孜孜不倦，格外忙碌。他的弟弟高顯有一次不解地對他說：

「我們乃皇親國戚，皇上信任我們，你大可不必這般勞苦啊。」

高肇教訓他說：

「正因如此，我們才不能失去皇上的寵愛，這是我們的命之所繫。讓皇上喜歡自己，有多種方法，我勤於政事，盡忠職守，這是皇親紈袴子弟所最缺乏的。皇上知道我這樣，能不對我另眼相看嗎？」

宣武帝初年，六輔元詳、王肅、元嘉、宋弁、元禧、元澄專政。高肇野心勃勃，表面上卻對他們極力巴結，恭敬備至。他反覆告誡他的兄弟們說：

「他們都是握有實權的人物，我們切不可自恃皇親，得罪他們。並不是我們怕他們不提拔我等，而是怕他們說咱們的壞話，讓皇上生疑啊。」

咸陽王元禧謀反被殺後，宣武帝對群臣說：

「皇族驕縱，放膽胡爲，致有此禍。高肇一心爲國，勤政愛民，他是你們的表率。我要將政事託付給高肇，如此我方安心。」

高肇騙取了大權之後，小人面目立刻顯現。他結黨營私，培植自己的勢力，依附他的人不久就能獲得提升，否則他就捏造罪名將其殺害。高顯見群情激憤，十分惶恐地對高肇說：

「哥哥做事也太絕情了，你就不怕群臣非議？我以爲還是收斂些好。」

高肇冷笑聲聲，板著面孔說：

「你見識太淺，心又這麼軟，如何能做大事？我想皇上剛經亂事，必不會怪我手法嚴厲，再說我初握權柄，若不培植親信、剷除異類，又怎樣樹尊立威、消除隱患呢？我高高在上，下面的人縱是對我百般怨恨，又能把我怎樣？」

高肇看出宣武帝因元禧反案對眾親王充滿疑慮，於是他多次對宣武帝說：

「陛下仁慈，眾王爺才敢放縱妄爲。時下他們雖是有些恭順，陛下也不可爲其迷惑啊。臣以爲陛下當爲國家久安著想，對他們不能不加以防範。」

宣武帝有些不忍，口說：

「他們都是皇親，又無明顯的罪失，怎好加以責罰？若是招來天下議論，也是國之不幸了，此事容後再議。」

高肇故作惶急道：

「如此陛下危矣！」

高肇於是編造了眾親王的種種罪行，還煞有介事地列舉了他的同黨對此事的所謂「公議」，堅請宣武帝懲治眾親王。最後，高肇痛哭流涕地說：

「陛下若不狠下心來，做臣子的也只好言盡於此了。不過請容臣他們軟禁起來，以保陛下平安。」

宣武帝當面讚許了他的「忠心」，眾親王頓時失寵，高肇藉此剷除了他的勁敵，朝政大權完全被他操縱。

宣武帝死後，高肇日夜悲哭不止。家人勸他節哀，他卻連聲說：

「我爲皇上哀哭，也爲我的安危憂心哪。新帝是否信任於我，我全然不知，還有比這更危險的事嗎？」

高肇的擔憂很快得到了驗證，他入宮哭祭宣武帝過後，便被繼位的孝明帝派人在宮中用繩子活活勒死。他的眾多死黨，一夜之間也被革去了官職和爵位，一併加以剷除。

禍於上，無辯自罪者全。

譯文

禍患若來自上司，不爭辯、責備自己的人方能得到保全。

釋評

面對從上司那裡降下的災禍，如何化解始終是一大難題，不僅關係到身家性命，也是一個人成敗的關鍵環節。

在專制時代，上司的權威是不容反駁的，正所謂「官大一級壓死人」，任何申辯和絕不認錯，只會被上司看成是對他們的又一次冒犯和挑戰，而這也是他們所無法容忍和最為忌諱的。

知道了這點，也就可以理解小人的應對之道了。他們不抗不辯，故作哀憐自責之狀，賺取上司的同情，滿足上司的虛榮心，進而減少了上司對自己的仇恨心理。遍觀小人的這種表現，很多時候都取得了與君子所為截然不同的效果，著實耐人尋味。

徐爰的保身術

南北朝時，徐爰身爲劉宋王朝的大臣，一向善於諂媚，頗有心術。他慣用不同的手段來應對不同的君主，因此榮耀一時。

太祖劉義隆時期，在侍奉皇上、諮詢朝政時，他往往故作高論，生拉硬扯地把無意義的事說成是有意義的事，還能找出典籍詩文作根據，劉義隆特別喜歡他。熟知內情的人對徐爰的做法頗有微詞，有人更當面責備他：

「你故弄玄虛，玩弄聰明，可是讀書人治學之道？治國就危險了，君子是不做這種事的。」

徐爰也不隱瞞，他自得地說：

「標新立異，超越常見，是一種智慧，也是解厄脫困、榮顯邀寵的必備本領啊，這不是可有可無的。只要於事有補，聰明人不會計較是否爲君子言行。」

前廢帝劉子業爲帝之時，朝中大臣人人自危。劉子業殘暴凶惡，行事荒謬絕倫，徐爰卻一味表示讚頌，從不違逆他的旨意。有人說徐爰卑鄙無恥，毫無忠心，他卻反駁說：

「我能活著，全憑如此，我還能聽你之言，自尋死路不成？皇上做什麼都是對的，錯的只是我們當臣子的。」

劉子業對朝中舊臣多半誅殺和罷黜，只有徐爰深得他的寵信，加官晉爵不止。景和年間，親王劉彧被劉子業迫害，飽受屈辱。徐爰爲了討劉子業的歡心，對劉彧十分輕慢。劉彧當上皇帝後，徐爰立覺大禍臨頭，他急和心腹商討對策，以求保命之法。

徐爰的心腹說：

「皇上必不容你，什麼辦法都是無用，我們還是馬上逃亡吧。」

徐爰兩腿直顫，痛道：

「皇上深恨於我，我們能逃到何處？這樣必死無疑，且有滅門之禍，大大行不通啊。」

徐爰的心腹聽他這麼一說，立即大放悲聲。有人回家之後，便畏罪自殺了。徐爰聽此消息，心中慌亂，他苦思一夜，卻寫了一份罪己的奏書給劉彧，他在奏書中說：

「臣先前有辱陛下，罪該萬死。臣當時那麼做，一來爲了邀寵，二來也是爲了顯示小人得志的威風。臣枉讀詩書，一向玩弄小聰明，自以爲騙得了天下人等，卻仍是奸行敗露，報應不爽。臣不敢懇求陛下饒恕我這個奸惡小人，但求表明心跡，讓陛下稍解心恨。臣苟活至今，在舊臣中已屬僥倖，只盼來生報效陛下，以贖今生之大罪。」

劉彧看罷徐爰的奏書時，久不作聲。他本恨死了徐爰，這會兒他竟對身邊的人說：

「徐爰是什麼樣的人呢？」

劉彧的左右沒想到他會說出此語，面面相覷之後，異口同聲地說：

「徐爰奸險惡毒，早就該殺。更可恨的是他竟在陛下危難之際，落井下石，助紂爲虐，這就更容他不得了。」

劉彧臉色漸緩，又陷入沉默。他最後長嘆一聲，遂道：

「此賊已成喪家之犬，難得他竟有自知之明，不隱己過。朕要取他的性命易如反掌，但這麼做卻顯得朕沒有容人之量了。」

劉彧左右力勸不可，劉彧聽得心煩，喝止了他們。他沒有殺徐爰，只把他貶到外地爲官，此舉大出朝野人士的意料。徐爰逃過死劫，事後他對家人說：

「我自辱如此，自責已極，這是皇上想不到的。皇上也是這樣才渡過了難關，我是讓皇上憐己憐人啊。」

禍於下，爭而罪人者免。

譯文

禍患從下級而起，抗爭加罪於己的人才能得到倖免。

釋評

小人獲得利益的方式，總是以犧牲別人、坑害別人為前提，這是小人之所以為小人的本質使然，也是人們厭惡小人的根本原因。

小人向來目光朝上，這決定了他們對上諂媚的同時，對下又極端凶惡的本相。他們對敢於揭發和指責他們罪行的下屬和同僚，歷來是拒不認帳、瘋狂報復的，其常用的手法便是倒打一耙、反咬一口。

如此陰險的行為，在統治者昏庸、人大於法的專制時代往往能消災避禍、暢通無阻。這不僅助長了小人的氣焰，也使社會的正義之舉遭到重擊，造成萬馬齊瘖、小人橫行的黑暗局面。

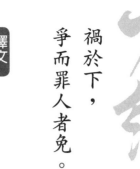

施文慶的避禍之道

南朝陳後主陳叔寶當皇帝時，施文慶特別受到他的信任。施文慶聰明狡詐，一旦握有大權，便大肆搜刮，貪得無厭，目空一切，王公大臣都十分厭惡他。

有一次，群臣私下準備聯名彈劾施文慶，施文慶探知此訊，便和他的同黨沈客卿、陽惠朗等人密商對策。討論了一夜，施文慶才最後定下策略，說：

「群臣一心要置我於死地，我如有絲毫退讓，那就只能一敗塗地了，所以說息事寧人的辦法和主動請罪的計謀皆不可取。在我看來，只有抗爭到底才是出路，把他們套上嫉賢妒能、栽贓陷害的罪名來反守爲攻，轉移人們的視線，這才是上上之策。」

沈客卿、陽惠朗等人連聲叫好之後，又不無擔心地說：

「此計甚妙，不過若要實行起來，讓皇上相信，也不是件容易的事啊，大人應該從何下手呢？」

施文慶胸有成竹地說：

「成敗的關鍵在於皇上是否相信我的說辭，我已想好一法，那就是你們也上書彈劾我。一旦皇上過問，你們照我說的回答就是了。」

施文慶細說之下，沈客卿、陽惠朗等人方豁然開悟，不停地點頭。第二天，沈客卿、陽惠朗等人搶在群臣之前，彈劾施文慶貪贓枉法等多項大罪。陳叔寶驚訝之下，頗爲疑惑地對沈客卿、陽惠朗等人說：

「你們不是施文慶的好友嗎？爲什麼一夜之間便反目成仇了呢？」

沈客卿、陽惠朗等人故作驚慌之態，囁嚅道：

「施文慶不提拔我們的官職，我們所求之事他又屢屢回絕，他哪裡是我們的朋友？我們想他位高權重，揮金如土，不貪贓受賄是不可能的事，故而彈劾他。」

陳叔寶本來就偏愛施文慶，一聽此言卻笑道：

「原來你們是猜忌他呀。」

陳叔寶隨後臉色一變，厲聲道：

「你們出於私怨，挾私報復，朕險些中了你們的詭計。」

事後，施文慶求見陳叔寶說：

「臣爲陛下厚愛，方有此禍啊。現在連我的朋友都忌恨於我，何況別人呢？我想這不是陛下所能壓制的，不如我辭官不做，別人自然不會和我爲難了。」

陳叔寶嗔怪施文慶膽小怕事，還安慰施文慶說：

「此後若再有人彈劾你，自有朕爲你做主。一心爲國者受此誣陷，朕自信不是昏君，他們又怎會得逞呢？你放心好了。大膽做事，切勿灰心言退。」

不久群臣聯名彈劾施文慶的奏書奏上，陳叔寶在殿堂之上對群臣說：

「我現在是深信忠臣者不易了。」

陳叔寶不僅嚴斥了百官，還當場罷免了領頭幾個大臣的官職，說他們懷私誣陷，圖謀不軌。為了表明他的「聖明睿智、賞賢罰惡」，陳叔寶還當場升了施文慶的官職，朝政大權幾乎全都託付於他。

群臣不料此變，惶然無措。退朝之後，有幾個怕事者急忙向施文慶認錯賠禮，口道：

「我等一時受人愚弄，愧悔難言，大人能否饒恕我們？」

施文慶奸笑聲聲，教訓了他們一番之後，又得意地說：

「轉禍為福，原是我的不足之處，你們苦苦相逼，倒教我深通此道了。豈不是最大的幸事？不過我不會感謝你們，我要謝的只有我臨危不亂、死中求活的智計。」

君子不黨，其禍無援也。

譯文

君子不結朋黨，禍患來時就沒有援手了。

釋評

結黨營私、黨同伐異，歷來是小人為禍作亂的重要手段，也是區分君子和小人的顯著標誌。

君子以道義為朋，以志同道合為交友的基本準則，這在小人看來，自是無利可圖、毫無益處的了。

可悲的是，君子的高尚行為在專制時代卻一如小人的預見，他們的高風亮節不僅為小人所不容，也為整個官場所排斥；不但對君子帶來災禍，也使其落難之時少有人敢為他們鳴冤叫屈，出手相救。

即使正義之士、有心之人挺身而出，在小人政治之下，結果大多會以失敗告終，不僅是君子個人的悲劇，也是政治的悲劇。

事典

京房的落難

西漢的京房以研究《易經》著名，當時就有許多達官貴人向他學習《易經》。京房治學嚴謹，敢於直諫。他爲郎官時便多次以天災變異爲由，向漢元帝諫言親君子而遠小人。

建昭初年，西羌造反，又有日蝕和雲霧瀰漫現象，京房以此爲題，上書言事說：

「天災示警，陛下不可不愼。今天下雖平，卻小人暗伏，這是禍患產生的緣由啊。」

漢元帝爲其言所震動，幾次召見他，京房便進一步暢言說：

「古之帝王按功舉賢，順應天變，則政教清明，萬事俱興，這是陛下應當借鑑的。而那些無道之君以親疏好惡用人，上不應天，下不順民，導致功業荒廢，招來災禍，也就不足爲怪了。」

漢元帝聽之心動，問他說：

「你精於測度，善察天機，可有良策上奏？」

京房趁此迫不及待地說：

「察古知今，就是爲消除眼下之禍。陛下應讓百官測試才能，任賢去愚，如此災異自消。」

漢元帝於是任命京房主持這件事，消息傳出，京房的弟子任良和姚平見京房興奮的樣子，反爲他憂愁起來。他們私下對京房說：

「現在人人各安平庸，坐享太平，先生何必要多此一舉呢？先生主張舉賢罰劣，官吏有功則升遷，有過則貶黜，如若此法實行，天下的大小官吏都會因此憎恨先生，這會招來彌天大禍，先生可曾想到此節？」

京房一怔之下，隨即道：

「我只是諫言皇上依此治國，他們要恨，也只能怪他們平庸無能。國事堪憂，不賢者居高位，這種現象是亂國之兆，我身為臣子，敢不為皇上分憂？」

任良誠懇地說：

「先生所言極是。不過先生也不可太操之過急了，此事關係到大小官吏的切身利害，一旦他們攻擊先生，恐怕連皇上也保不了你，這種險事實在不敢想像。」

姚平還建議說：

「此事若是無法推託，先生也不要太認真了。俗話說眾怒難犯，先生大可不必冒此奇險，與天下人結怨。」

京房被他們的話激怒了，臉色漲紅，許久方道：

「你們畏頭畏尾，全不是君子的行為。我京房為國辦事，就是為了懲治小人，解救天下，否則，我還會向皇上諫言嗎？所謂邪不壓正，我就不信他們能把我怎樣。」

京房上奏「考功課吏法」，制定了具體實施細則。漢元帝讓公卿大臣一同討論此法，卻招來了他們的一致反對。

中書令石顯此時專權擅政，他指使自己的同黨五鹿充宗對京房說：

「你所提之議本無不好，只是這樣一來就會搞得人心不安了。現在群臣反對，皇上也勢難堅持，只要你主動提出罷免此議，一場風波也就消弭於無形了。」

京房拒不退縮，他說：

「此法有益朝廷長治久安，遭到一些人非議就棄之不做，哪有這樣的道理呢？我決心推行，首倡此議，更不能無故廢止。」

五鹿充宗身兼尚書令要職，他強忍怒氣，怪聲說：

「群臣反對，只有你一人如此固執，這可不是聰明人做的事啊。此事關係到你的前程禍福，我眞替你擔心。」

面對四面八方的非難和指責，漢元帝也動搖了，他召來京房，試探著說：

「天下議論頗多，你對此又有何見解？」

京房爲了堅定漢元帝的信心，大膽直言道：

「現在亂臣賊子當道，善行良法怎行得通呢？」

漢元帝問他亂臣賊子爲誰，京房開口便直言說：

「明主自然知曉。」

稍後，他又補充說：

「當今的亂臣賊子，正是陛下最信任的人哪。」

漢元帝頓時無語，許久說不出話來。

石顯、五鹿充宗以推薦京房試行考功法爲名，讓漢元帝把他調出京城，任命爲魏郡太守。京房離京僅一月有餘，石顯、五鹿充宗等人便誣陷他誹謗政事，歸惡天子。朝中官員因考功法之事也深恨京房，便同聲附和，沒有一人爲京房說話。漢元帝信以爲眞，便草草決斷將京房斬首。

小人利交，其利人助也。

譯文

小人們以利益交往，有利益可得，就會有人幫助他。

釋評

利益的誘惑是巨大的，可能會帶來的危害更不可低估。小人講究同利結盟，廣結黨羽，其用心便是互為依託，共保利益，消災去禍。

歷史上的奸惡小人能橫行無忌，為禍甚烈，靠的就是這個法寶。他們結成死黨，黨羽眾多，上下呼應，盤根錯節，形成一股龐大的勢力，不僅威懾君主，恐嚇群臣，也讓反對他們的人剷除不易，下手謹慎。

如此一來，小人迭出、奸佞專權的現象便不可避免了；在利益驅使下，許多人更會主動投靠在奸佞門下，以為倚仗和幫凶。這是專制政治本身無法消除的毒瘤，也是君子們最感痛苦和無奈的所在。

事典

石顯的機詐權變

石顯是西漢元帝時的奸佞重臣。他本是一名宦官，漢元帝卻認爲他沒有骨肉之親，可以精誠爲國，專心從政；又加上他聰明靈巧，爲人城府頗深，於是漢元帝便將國家重任託付給他，讓他居於中書令的高位。

石顯掌握重權，一時得意忘形，開始驕縱不法起來。他迫害前將軍蕭望之，令其自殺而死。正當他暗自得意除一勁敵時，想不到眾人議論紛紛，上書皇上指責他的人也爲數不少。石顯深恐漢元帝爲此怨怒於他，惶恐不可終日。

石顯的黨羽深怕石顯遭禍，他們的官位也無法保全，一時之間都行動起來，爲石顯的倒行逆施、殘害忠良之舉大加辯護。漢元帝面對兩種不同的聲音和態度，一時也陷入了迷惑，他把中書僕射牢梁召來，當面問他說：

「石顯人議頗多，你以爲他如何呢？」

牢梁是石顯的同夥，外表上卻裝得和石顯有不同的見解，故而漢元帝才會以此相詢。

牢梁心中竊喜，於是馬上說：

「石顯爲國忠心，此舉全然沒有錯處，陛下不要聽信他人之言。我雖不贊成石顯別的作爲，對此事倒是十分認同，相信指責石顯的人是另有目的吧。」

漢元帝眉頭略展，便讓牢梁退下了。

牢梁看出端倪，急忙趕到石顯府中，心急火燎地對石顯說：

「大人禍事來了，應早尋良策啊。」

石顯聽過牢梁所敘晉見漢元帝之語，不解地問他：

「你爲我請命，好話說盡，皇上當不會怪罪我了，你爲何又口出危言呢？」

牢梁跺足說：

「蕭望之爲當世名儒，如今天下學士訕謗於你，又豈是我一言便可化解的。我見皇上聽我說完之後，眉頭只是稍有舒緩，可見皇上仍有疑慮，大人不可輕心啊。」

石顯亦是重嘆，臉上焦急。他不停地催牢梁說：

「我若有事，你們也免不了干係，你快快想個辦法。」

牢梁苦坐多時，忽一拍桌案，喜道：

「有了！」

他看視石顯，繼而臉色一沉，低聲又說：

「此法雖是有效，卻教大人受些委屈，不知大人是否願爲？」

石顯只求免禍，遂又催促他說：

「此等非常時期，我委屈點算得了什麼呢？你但講無妨！」

石顯聽罷牢梁之法，縱聲大笑不止，竟對牢梁深施一禮說：

「他日禍解，全憑你相助之力啊。從前我提拔你時，還有許多人說你的壞話，我力排眾議，看來我眞的沒看錯你。」

石顯於是依照牢梁所獻之計，百般結納在天下學士之中頗有名望的諫大夫貢禹。他先是派人再三向貢禹致意，後又親自登門拜訪，做出禮賢下士的種種姿態，還特意推薦貢禹爲御史大夫，並故作懇切地請教貢禹治國之道，表現得極爲謙恭。

石顯這番假戲眞做發揮了極大功效，先前指責他的天下士人，有不少轉而稱讚他；更有許多人認爲他不曾嫉妒、詆毀蕭望之，從而開始爲他上書言事。漢元帝見人人都爲石顯說話，先前的疑慮一掃而空，對他又是榮寵不衰。

道義失之無懲，禍無解處必困，君子莫能改之，小人或可諒矣。

譯文

失去道義不會遭到懲罰，禍患不解除就一定身陷困境，身爲一個君子無法扭轉這個局面，但甘爲小人則不會引來太多罵名。

釋評

小人的自辯之辭往往充滿欺騙與煽動。在他們的言談裡，身不由己、被逼無奈、但求自保，常常是他們甘為小人的一個原因。

不少人就是抱持著這個念頭，泯滅良心和道德，加入了小人的行列。

對此，真正的正人君子是不能苟同的，他們不但要奮起抗爭，甚至犧牲一切，就是為了改變這個無理的現狀。君子的義舉雖飽含悲劇色彩，卻始終是催人向上的巨大動力。

事典

李固的壯烈

東漢質帝被奸臣梁冀毒死後，大臣們開始商議擁立新君之事。太尉李固對司徒胡廣、司空趙戒提議立清河王劉蒜，得到他們的一致擁護。梁冀反對此議，又沒有理由否定李固等人這一正確決斷，一時鬱悶不已。

中常侍曹騰等人深怕梁冀有所顧忌，連夜勸說他：

「將軍幾代都是皇親，位高權重，招人嫉羨；將軍手下的賓客多有過錯，招人非議，這都是將軍的致禍之處啊。如今倘若劉蒜即位，以他的清明嚴正，將軍還會平安無事嗎？」

梁冀被他說動，遂決心不顧眾議，堅持立他的妹夫蠡吾侯劉志爲帝。第二天梁冀會見公卿，氣勢洶洶地說：

「我們爲臣子的，應識時務，通曉利害，我看蠡吾侯英明賢德，當立爲帝，你們就不要堅持己見了。」

梁冀瞪視眾人，目露凶光，群臣畏懼他的權勢和凶殘，一時紛紛表態說：

「但聽大將軍的命令。」

李固越眾而出，仍是堅持擁立劉蒜。梁冀不聽他言，立時宣布散會。李固埋怨胡廣和趙戒附和梁冀，胡廣始愁苦道：

「權在人手，我們的生死都不由自己，有什麼能和他抗衡呢？我們亦知德之有虧，這樣做實不光彩，但終是去禍之法。我勸你也別再自惹麻煩了，否則誰也救你不得。」

李固哀嘆無語，內心十分悲涼。回到家中，李固對門生王調氣憤地說：

「奸人禍國，方見忠臣節義，我豁出性命，也要據理力爭。」

王調對恩師十分崇敬，他泣淚說：

「恩師自繫天下正義之士的期望，不該輕言死字。若是爭之獲罪，恩師自當暫且忍耐，以待來日啊。」

李固亦流淚說：

「我無力回天，卻總要有人做出個表率，激勵世人。」

他又寫信給梁冀，還是請立劉蒜為帝。梁冀見信更怒，便唆使梁太后罷免了李固的官職。

李固雖是去職，梁冀還是對他放心不下。一年之後，甘陵劉文、魏郡劉鮪各自圖謀立劉蒜為天子，梁冀就趁機誣陷李固和劉文、劉鮪為一黨，把他關進監獄。

李固的蒙難，令有志之士同呼冤枉，河內郡趙承等幾十人不惜冒著殺頭的危險，來到朝廷為李固申訴。梁太后赦免李固出獄，他出獄時，京城大街小巷的百姓歡呼雀躍，竟齊呼萬歲，聲動天地。李固感動得淚流不止，他興奮地對門生王調等人說：

「天下人心，原不可打壓，我縱一死，又有何憾？」

梁冀聞知此事，心中驚駭，他惡狠狠地對自己的心腹說：

「此人有此聲望，對我終是禍患啊。有我無他，有他無我。」

他再次上奏進讒，李固最後終被殺害，年僅五十四歲。

臨刑前，李固寫了一封書信給胡廣、趙戒，悲憤地指責他們說：

「國家讓梁冀操弄到如此地步，你們卻屈服於他，違心附和，漢室的衰敗，就從此開始了。我李固志在振興王室，剷除奸佞，因此才竭盡全力，不顧死亡。你們深受朝廷重恩，身居高位，國家危亡之時卻不去扶持，只知自保免禍，敗壞了國家大事，後代的正直史官，怎會偏袒你們？我李固雖死，卻得到了義，還有什麼可說的呢？」

胡廣、趙戒見信流淚，暗自羞愧，只能相對無言，長嘆不止。

第四卷 交結卷

智不拒賢，明不遠惡，善惡咸用也。順則為友，逆則為敵，敵友常易也。

貴以識人者貴，賤以養奸者賤。貴不自貴，賤不自賤，貴賤易焉。貴不賤人，賤不貴人，貴賤久焉。

人冀人愚而自明，示人以愚，其謀乃大。人忌人明而自愚，智無潛藏，其害弗止。明不接愚，愚者勿長其明。智不結怨，仇者無懼其智。

君子仁交，惟憂仁不盡善。小人陰結，惟患陰不致的。君子弗勝小人，殆於此也。

本卷精要

◎小人具有極其隱忍的天性，慢慢滲透的功夫。

◎小人善玩感情遊戲。背叛或效忠，投靠或出賣，只是利益權衡的結果。

◎外露智慧、處處顯能，引敵先發、身陷被動，通常是君子的弱點所在。

◎小人是那種沒一個眞正的朋友，卻有許多人誤認他是朋友的人。

◎人們結交小人，並非爲了撈好處，而是怕他們禍害自己。

智不拒賢，明不遠惡，善惡咸用也。

譯文

有智慧的人不拒絕和賢人交往，聰明的人不疏遠惡人，好人和壞人都有可以利用之處。

釋評

善惡之別、君子和小人之分，使人們在交往中多有疑慮和顧忌。

和君子的愛恨分明、不與惡交相比，小人的結交之術卻是廣泛和多變的，他們不會計較別人的好壞，只會考慮自己的得失；他們不會抱住一個觀念不放，只會因時而變，隨時調整自己的結交對象。他們這樣做的目的只有一個，那就是利用他人，為自己獲取好處。

可以說，小人這種無恥用心和執著態度，在很多時候是頗能迷惑他人的，也是他們賴以為生的一種突出技能。

事典

善變的臧質

南朝宋時，臧質在擔任江夏王劉義恭的撫軍府參軍之職期間，行爲輕佻，不加檢點，多次被人彈劾。臧質的死黨怕一同遭禍，便勸他行事不要太過乖張，並惶恐地說：

「大人只與達官貴戚結交，固然可以帶來好處，可是一旦禍事來臨，他們爲了榮華富貴，豈會眞心保你？」

臧質自覺有理，便向他請教，於是他的死黨又進言說：

「當今皇上善聽諫言，那些諫官便顯得十分重要了。禍從何起，便從何處下手，以我之見，大人當費些精力，多與諫官結交，也免得他們對大人說三道四。」

臧質的父親臧熹是宋武帝劉裕皇后臧愛親的弟弟，臧質平日胡作非爲，也是以此爲倚仗。當臧質聽了讓他結交諫官之言後，反是陰冷一笑說：

「那些諫官平日以君子自居，個個道貌岸然的樣子，我一看見他們就氣得不行，怎會巴結他們呢？我是皇親，諒他們再多嘴也不會把我怎樣。」

他的死黨卻不停地搖頭說：

「大人不該如此固執啊。每個人都有他的用處，誰都不能小看。」

臧質拒不聽勸，結果在諫官的不斷諫言之下，宋文帝終於下令把臧質降為給事中，以示懲罰。

經此教訓，臧質變得乖巧了，他對他的死黨說：

「悔之無用，我欲東山再起，該去交結何人呢？」

他的死黨一一問明臧質想求之人，最後說：

「長公主貪財好貨，又深受皇上信任，只要大人捨得錢財，將她買通，就不再有什麼難事了。」臧質於是求見長公主劉興弟。劉興弟對他並無好感，幾次拒絕見他，臧質最後忍耐不住，私底下罵聲連連，還恨恨地說：

「我就是死也不去求她了，那種羞辱眞比死還難受啊！」

臧質的死黨見他發洩怒氣，卻突放悲聲，嚎啕不止。臧質追問之下，他才哀聲說：

「你不聽人勸，已然失手，今日你若重蹈覆轍，將來的事情就只能更慘，我是為你痛惜傷心啊。」

臧質心中一凜，頭腦卻清醒過來。他忍氣吞聲地又屢屢求見長公主，對長公主的手下也多有賄賂。多方運作之下，長公主終於接受了他的重金，在宋文帝面前為他說情，使他得以出任建平太守。

臧質擔任太守期間，一改先前的小人嘴臉，變得禮賢下士、舉止莊重起來。熟識他的人深以為怪，連宋文帝都對他另眼相看了，認為他能改過自新，可以擔負重任，遂提升他為徐、兗二州刺史，加授都督。

在刺史任上，臧質又露出了本來面目，他赤裸裸地對其死黨說：「我壓抑自己，與人虛與委蛇，這滋味太難受了。好在我的苦心沒有白費，現在我要做我自己想做的事了。」

他開始奢侈無度起來，賞賜也是任性而爲，毫無章法，後來他又被諫官彈劾，只是恰遇大赦才免於處罰。

順則爲友，逆則爲敵，敵友常易也。

譯文

當你處於順境時有些人是你的朋友，處於逆境時有些人會變成你的敵人，敵人朋友是經常改變的。

釋評

一個人處境的改變和身份的變化，最能驗證和他交往之人的道德品質與處世標準。小人的功利主義、實用哲學，決定了他們只能趨炎附勢而不會雪中送炭。

看不清小人本質的人，總是陶醉在自己一帆風順時受到多少巴結諂媚，甚至輕信小人的信誓旦旦和所謂的「良心」；一旦自己遭殃，他們的面目便會徹底暴露，悔恨已然不及，又加上小人的落井下石，苦痛尤難忍受。

在這方面，不能對小人抱有任何幻想，小人爬上高位、賺取利益，靠的就是這種卑鄙伎倆。

寇準

北宋名臣，深得宋太宗賞識。真宗時，力主抗遼，促成親征，與遼立澶淵之盟。後被排擠罷相，晚年再度被起用，封萊國公，又因陷害遭貶，天聖元年（西元一〇二三年）病卒。

事典

寇準的悔恨

寇準做宰相時，他手下的丁謂對他畢恭畢敬，做事也十分勤快。寇準對他印象不錯，時有讚譽之詞。

一次，寇準又提到丁謂，朝中另一位重臣李迪就對他說：「大人如此嘉許丁謂是爲何？」

寇準一一列舉丁謂的表現，他還特別強調說：

「丁謂敬畏長官，言語謹慎，唯命是從，從未有失當之處。」

李迪微微一笑說：

「您貴爲宰相，誰敢逆您之意呢?丁謂身爲下屬，如此應是當然，大人何必獨看重他？」

寇準哈哈一笑說：

「丁謂深知我心，才堪大用，難得他又進退知趣，這可不是不深敬我的人可以做到的，我能不喜歡他嗎？」

李迪臉色凝重起來，只道：

「察人當察心啊，大人看人還是愼重爲好，不要輕下斷言。」

寇準有些不快。李迪事後對家人說：

「寇準忠正無私，卻有一個致命的毛病，他雖說不喜諂媚，內心還是喜歡讓別人感激他，讓別人懼怕他的權勢。我看丁謂不是什麼好人，他是抓住了寇準的弱點。」

家人向李迪說：

「大人既是看出此節，爲何不直接對寇準說呢？你們交情不錯，你應該提醒他啊！」

李迪爲難道：

「寇準爲其迷惑，丁謂的眞面目也還沒有暴露，此事留待他日吧。」

寇準有意提拔丁謂做參知政事，李迪知道後，便於夜間拜見寇準，直言勸他說：

「丁謂工於心計，善於僞裝，大人不該重用他。如此之人倘若掌握權柄，定會做下忘恩負義之事，大人到時悔恨是小，只怕反受其害啊！」

寇準眉頭緊皺，目光閃爍不定，最後，他仍是自信地說：

「你的好意我心領了。不過依我看來，丁謂絕不至於此啊。再說我身爲百官之首，他終是我的部屬，諒他也不敢胡爲。」

丁謂當了參知政事之後，對寇準更爲恭敬小心。有一次在政事堂的宴會上，丁謂不小心把菜湯濺到寇準的鬍鬚上，丁謂不避眾人，急忙起身爲寇準擦拭。寇準亦覺不妥，遂笑著說：

「你是國家大臣，不該爲官長擦拭鬍鬚。」

丁謂嘴上稱是，心裡卻恨寇準讓他難堪。李迪又以此事勸寇準防備丁謂，他重聲說：

「丁謂此舉，分明是小人行徑，大人不可再輕信他了。」

寇準聽之一笑，輕輕擺手說：

「他也是好心，只是行爲不雅，我已提醒他了，還能怎樣？」

澶淵會盟之後，因王欽若進讒，寇準被宋眞宗解除了宰相之職。面對失勢的寇準，丁謂全沒有了僞裝，公開上奏書彈劾他，以致讓寇準一貶再貶。

乾興元年（西元一〇二二年），寇準又被貶爲雷州司戶參軍。不久之後，丁謂也獲罪被流放南方。丁謂經過雷州時，寇準派人把一隻蒸熟的羊放在他途經的邊界上，說是給丁謂吃的。寇準的家中僕人卻憤憤地說：

「丁謂狼子野心害大人如此，大人應該報仇雪恨，爲何還要這樣待他呢？我們不服啊！」

寇準眼裡含淚說：

「我悔不該重用此人，不聽人勸。丁謂小人一個，又遭如此報應，眞是蒼天有眼，我哪裡會和他一般計較呢？」

貴以識人者貴，賤以養奸者賤。

譯文

能辨別別人的優劣是富貴者之所以富貴的原因，不辨眞僞、姑息壞人是貧賤者之所以貧賤的根源。

釋評

一個人的地位高低、命運好壞，總有他內在的原因。其中，識人之能對一個人的影響往往被人忽視。

在錯綜複雜、陷阱遍布的社會裡，如果認不清好人壞人，甚至把壞人誤認為親人，那麼一切禍患便會由此而生，何談事業的成功和改變命運呢？

小人對人性的敏感和技能令人不可小覷，儘管他們對人的瞭解和研究出於絕對的自私，但他們的用心良苦也使小人比別人多了對人類本性的認知。由此對症下藥，個個擊破，也就成了小人們最有殺傷力的利器，進而成就了他們的功名富貴。

李林甫
唐朝宗室，官至宰相，專權十七年。李林甫雖處理政事亦能因循法典，但為了一己之私排擠賢能，閉塞言路，導致綱紀混亂。

事典

奸詐過人的李林甫

唐玄宗時的宰相李林甫，爲相共十九年，至死都受到玄宗的寵信。探究李林甫得寵的祕訣，他的奸詐之術和識人之能是不容忽視的。

李林甫在擔任刑部侍郎時，他見玄宗特別寵幸武惠妃，便透過宦官向武惠妃表示，願意協助武惠妃之子壽王當上皇太子。李林甫的密友源潔對此不解，勸告李林甫說：

「你太短見了，我知道你是想討好武惠妃，但這麼一來，卻得罪了皇太子，豈不得不償失？有朝一日皇太子即位，第一個殺的就是你啊。」

李林甫蔑然一笑，冷靜地分析說：

「皇太子爲人忠厚，皇上又不喜歡他，再加上朝中大臣意見不一，我料定他前程凶險。與其取悅這樣一個無用之人，還不如另尋他路，以爲依靠。」

源潔搖頭，難以置信地說：

「此乃國家大事，哪是你我所能管的？這關係重大，走錯一步便悔之晚矣，不可不愼啊。」

李林甫認定自己所見無失，他連番多次向武惠妃進言。武惠妃當時正愁無人相助，李林甫的毛遂自薦頓時令她心花怒放，她興奮地對身邊人說：

「天下能知我心意的人，除了李林甫，還有別人嗎？這個人有如此之能，絕非簡單人物，我該扶植他，好爲我用啊。」

武惠妃對李林甫心有感激，於是多次向玄宗皇帝推薦李林甫。不久，李林甫便升遷爲禮部尙書，後來終於做了百官之首。

李林甫當了宰相之後，便把全部心思用在玄宗皇帝身上。有一次李林甫退朝之後悶悶不樂，源潔陪他飲酒時有意相詢，李林甫便苦聲說了他的煩惱：

「張九齡每每和我作對，這總不是一件好事，也許皇上會因此疏遠我。」

源潔諂媚地獻計說：

「大人料事如神，又怎會束手無策呢？以我愚見，大人如今有權有勢，大可和他眞刀眞槍地幹了，不必如此費心。」

李林甫斜視了他一眼，鼻子一哼道：

「你瞭解張九齡這個人嗎？如此一來，吃虧的一定是我。他素有忠正之名，朝野皆知，皇上正是看中了這一點，方讓他高居相位。我若和他表面上都水火不容，撕破臉皮，皇上和群臣一定會說我心胸狹窄，不能容人。這只能讓張九齡撿到便宜，我怎會這樣做呢？你太無知了。」

玄宗有次要對朔方節度使牛仙客封賞，聽聞這個消息，張九齡對李林甫說：

「只有為朝廷立過大功的名臣才能有此封賞，牛仙客平庸無奇，一個邊關將領而已，根本無此資格，我要據理力爭。」

李林甫心頭一亮，便積極鼓動張九齡速奏此議，他故作氣憤之狀說：

「大人為國為民，所言極是啊。如果此風日長，豈不壞了朝廷制度？」

張九齡見他沒有異議，信心又增加了不少，他拍著李林甫的肩膀說：

「我們同為宰相，為國分憂，為皇上盡忠。你能有此高見，我還擔心什麼呢？」

他們一同面見玄宗皇帝，張九齡引經據典，力諫不可；李林甫卻冷眼旁觀，不發一言。事後，李林甫還對群臣散布說：

「張九齡也管得太多了，皇上行事自有玄機，有什麼不可以的？我真為皇上感到不公啊，張九齡莫非也想當皇上不成？」

此言傳到玄宗的耳朵裡，玄宗更恨張九齡的直言上諫了。他恨恨地道：

「張九齡說三道四，朕一忍再忍，還是李林甫深得我心。這個張九齡到底想要做什麼？」

不久，張九齡便被罷免宰相職務，朝廷大權遂落入李林甫一人之手。

貴不自貴，賤不自賤，貴賤易焉。

譯文

富貴的人不珍重自己，貧賤的人不輕視自己，他們的身份和地位就會發生變化。

釋評

自我認知和心態變化是決定一個人成敗的要素。歷史經驗始終在提醒世人：如果不能正確地認知自己，端正心態，即使成功一時，也不會成功一世。反之，情況就會完全不同。

體現在人際交往方面，富貴之人的放縱和無禮，便是他們自視甚高、失去理智的心態反映，這不僅令人生厭，也是他們惹禍傷人的原由。

對照貧賤之人的發跡史，無一例外地總是從不甘貧賤開始的。有此意念才會趨利避害、結交有術，以為助力。在這方面，君子有君子的方法，而小人的手段也不可輕視。

安祿山

唐代叛臣，父是胡人，母是突厥人。早年生活於邊疆，三十歲入伍後節節高升，兼三鎮節度使，擁兵自重。天寶十四年（西元七五五年）發動叛亂，稱帝，兩年後，被其子謀殺。

事典

安祿山的發跡

安祿山本姓康，很小的時候父親就去世了，母親改嫁番將安延偃，從此改姓安，名祿山。

安祿山長大成人後，靠在漢族和少數民族互市貿易的市場上當中間人謀生，生活過得十分清苦。史思明和安祿山同住一地，他們結爲好友，常在一起幹些偷雞摸狗的勾當。一天，兩人無事閒聊，安祿山憤憤不平地對史思明說：

「大丈夫若不能賺得榮華富貴，像我們這樣活著，又有什麼意思呢？你我出身貧賤，卻是富貴無門哪。」

史思明彎腰駝背，性格也極爲狡猾，他聽罷安祿山此語，馬上附和說：

「不做點驚天動地的大事，我們是很難出人頭地了。只是眼下天下太平無事，倒教我無計可施，說來實在可恨。」

二人都不甘貧賤，常有驚人之語，認識他們的人都恥笑他們白日做夢，不守本分。有一天，安祿山因偷羊被抓，幽州節度使張守珪要殺死他，安祿山這會兒忽然呼喊說：

「你們要消滅番人，爲什麼還要殺死我呢？」

張守珪見他身材高大，氣質不凡，心以爲異，便說：

「你有何能，敢作此言？」

安祿山鎭靜地回答說：

「我非怕死，只是因爲一隻羊而死，我實有不甘啊。我們偷盜只是被生活逼迫所致，這與我的才能又有何關係呢？老實說我懂六種番語，又熟悉番人的習性和山川地理，若是大人能饒我不死，我定能助大人一臂之力。」

張守珪惜他是個人才，遂將之釋放，並任命爲將。一同被釋的史思明對安祿山說：

「我們長於番地，多受番人大恩，你眞的要幫助張守珪剿滅他們？」

安祿山默默點頭，他若有所思地說：

「我們要求取富貴，當顧不了恩義之說了。從前我們貧賤，交結的都是番人，今後我們要發達，就必須交結張守珪等達官貴人，否則，我們還有希望嗎？」

史思明點頭稱是。

安祿山爲了向上爬，與番人作戰極爲賣力。他殘忍好戰，又多有智謀，每次作戰都能取勝，張守珪漸漸開始喜歡他。有一次，安祿山陪張守珪吃飯。安祿山身體肥胖，飯量很大，張守珪見他狼吞虎嚥，眉頭不禁一皺。不想這個細節竟讓安祿山看出其意，他隨後便對史思明說：

「以後我不能再吃飽飯了。」

史思明不明其故，笑道：

「你我今非昔比，你何出此言？」

安祿山慘然道：

「我們這點富貴算得了什麼呢？我看出張守珪厭惡我肥胖，爲了討他歡心，日後青雲直上，我何惜眼前的幾頓飽飯？絕不能因小失大啊！」

從此安祿山便不再吃飽了，甚至忍飢挨餓也絕不多吃一點。史思明對他的舉動十分佩服，他流著淚對安祿山說：

「你能有此心機和毅力，何事做不成呢？我是跟定你了。」

安祿山用心良苦，終被張守珪收爲養子，信任備至。張守珪還多次當眾人的面誇安祿山說：

「安祿山知恥知勇，不甘貧賤，自重自奮，這絕不是普通人可以做到的事啊。富貴本無種，倘若身處下賤，又只會怨天尤人，不思上進，還會有用嗎？安祿山可做你們的表率了。」

有了張守珪的大力提攜，安祿山的官職日升，漸至顯貴。

貴不賤人，賤不貴人，貴賤久焉。

譯文

富貴的人不輕視別人，貧賤的人不尊重別人，他們的貴賤就不會改變。

釋評

人的身份和地位的不同，決定了為人處事中所採取的態度和方式應該有所變化、各有側重。

富貴之人高高在上，最易招人怨恨，多有責難。如果能適時放下架子，對地位比他們低的人表示些親近，有些交結，不僅會改變他們的形象，也會為將來留條後路。

貧賤之人無權無勢，如果放蕩不羈，對人不敬，徒增人厭不說，更使自己授人以柄，雪上加霜，翻身的希望也蕩然無存。

君子禮賢他人不是件難事，小人有此作為就十分難得了——小人中的奸雄往往恃此欺世盜名，籠絡死黨，可見他們對人與社會的認知匪淺。

事典

張說的慷慨

張說是唐玄宗時的宰相，他爲人氣量狹小、行事卑鄙，一向心高氣傲，甚至沒把和他同朝爲相的姚崇放在眼裡。

姚崇是個君子人物，聲名卓著。他十分痛恨張說的小人嘴臉，時刻尋機想將他逐出朝廷。張說對此並不在意。張的手下也胡作非爲，沒有一人對他有所勸告。

有一天，張說朋友的兒子賈全虛前來投奔他，張說見他少年有才，聰明過人，便破例收留了他，讓他做了記室。

張說此舉出乎所有人的意料，張說私下對他的小妾寧懷棠說：

「人不爲己，天誅地滅。你們都怪我收留了朋友之子，又哪知我的心意呢？我高高在上，得罪的人恨不得吃了我，我也該找些援手，爲長遠打算了。賈全虛這個人多才多智，不可小看，我今日施恩於他，就是爲了他日有變，也好有個照應。說是爲他，也是爲我自己，你們不知官場凶險，自不能無此一慮。」

張說對賈全虛心存利用，便表現得十分關愛，也一改對別人的孤傲態度，常讓賈全虛陪著喝酒聊天。賈全虛心下感動，每次都極爲賣力地爲張說出謀劃策，他還進言說：

「大人禮賢下士，平等待人，對於大人如此身份的人，實屬不易啊。我賈全虛雖無德無能，尚知感恩圖報。如大人推我及人，大人的美德廣爲人知，人人報效，事情就更爲不同了，大人的富貴亦能久盛無衰。」

其實，賈全虛也不是個君子人物，他雖有才智，品行卻很差。他在張說家裡待的時間一長，便和寧懷棠眉目傳情；一來二去，二人勾搭成姦，又想雙雙逃走，後來還是被抓獲歸案。

張說氣得七竅生煙，對賈全虛破口大罵，還親自打了寧懷棠幾掌。賈全虛自知凶多吉少，可他還是掙扎著對張說說：

「大人有大量，我不求大人原諒，卻盼大人留下我爲大人效命。貪色愛才，這是人之通病，若是爲了一個女人而殺我，大人實在不智啊。從前楚莊王不窮絕纓，楊素不追紅拂，他們都有奇獲，千古傳名，大人何不爲己爲人，暫息雷霆之怒呢？」

張說冷靜下來，心中不停地盤算。他見賈全虛臨死不亂，實是奇才；又見寧懷棠跟定了賈全虛，可謂留得住人卻留不住心了。他臉色幾變，最後定下心來，一嘆說：

「你們實在無禮，讓人難以承受啊。我張說貴爲宰相，按理說我不該受此大辱，饒恕你們，可是木已成舟，你賈全虛又多有才學，我就忍氣吞聲，爲了天下大義不和你們計較了。你們可知我心嗎？」

張說咬緊牙關，不但將寧懷棠賞給了賈全虛，還贈送了豐厚的嫁妝。賈全虛感動得涕泗橫流，張說又對他說：

「你身處貧賤，本該嚴守本分、事事小心，否則你就只能永守貧賤了，又怎有出頭之日呢？這次是個例外，你不要心存僥倖。」

賈全虛後來多方鑽營，混了個到內廷機要處傳遞奏摺詔書的職位。一天，當他見到姚崇彈劾張說的奏書和唐玄宗命令御史中丞祕密調查張說罪行的御批時，便急忙趕去面見張說，向他密報此事。張說又驚又懼，賈全虛這時並不著急，他對張說說：

「我深受大人厚恩，無日不思回報。今日大人有難，我縱是拚了性命，也要爲大人分憂。唯今之計，只要大人不惜重寶，讓我爲大人打通關節，即使不能禍事盡散，也會大事化小。」

在賈全虛的幫助之下，張說的罪案最後草草收場，張說只被調出朝廷，還出任相州長史。

當張說的家人說他吉人天相時，張說深有感慨地說：

「我放了賈全虛一馬，才有今日的福報，這其中的因果果然不虛啊，哪裡是什麼吉人天相呢？」

人冀人愚而自明，示人以愚，其謀乃大。

譯文

人們總是希望別人愚笨自己卻聰明，那些讓別人覺得很愚笨的人，背後的謀略野心可能更巨大。

釋評

小人的智慧往往不輸君子的謀略，有時還顯得更加實用和有效。正視這一事實，對認知專制時代的本質有不少幫助，同時，它也說明了小人的本事絕不僅僅是使壞鬥狠那麼簡單。

小人中不乏智慧超群的人物，他們對社會和人性有著透徹的認知和瞭解，故而才能避實擊虛，陰謀屢屢得逞。裝瘋賣傻，以愚示人，在小人做來，其逼真和欺世盜名常常要高過君子。這是他們為達目的誓不甘休的精神使然，也是他們智慧和才能的一種表現，絕不能等閒視之，掉以輕心。

唐玄宗

李隆基，唐太宗玄孫，善騎射，通音律，以政變擁其父李旦復位，遂為太子。即位之初勵精圖治，開元年間達到全盛，後期貪圖享樂，安史之亂起，唐朝漸衰。

事典

被愚弄的唐玄宗

唐玄宗李隆基自恃聰明絕頂，卻每每落入安祿山的圈套，險些讓江山易主。說起安祿山的騙人伎倆，其實並不神祕，他只是表面裝得愚鈍無知而已。

用這個招法對付唐玄宗，安祿山卻有過人的見地，他曾對自己的兒子安慶緒說：

「皇上享國日久，自生驕狂之心。我若和朝中大臣一般說辭，顯露聰明，一來爲其不喜，二來令其生疑防範，三來也會讓群臣忌恨。這些都是大禍的前兆。」

安祿山於是處處表現愚笨，他還在奏書中說：

「臣出身番戎，才識淺陋，全憑陛下重愛，臣才有今日的恩寵和榮耀。臣不會說什麼，也不知該如何表達臣對陛下的熱愛之心，但我只知道要報答陛下，縱是百死也心甘情願。」

安祿山晉見唐玄宗時，唐玄宗對他十分憐愛，百般嘉許之後，又特意讓他與皇太子見面，安祿山故作愚笨的樣子說：

「皇太子是個什麼官呢？」

唐玄宗一笑說：

「朕百年之後，繼承皇位的人，就是皇太子了。」

安祿山急忙跪倒，謝罪說：

「臣愚笨已極，只知有陛下，卻不知有皇太子，罪該萬死。」

唐玄宗被他的把戲逗得搖頭一笑，心中卻是十分快慰。

安祿山見楊貴妃深受皇上的寵愛，他便請求當楊貴妃的乾兒子。當安祿山拜見唐玄宗和楊貴妃時，他卻先拜楊貴妃，後才拜玄宗。玄宗笑著問他何故，安祿山只回答說：

「番人先母而後父，難道陛下認爲我錯了嗎？」

唐玄宗見他如此「忠厚老實」，一怔之下，不禁放聲大笑。

安祿山如此作戲，朝廷上下都笑他出自番邦，不懂禮儀。唐玄宗這時也放下心來，他對楊貴妃說：「安祿山乃邊關大將，手握重兵，今見他這般稚嫩愚頑，倒教我解除了疑慮。這樣的愚昧武夫，只知上陣殺敵，我還有什麼不放心呢？」

安祿山的賣力表演，他的手下人都看不下去了，他們對安祿山說：

「將軍乃國之重臣，身繫天下利害，如今竟使朝野嘲笑，以爲趣事，這太損將軍英名了。」

安祿山一笑置之，只對自己的兒子說：

「大丈夫能屈能伸，受點羞辱算得了什麼？他們笑我愚笨，我卻笑他們無知呢！只怕等他們明白過來，就再也笑不出來了。」

安祿山到了晚年身體十分肥胖，腹部垂至膝蓋，需像拉車一樣晃動雙肩才能走路。爲了討唐玄宗的歡心，安祿山苦練「胡旋舞」。在唐玄宗面前表演時，他的龐大身軀竟能輕捷如風，看起來滑稽可笑，令人難以置信。

唐玄宗有一次指著他的肚子說：

「你的肚子太大了，裡面都裝了些什麼？」

安祿山粗聲說：

「別無他物，只有一顆忠於陛下的赤心！」

唐玄宗爲安祿山所迷惑，連連授其高官和予以重賞，宰相楊國忠一再進言安祿山必反，唐玄宗卻自信地說：

「安祿山對世事人情尚且不通，又怎曉權謀造反之事呢？他愈是愚鈍天眞，愈能更好地爲朕所用，這樣的人要比聰明奸詐之輩可靠多了。」

從此，唐玄宗再不對安祿山生疑。安祿山暗中招兵買馬，於天寶十四年（西元七五五年）十一日發動了叛亂，史稱「安史之亂」。

人忌人明而自愚，
智無潛藏，
其害弗止。

譯文

人們忌諱別人聰明自己卻愚笨，智慧常常外露，禍害就不會停止。

釋評

智慧的運用，其中一個重要的戒律便是隱藏智慧，這是真正的智者應該做到的。外露智慧，處處顯能，招人忌恨不說，無形中也把自己的一切暴露無遺，毫無祕密可言了。

聰明過份外露，在爾虞我詐、陷阱四布的人際社會便會為人注目，引敵先發，身陷被動。小人多是有智慧的人，和君子相比，他們的智慧卻常常為人忽視，其中的原因之一，就是小人善於裝傻。

他們掩飾自己、佯作無知，不僅滿足了人的虛榮心理，討其歡心，也令人放鬆了戒備，使其奸計得逞。

事典

引而不發的安端

遼太祖耶律阿保機死後，太子耶律倍雖有繼承皇位的名分，卻得不到母后述律平的寵信，述律平意欲讓她偏愛的次子耶律德光繼承皇位。

安端身爲皇族宗親，早就對太子耶律倍極力巴結，他一想到多年的苦心，會因述律平專權改立耶律德光爲帝全然廢棄，就禁不住對皇太后述律平充滿了仇恨。

安端昔日曾追隨剌葛謀反，爲人陰險惡毒，阿保機念及兄弟之情讓他戴罪立功，他這時雖是惱恨不已，卻也比往日多了不少冷靜，他對自己的兄弟們說：

「皇太后大權在握，她又是十分聰慧的人物，我們不能逆轉乾坤，只能隱忍待日了。切記，你們千萬不要輕舉妄動。」

安端的二哥說：

「我們擁立皇太子，名正言順，何況群臣多是皇太子的人，我們還怕什麼呢？俗話說不冒奇險，無有奇獲，只要我們運籌得當，奇計迭出，勝算還是很大的。」

安端的五弟也附和說：

「此時不爭，來日只怕就無此機遇，說什麼也不能就此罷手。」

安端狡黠多智，他惶急地對他們說：

「眼下非常之時，能者死，弱者存，我們還怎敢賣弄聰明？我們既有此心，何不留待他日，非要做此亡命之事呢？」

安端的二哥、五弟不聽其言，仍屢屢諫言立皇太子耶律倍繼位，結果他們都不明不白地先後死去。安端心知利害，便裝得十分哀苦的樣子安葬完二哥和五弟之後，又上奏書請立耶律德光爲帝，他在奏書上說：

「臣以爲皇太子耶律倍爲人不賢，不堪大任，爲了國家大計，縱是皇太子之尊又算得了什麼？臣不知先皇爲何不立耶律德光爲皇太子，但臣知道，歷來的賢人都有被埋沒的時候，臣懇請改立賢人，以糾先皇之失。」

皇太后述律平本對安端放心不下，有心殺他，可是一見他的奏書，述律平卻笑了，她對耶律德光說：

「這個傢伙倒也乖巧，有他帶頭說話，咱們做起事來卻是少了不小的麻煩。」

述律平召見安端，嘉許過後，她忽然臉色一變，重聲說：

「你好大的膽子，竟然指責先皇有失，你知罪嗎？」

安端不驚不亂地道：

「我有何罪？先皇不立耶律德光，本是不對，其實人人都有此念，只是我把此話挑明說出罷了，這也有罪嗎？若說眞話有罪，以後誰還敢講眞話呢？」

述律平只是試探安端的眞僞而已，並不眞心想懲罰他。等見安端說得眞誠，一副傻頭傻腦的樣子，她忍不住忽作一笑，口道：

「你忠心爲國，話雖有失，我也不跟你計較了。你的建議甚好，相信別人聽了你的話也會知錯了。」

耶律德光繼位之後，安端表現得極爲忠順，他整日裝得胸無大志的樣子，只是飲酒作樂。有人將安端的昏庸報知述律平，述律平每次都不怒反喜，對他的戒心一天天消除。

安端苦熬多年，完全取得了述律平母子的信任。他追隨耶律德光滅了後晉，在被迫班師回朝之際，恰逢耶律德光病逝，這才趁機發難。他悄悄去見隨軍的耶律倍之子兀欲，挑撥他趁機自立爲帝，他說：

「你忘了你父親無端被廢的事了嗎？帝位本是你們父子的，爲什麼不把它奪回來呢？爲了此事，我的二哥和五弟被害，今日蒼天祐你，我一定幫你。」

兀欲本有許多顧慮，可是經不住安端的百般唆使，於是自立爲帝。安端挾持兀欲逼迫述律平承認了這個事實，他自己也因功高，被封爲明王。

明不接愚，愚者勿長其明。智不結怨，仇者無懼其智。

譯文

聰明的人不和愚蠢的人交往，因爲愚蠢的人不能增長他的聰明。有智慧的人不會輕易與人結下仇怨，心懷仇恨的人不會懼怕對方的智慧。

釋評

小人的聰明絕不是一味地做盡壞事而不顧自己的死活。他們會適時調整自己的處事標準和為人方式，不停地取得對自己有用的東西，同時，他們更會保護自己，因人而異地採取一些與其本心相違的方法行事。

若人們看不出小人內心的複雜與欺騙，或是不識其奸，就很難認知小人和戰勝小人，反之，則可撥雲去霧，令小人無可遁形。

事典

上官安的謀略

上官安是漢武帝重臣上官桀之子，他本是個驕縱之徒，做事也不知忌諱，上官桀便多次教導他說：

「欲成大事，必須克己復禮。似你任性胡爲，惡名遠播，又怎能讓人擁戴以增人望呢？這是每個成事者的大忌啊。」

上官安雖是頑劣，人卻極爲聰明，從此他換了一副面孔，極力和有賢名的人交結，對人也客氣多了，故意做些扶貧濟困的事。

上官安的名望日增，上官桀便撮合他娶了霍光之女爲妻，兩家聯姻。上官安先是不願，上官桀就教訓他說：

「我和霍光同爲重臣，你娶了他的女兒，我們上官家的富貴就多了一層保障，起碼也不會和他鬧翻了，對你更有天大的好處。」

上官安心領神會，不僅馬上答應成親，婚後他更百般討好妻子。

昭帝即位時年僅八歲，他的姐姐蓋長公主留居宮中，照料昭帝。蓋長公主年輕寡居，私下和她兒子的朋友丁外人相好。上官安知道這件事後，便全力和丁外人結交，不惜重金陪丁外人尋歡作樂。上官安的心腹手下日久看不下去，便對上官安說：

「大人一家權貴無比，為何對一個丁外人如此恭維呢？」

上官安說：

「正因我家勢力顯赫，我才要處處小心，多結善緣啊。丁外人受公主私幸，人又聰明過人，和這樣的人打交道，我只會增長見識，受益匪淺，這不是一般人所能預見的。」

上官安女兒六歲時，他為了能讓女兒當上皇后，遂求請霍光促成此事。霍光認為外孫女年紀幼小，沒有答應。上官安並不氣餒，他找到丁外人，講了自己的願望。為了讓他全力相助，他還提出具頗誘惑力的看法：

「人無遠慮，必有近憂。大人若是助我女當上皇后，我們父子在朝執政，再倚重皇后權位，還有什麼事辦不成呢？你深得公主歡心，到時我們父子再提議封你為侯，漢朝有個慣例，列侯可以娶公主為妻，你的心願不也會達到？你是個聰明人，當知此事對你我都大有好處。」

丁外人心中大喜，便多次在蓋長公主面前提及此事，還故作憂心之狀說：

「上官桀父子同為重臣，此事若不應允，會因此得罪他們，結下仇怨。我們固然不怕他們，可是對我們終無半點好處，弄不好我們就再無結合的希望，這才是我最擔心的事啊！」

蓋長公主一心想和丁外人早日結成夫妻，也怕上官桀父子從中作梗，無端生事，一想到此事對自己並無害處，她便自作主張召上官安之女入宮為婕妤，一個月之後又冊封她為皇后。上官安心願得償，又被封為桑樂侯，升任車騎將軍，一時自認為無需偽裝，便開始恢復本相，放縱胡為起來。他受到皇帝的賞賜，出宮後就向門客吹噓不止；酒後裸體鬧事，與他父親的姬妾也敢打情罵俏。

上官安的這番舉動被霍光得知，霍光怒不可遏地把他召來，當面訓斥他說：

「你一日富貴，就荒淫至此，這是敗家滅身的前兆啊，怎能不愼呢？從前我看你是個君子模樣，才將女兒嫁給你，莫非你本性難移，這會就無所顧忌了嗎？」

上官安表面認錯，心中卻十分怨恨。他不思己過，卻暗中唆使燕王告發霍光。此計不成後，上官桀父子又陰謀造反，擁立燕王爲帝。事情敗露，上官安並不後悔，反是遺憾地說：

「怪只怪我操之過急了，我若再忍耐一時，也許大事可成。」

因此事牽連，蓋長公主、燕王都自殺身死，上官宗族也被誅滅。

君子仁交，惟憂仁不盡善。

譯文

君子用仁義與人交往，只擔心仁義不能十全十美。

釋評

君子的高貴品行，向來是以仁義為出發點的，與人交往更是如此。這種與人為善、誠摯待人的處世作風，為人稱頌，卻往往讓小人鑽了漏洞，藉此攻擊誣陷君子、騙取君子信任的口實和途徑。

這句話是從反面告誡君子：對付小人不能只講仁慈，對他們既不能心存幻想，也不能不變其法，一味強調正面出擊。有時候，用小人的手段來整治小人不僅是必要的，也是十分奏效的。

劉秀

東漢第一位皇帝。漢景帝後裔，高祖九世孫。因起兵反對王莽，恢復漢室政權，成為中興之主。政治上清靜儉約，興建太學，提倡儒術，堪稱賢明君王。

事典

劉秀的高明

東漢光武帝劉秀反抗王莽之初，和他一起起事的李軼是個勢利小人。劉玄當上更始皇帝後，李軼爲了討好劉玄，不僅背離了劉秀，還參與了謀害劉秀哥哥劉縯的活動，由此換來了高位。

劉秀對李軼恨之入骨，幾次想公開彈劾他，劉秀的手下便極力阻止，解釋說：

「將軍這般公開行事，不僅懲治不了李軼，還會給自己帶來禍患。此事乃劉玄指使，他怎會爲你申冤呢？」

劉秀自覺此言有理，便強壓怒火。劉秀在河北站穩腳跟後，開始和劉玄對抗。劉玄派朱鮪、李軼進兵洛陽，牽制劉秀。

劉秀手下的大將馮異駐守孟津，他寫信給李軼說：

「將軍本與我家將軍一同首舉義旗，只因劉玄暴虐，將軍才會和我家將軍爲敵。這不是將軍的過錯。現在劉玄惡行昭顯，天下人無不深恨其惡，這樣的人又怎會長久呢？將軍若能倒戈相向，不僅可保富貴，人亦能讚其義，當是兩全其美的事。」

李軼正爲劉玄的大勢已去而尋找退路，今見馮異來信，既驚且喜，隨後又陷入了恐懼之中，他和心腹手下商議此事說：

「我有心投靠劉秀，可是又怕他舊事重提，挾私報復，該如何議決？」

李軼的心腹手下爲了尋求自保，便極力鼓動李軼應下此事，且說：

「劉秀乃人中龍鳳，爲了成其大事，他自不同於常人，和將軍做那有損其業的計較。再說，將軍若能陣前立功，劉秀縱是有心殺你，也不敢冒著失去天下人心的危險。」

李軼思前想後，還是沒有立即倒戈，他在寫給馮異的回信中只保證說：

「眼下時機尚未成熟，爲了安全計，我想日後再行發難。不過我決心已定，請轉告劉秀，我願效犬馬之勞。你們若要攻打劉玄，我絕不會救他。」

馮異於是放心進兵，打下劉玄的十多座城池後，李軼一如其言，只是坐視不理。馮異將李軼的事報告了劉秀，還進言道：

「李軼雖與將軍有仇，可是他知錯能改，暗助我軍，何況時下又是用人之際，望將軍以大局爲重，收降於他。」

劉秀聞報，臉上並無喜色。他深知李軼的爲人，如果接納了他，將來會後患無窮。他又知以時下而言，一口回絕李軼所請，只能讓人說他不能容人，這對招降他人不利。權衡之下，他自言自語道：

「李軼你無情在先，就別怪我劉秀無義在後了。」

劉秀於是召來眾將，拿出李軼所寫的密信讓眾人傳看，後說：

「李軼有心倒戈，我是不計前仇的，只要有利天下安定，我和他的私怨又算得了什麼呢？此事你們也可各抒己見。」

眾將說法不一，卻都對劉秀的胸襟大度表示了欽佩。事後有人不解地對劉秀說：

「眾將人多嘴雜，如此機密的事，將軍不該讓人盡知。萬一走漏了消息，豈不壞了招降李軼的大事？」

劉秀微微一笑，只說無妨。

李軼私通劉秀的消息，很快就傳到了朱鮪的耳朵裡，他憤怒之下，不容分辯就將李軼殺死。當有人爲此惋惜時，劉秀卻是喜上眉梢，心中快慰。他原是借刀殺人，既除去了李軼，報了當年殺兄之仇，又沒有背上殺降的惡名，讓人非議。

小人陰結，惟患陰不致的。君子弗勝小人，殆於此也。

譯文

小人用見不得人的手段結交他人，只擔心其手段達不到目的。君子不能戰勝小人，也許就是這個原因吧！

釋評

從長遠看，小人的得意也是暫時的，他們因陰謀詭計而得逞，亦因其為人不齒而敗落。歷史上的君子雖屢受小人迫害，但絕不能說小人是勝利者，他們的惡名在當時縱能隱瞞一時，卻終不能逃過正義的懲罰和歷史的審判。有一點不可否認，小人的不擇手段、無所不用其極，確是他們能猖狂一時的重要原因。只求目的，不計其餘，充分暴露了小人的自私本性和凶殘面目，也提醒世人對他們絕不可低估遷就，應時刻小心防範。

蕭望之

蕭何六世孫，學識淵博，是著名經學家。漢宣帝時深受倚重，元帝時為輔政大臣。後因反對宦官干政，遭誣告入獄，被迫飲鴆自殺。

事典

中計而死的蕭望之

蕭望之是漢元帝的老師，爲一代大儒。他正直無私、敢於言事，和朝中奸臣石顯等人屢有衝突，石顯等人時刻都想把他置於死地。

蕭望之爲了讓漢元帝疏遠石顯等人，公開上書說：

「中書乃執行政務的根本所在，任人不可不慎。賢達之士任之唯恐不能勝任，又怎能任用宦官石顯擔任如此要職呢？我冒死進言，並不是出於私怨，而是爲了國家和長治久安啊。我日日擔心，長此下去國家必有變亂發生，到時悔之何及？」

蕭望之一人和群奸對抗，他的親族都惶恐不安，勸他說：

「你這樣公開指責他們，他們能不千方百計地害你嗎？那些人是什麼手段都使得出來的，你一個人怎能防範得了呢？你這是以卵擊石，自尋死路。」

蕭望之並不把石顯等人放在眼裡，他蔑然一笑說：

「皇上厚愛於我，我說的又全是實情眞話，他們能奈我何？爲了皇上的江山，我能忍心讓小人爲害天下？所謂邪不壓正，我就不信我鬥不過他們。」

石顯等人挖空心思，於是在多次誣陷蕭望之不果後又變了個招法，攻擊他和周堪、劉更生結爲私黨，圖謀獨攬大權。漢元帝不信此說，石顯便在旁道：

「此事朝中大臣多有揭發，如若純屬誣陷，也該召致廷尉，問個明白。」

漢元帝不知道「召致廷尉」就是關進監獄，於是批准此議。後來元帝明白過來，雖馬上釋放了蕭望之等人，卻爲顧及顏面，也將錯就錯地罷免了蕭望之的前將軍職位，周堪、劉更生被削職爲民。

蕭望之的親族據此又勸告蕭望之道：

「你無辜受此大難，皇上卻還是解除了你的官職，看來只要奸人陷害，誰也難保你的平安了。」蕭望之並不灰心失望，他肯定地說：

「皇上只是一時糊塗，小人也是一時得逞，我想事情絕不會至此了結。」

漢元帝後來有悔，又下詔說：

「尊師重道，是國家興旺的徵兆。原前將軍蕭望之做我的師傅八年，竭心盡力，功勞甚大，特賜爵關內侯，食邑六百戶，在宮中供職，每月初一、十五上朝，官位僅次於將軍。」

石顯等人又恨又惱，便聚在一起商議對策，石顯首先說：

「皇上厚待蕭望之，聽說還要任命他擔任丞相一職，這是我等萬萬無法接受的。可是皇上不聽我言，我們該如何應對呢？」

石顯的死黨中有人說：

「他的兒子蕭伋上書為父申冤，我們盡可以此事為由，大做文章。只要皇上能將他再次下獄，相信以蕭望之的清高剛烈，他是不肯受辱的，定會自殺而死。」

石顯等人於是上書給元帝，誣陷他指使兒子與朝廷對抗，犯了大不敬之罪。為了讓元帝接受，他們還強調說：

「蕭望之以陛下師傅自居，今又教子上書，歸惡皇上，實該重懲。陛下若是不忍，也該將他暫關牢獄，促其反省，去其驕氣。這也是為了他好，陛下的深意相信他自會體悟的。」

石顯騙得元帝批准，遂讓使者去傳召蕭望之，還派出宮中車騎包圍了蕭望之府第，做出殺氣騰騰的假象。

蕭望之再遭此變，深怪漢元帝言而無信、反覆無常，對他徹底絕望了。他悲憤地流淚說：

「奸臣當道，皇上不聽忠言，我還指望誰呢？我位至將相，年過六十，如再入牢獄，苟且偷生，當真生不如死，可鄙之至了。」

他不再申辯，含恨飲鴆而死。

第五卷 節義卷

外君子而內小人者，真小人也。外小人而內君子者，真君子也。德高者不矜，義重者輕害。

人慕君子，行則小人，君子難為也。人怨小人，實則忘義，小人無羈也。難為獲寡，無羈利豐，是以人皆小人也。

位高節低，人賤義薄。君子不堪辱其志，小人不堪壞其身。君子避於亂世，小人達於朝堂。

節不抵金，人困難為君子。義不抵命，勢危難拒小人。不畏人言，惟計利害，此非節義之道，然生之道焉。

本卷精要

◎披著君子外衣的小人才是最可怕的。

◎受過小人傷害和打擊的人，如果心態失衡，也極易變成另一個小人。

◎一些「大人物」的小人習性、小人意識、小人行爲，有時一點也不比小人少。

◎許多時候，娼妓都比官場小人貞潔。

◎許多人墮落爲小人，不是因爲他們慾望太多，而是因爲日暮途窮、飢不擇食。

外君子而內小人者，眞小人也。外小人而內君子者，眞君子也。

譯文

外表是君子但內心是小人的人，是眞正的小人。外表是小人但內心是君子的人，是眞正的君子。

釋評

小人有很多種，而君子也有等級之別。鑑別君子與小人時，重要的是不要為其外表所迷惑，而要審視他的內心。

其實，披著君子外衣的小人才是最可怕的，他們以君子面目大行小人之道，不僅為人不識，而且造成的危害勢必也難以防範，損傷反倒更加巨大。

這是小人的狡猾之處，同樣也是他們的薄弱之處，只要人們認清他們的本質，不輕易相信他們做出的種種假象，他們也就無計可施了。

金廢帝

完顏亮，亦稱海陵王。金太祖阿骨打庶長孫。因作戰勇猛，足智多謀，漸得高位，皇統九年發動政變，殺熙宗，自立為帝，後被完顏雍取代。

事典

完顏亮的本來面目

金熙宗時，野心勃勃的完顏亮一心想謀得高位，遂裝成勤勉模樣。

金熙宗完顏亶見完顏亮執法嚴明，使得小人畏服，人多讚頌，擬以其政績卓著、品德高尚提升其爲國判。

熙宗就此在朝堂上對群臣嘉勉完顏亮說：

「國有賢臣，其業方興。朕觀察很久了，完顏亮盡職盡忠，堪爲世之君子，這樣的賢臣如不委以重任，天下還有興盛的道理嗎？」

不久，熙宗又授予他尚書左丞的高位，以示寵信。

完顏亮心中得意，外表上卻表現得極爲謙恭，他一如往日兢兢業業，沒有絲毫懈怠。

他的心腹死黨蕭裕被任用爲兵部侍郎，二人私下湊在一起，卻是天天策劃發動政變的事。每到這時，完顏亮總會問他：

「別人說我什麼了嗎？我哪裡做得還不夠嗎？」

蕭裕於是把外界的議論告訴完顏亮，又指出他的不足，且常常說：

「樹立人望、以假亂眞，這是大人爲人擁護、改朝換代所必須的，也是爲當今皇上最難防範的。大人只要堅持不懈，等時機一到，自然功成。」

完顏亮的表現並非天衣無縫，有人便多次提醒熙宗說：

「俗話說『江山易改，本性難移』，完顏亮從小就性情急躁、多疑，爲人殘忍無度，可是如今他故作君子模樣，極力掩飾自己的本心，這其中必有不可告人之目的。」

熙宗心中一凜。爲了解除疑慮，熙宗在一次召見他時，故意談起太祖創業的事，並悵然說：

「祖宗創業實在艱難，我的守成也遭到不少挫折，你對這些有何見解呢？」

完顏亮心知熙宗試探自己，於是裝出一副慷慨激昂的樣子，歷數了太祖的功績，隨後又話鋒一轉，說：

「宗翰、撻懶誤國在先，宗磐結黨營私爲禍在後，這都是我朝的大不幸啊。他們都是皇室宗親，可見奸人不分親疏，絕不可輕信。皇上爲保萬年基業，當從愼用宗親上入手，我願主動請辭，以便皇上平息人怨，革舊布新。」

熙宗萬不料完顏亮會說出如此赤誠的話來，他見完顏亮言此熱淚橫流，心中不禁萬分感動。他顫聲說：

「你能如此忠心，甘願犧牲自己，我還有什麼信不過你的呢？可嘆別人都不如你，若不是這樣，他們也不會天天想著爭功奪利了。」

皇統八年（西元一一四八年）六月，完顏亮被升為平章政事，十一月，又升任為右丞相。大權在手的完顏亮為了收買人心，取得支持，任用了許多有一定聲望的宗室子孫之後代，其中不乏對他有成見者。人們紛紛讚揚完顏亮的「賢德」，許多人更是投靠到他的門下。

完顏亮於皇統九年（西元一一四九年）十二月初九發動政變，他和他的死黨夜入寢宮，將熙宗殺死。當上皇帝後，他立現猙獰，不僅誅殺了朝中許多正直的大臣，連追隨他的死黨唐括辯、秉德等人也是格殺勿論。皇族宗親被他殺得更多，太皇太妃蕭氏、皇太后徒單氏竟也逃脫不了他的毒手。徒單氏被殺後，完顏亮將她的屍體在宮中焚燒，把她的骨灰拋棄在水中。

完顏亮如此獸行，卻仍忘不了欺騙世人。他在位十幾年，有時以拒絕進食鵝肉來表示節儉，但等到外出遊玩、狩獵時，他卻高價購買所需之物，一隻鵝就要花掉數萬錢。他曾把破舊的衣服穿在華麗的衣服上面，讓人看到他有多麼節儉，還命令領事官記下此事。他每以古代明君自比，讓大臣直諫，但一待諫官直言，他便勃然大怒，常常殺人洩憤。正隆六年（西元一一六一年），完顏亮大舉攻宋，十一月初七，金兵造反，完顏亮死於亂箭之中。

德高者不矜，義重者輕害。

譯文

品德高尚的人不自我誇耀，義氣深重的人輕視禍害。

釋評

小人的浮誇、懼禍與君子的不自誇、大無畏，形成鮮明的對比。這不是表面上的差別，是由君子與小人的本質不同所決定的。

看清這一點，對人們區分君子與小人固然有用，更重要的是，這種認知要化為人們扶助君子、制伏小人的銳利武器。小人的神經脆弱、人格卑劣，只要攻其要害，色厲內荏的他們總是會有所畏懼的。

在正義面前，在人人喊打的形勢下，小人只能斂其羽翼，不敢過分猖狂。唯有如此，君子之風才能抬頭，小人之氣才能被打壓。

于謙

明代名臣，永樂年間進士，官至少保。土木堡之變後，提出「社稷為重，君為輕」的觀點。雖成功保衛京師，亦遭英宗之忌。後景帝病重，英宗復位，遂以謀逆罪被誅。

事典

絕不屈服的于謙

明英宗時，宦官頭子王振把持朝政。王振遍植黨羽，跋扈橫行，和他作對的人都遭了他毒手，一時人人畏懼，諂媚逢迎他的大臣有的還稱他「翁父」，無恥地向他行跪拜之禮。

于謙當時任晉豫巡撫，對王振這個奸小之人十分痛恨，卻苦於皇上寵信他無法盡除。于謙深爲國事憂心，他對自己的家人說：

「小人當道，君子方顯其貴。我雖不能將小人剷除，卻要潔身自好，絕不與其同流合污。如有麻煩，只望你們支持我啊！」

于謙的家人也深明大義，他們都擔心地對于謙說：

「天下人若能如你所想，小人還能爲禍世間嗎？但時下人人畏禍，個個明哲保身，你一個人和他們對抗，這太危險了，還是忍耐些才是。」

于謙不怪家人的擔心，他長嘆道：

「我也明白這個利害，但願我以一己之力，能喚醒天下人吧。」

當時地方官進京辦事，賄賂權貴已是公開的祕密，于謙心知肚明，卻從不按此行事。他的手下勸他稍事變通一下，說：

「大人的氣節雖令人欽佩，但未必是應對小人的上上之策。他們貪財好貨，給他們一些好處便可讓他們滿足，不給則會馬上報復，禍事無窮。既然能消財免災，又何必明知故犯，讓他們糾纏自己呢？」

于謙痛斥了他們的說法，他說：

「小人的物慾永無止境，你越是遷就他，就越會激發他們的貪心。小人的黑心註定了他們要與君子爲敵，若爲君子，又豈能怕他們呢？」

他還寫了一首《入京》詩表明心跡：「手帕蘑菇與線香，本資民用反爲殃。兩袖清風朝天去，免得閭閻話短長。」

于謙的正義之舉，卻令王振恨得牙根直咬。他召來死黨，對他們陰聲說：

「于謙公然和我作對，你們可有法子將他除去？」

王振的死黨爲難地說：

「于謙廉潔無私，政績卓著，名望甚高，我們實在挑不出他的錯處，不好下手啊！」

王振冷冷一笑，長聲道：

「他若不如此，也許就太平無事了。我要辦他，還愁找不到罪名？」

政統十一年（西元一四四六年），于謙進京請求讓別人代替自己擔任晉豫巡撫，不想此事竟也爲王振所利用，他指使同黨上奏英宗，誣陷于謙說：

「于謙久不升官，心懷怨恨，故有此舉。他一向自作主張，不惜損害國家的利益以增長他個人聲望，這使他有了所謂的君子之名，由此亦見他的歹毒和用心了。」

王振將于謙關進獄中，打算判他死刑。讓王振想不到的是，山西、河南兩省的民眾聽到于謙被捕的消息，紛紛爲他鳴冤，許多吏民更是進京上書，不絕於道。封在這兩省的幾個藩王也進諫說：

「于謙爲人所敬仰，乃當世不可多得的君子，這樣的人若被判死罪，相信只會激起民變，令天下人不服。爲了安撫民情，懇請朝廷不要加罪於他。」

王振心慌意亂，他的死黨這會也怕鬧出大事，於是勸他說：

「殺一個于謙固然容易，若是因此讓天下人怨恨大人，事情就沒那麼簡單了。現在人人都在替于謙說話，大人當暫時放他一馬，以慰人心。」

面對群情激憤的形勢，王振也失去了主意，不敢一意孤行了。最後于謙被無罪釋放，仍任晉豫巡撫之職。

人慕君子，行則小人，君子難爲也。

譯文

人們仰慕君子，行爲卻與小人一樣，是因爲君子難當啊！

釋評

俗話說「好人難當」，做君子也是這樣。人們對君子的要求甚高，世上的道德規範好像都是為君子定的，稍有差池，便會招來有別於常人的重責。

同時，專制政治下真正的君子，也不見得有什麼好處，倒是禍事連連，這更讓人們有意無意向小人靠攏了。

老實說，天生就是小人的未必有幾個，死心塌地甘為小人的也是少數。對君子的苛求和刁難，對君子的不公和責罰，是許多人知難而退、敬而遠之的重要原因。

王維

盛唐詩畫名家，且精通音律，為開元進士科第一，官至尚書右丞。早年熱心於政治，後半官半隱。安史之亂後，遂無心於仕途。

事典

王維的苦衷

唐代著名詩人王維，年輕時就以詩歌聞名。王維自恃其才，對當時盛行的走權貴之門以求高中的風氣極爲鄙視，他曾嘲笑那些巴結豪門的士子說：

「讀書人若是這樣求取功名，豈不和小人無異？讀書人讀聖賢之書，受先哲教誨，怎會做這種無恥的事？我絕不爲之。」

王維不走門路，結果落第不說，反而遭到了眾人的無情嘲弄，有人便勸他說：

「你自言讀遍天下詩書，怎麼連人情世故都看不清呢？沒有幾個人自願去巴結權貴，但世道如此，不去攀附他們就無緣高中，縱有大才又能何爲？這也是學問的一種，遠比書本上的東西寶貴，你若在此硬充君子，就休想金榜題名了。」

王維遭此重擊，空有長嘆。他鬱悶多日，終在一日宴後對朋友說：

「我年輕無知，雖遍讀詩書、重節知義，卻一無所用啊。我要一展抱負，取得功名，就一定要做個小人嗎？」

朋友打斷他的話，搖頭說：

「小人太難聽了，爲什麼把此事變得這麼複雜呢？你才華蓋世，如此爲之也是迫於形勢，不必責己太過。」

王維玉樹臨風，詩寫得好，音樂才能也十分突出，精於彈奏琵琶。他從此出入權貴之家，獻詩獻藝，不惜媚言惑人，無所不爲。皇族中的岐王欣賞他的才能，又把他引薦給權勢極大的公主。拜見公主之時，王維故意把自己打扮成樂師模樣，穿著花花綠綠的衣服，濃妝豔抹。有人責怪他過於下賤，且說：

「你們讀書人都不知羞恥，自甘墮落了，讀書還有什麼用？」

王維也不爭辯，只無奈地說：

「讀書人也要穿衣吃飯，別人能這樣，爲何我們就不可以呢？從前我不知別人的難處橫加指責，現在只盼別人瞭解我的苦衷。」

王維的演奏引起了公主的注意，她把王維叫到跟前，問他說：

「你彈的曲子淒怨哀婉，動人心魄，可有名字嗎？」

王維慌忙起身，極盡恭維地回答說：

「公主贊言，小人何幸！此曲名爲《鬱輪袍》。」

公主見他知書達禮，回答得體，對他頗有好感。岐王趁勢便介紹了王維的詩才，王維也把自己寫的詩獻給公主。王維此刻心慌氣亂，唯恐公主不喜，一時手足無措。他屏住呼吸，直待公主叫出好來，才如釋重負地連道不敢，眉開眼笑。

公主打量了他多時，口道：「你這般高才，也不用太拘禮了。這些詩我兒時便已讀過，以爲是古人佳作，既是你寫，實爲難得。」

公主見他樂師打扮，又一笑說：

「文人雅士，不該如此裝束，眞是難爲你了。」

她命王維換上文士衣衫，客席入座。交談之下，她更覺王維才學過人，不禁多有稱讚。岐王又替王維美言，說：

「他志向高遠，若是得不到最尊貴的人推薦，高中榜首，他是寧願不考的。公主既是賞識他，自當成全他的心願。」

公主欣然點頭。她當即命人把主考官叫來，讓宮婢把自己推薦王維的想法告知，主考官連連應諾。王維得中狀元，私下卻少有喜色，他無奈地說：

「不知我者，定道我非才得之，全自巧取，我哪裡說得清呢？」

人怨小人，實則忘義，小人無羈也。

譯文

人們怨恨小人，實際上卻也常做些對不起人的事，這是因爲做小人沒有禮教的包袱。

釋評

小人是以傷害別人、成全自己為前提的，他們沒有道義上的負擔，也沒有清規戒律的約束，這就使得許多無堅定意志、無遠大志向的人，很容易墜入小人的泥淖之中。

他們厭惡的其實只是小人對自己的傷害，而小人帶給別人的傷害，他們便不那麼關心了。這種自私的心理和短視行為，是最能侵蝕人的地方，許多人正是因為此節，不自覺地從小人的對立面淪為小人。

受過小人傷害和打擊的人，如果不端正心態，也極易變成另一個小人。

劉豫

南宋叛臣，金傀儡政權偽齊皇帝。金兵南下時棄官潛逃。建炎二年（西元一一二八年）殺宋將降金，被金人立為「大齊」皇帝，統治河南、陝西之地，配合金兵攻宋。

事典

劉豫的報復

宋高宗建炎四年（西元一一三〇年）七月，金國冊封劉豫爲皇帝，國號「大齊」。

劉豫原是宋朝高官。宋徽宗政和二年（西元一一一二年），他被任命爲殿事侍御史，執掌儀法，糾舉百官違失。

劉豫少年時品德不佳，曾經偷竊同學的白金盂和紗衣。後來劉豫雖已悔改，但攻擊他的人還是揪住這件事不放，一再向皇上彈劾他。

劉豫十分氣憤，他直接找到皇上說：

「少年愚劣，以致做下錯事。這些年我每思前事，痛悔難已。現在朝臣以此攻擊我，我除了傷心之外，更覺他們是借題發揮，別有用心啊。誰沒犯過錯呢？他們為何抓住我不放？分明是我在其位，多有得罪他們，他們要將我趕下臺。」

宋徽宗聽罷一笑，安慰他說：「你的那點錯處，不提也罷。這件事我知道了。」

劉豫走後，宋徽宗暗笑不止，他對自己的妃子說：「劉豫原是小賊，群臣不說，我哪裡知道呢？」

妃子亦笑，說道：「陛下還想重用他嗎？」

宋徽宗收斂了笑容，良久方道：「重用此人，豈不招天下人恥笑？他的醜事雖不大，可是一旦人人知曉，就另當別論了，我不能落個重用賊人的名聲。」

劉豫自覺有了皇上的支持，便尋找那些彈劾他的大臣們之錯處，可是那些大臣並不把他放在眼裡，只說：「憑你一個小賊出身，皇上會相信你嗎？我們出身高貴，斷不能受你的侮辱。」

兩者較量，劉豫總是敗下陣來，反遭皇上屢屢指責。劉豫心中更恨，他對家人訴苦說：

「我本不是個君子，現在我更知做小人的好了。他們道貌岸然，哪個做的壞事不比我年少時的劣跡要壞上千倍呢？皇上卻偏袒他們，可見為惡須為大，惡小反是殃啊。」

不久，劉豫上書談論禮制問題，宋徽宗一見便怒，口說：「一個小賊出身的河北老頭，也敢妄談禮儀制度，可是笑我朝廷無人嗎？」

他不容劉豫分辯，就將他貶為兩浙察訪使，後又貶為河北提刑。

劉豫連遭打擊，小人性情漸漸暴長，不但怨恨皇上和群臣對己不公，甚至說出大逆不道的話來。

金國南犯之時，劉豫不恨反喜，他聞訊飲酒不止，且快活地說：

「報應！這是上天的報應啊！皇上昏庸，群臣奸佞，這樣的王朝怎會有好下場呢？」

劉豫的狐朋狗黨於是在旁附和說：

「大人久受壓抑，時下當是大展鴻圖之日，朝廷不仁，大人自沒有理由盡忠報國，我們該好好地利用這大好時機啊。」

建炎二年冬天，金軍圍攻濟南。金人派人勸降，對劉豫百般引誘。劉豫猶豫之際，他的死黨張浹便對他說：

「大人忘了昨日之辱了嗎？你屢遭貶斥，群臣仍不放過你，你若不另尋他路，只怕日後禍事更大。」

劉豫臉上鐵青，怯聲道：

「我非戀主，只因此事關係太大，故難決斷。」

張浹陰聲一笑，低聲說：

「竊鉤者誅，竊國者爲諸侯，只要大人位尊權重，天下人還敢胡言亂語？」

劉豫主意定下，決意謀反。他殺了將領關勝，欲帶全城百姓投降金國，只因百姓皆不聽命，他才只好自己親自下城和金人締結和議。金人十分賞識他的奴才相，於是讓他當了僞皇帝。

難爲獲寡，
無羈利豐，
是以人皆小人也。

譯文

君子難當，得到的卻很少；小人無拘無束，獲利卻很豐厚，因此人們都想成爲小人了。

釋評

歷史上小人比比皆是。小人不分親疏，不分遠近，他們始終在人們周圍，無時無刻不在影響著一般人的正常生活。

這種現象的產生不是偶然的，根治起來也極難，原因之一便是做小人不但容易，也遠比君子更能獲取實惠。

同時，與此俱來的道義譴責向來是無力的，完全不能動搖小人的根本，這也無形中消除了小人最後一層顧慮。這也提醒世人，想要對付小人，必須從小人最痛處下手，不僅不能讓他們獲利，更要口誅筆伐，使其臭名昭著。

事典

楊震的諍言

楊震是東漢有名望的儒士。漢安帝時，受寵的宦官開始專權，時任司徒的楊震便一再提醒漢安帝說：

「重用君子，君子之風就會大盛；信用小人，小人之勢便會高漲。陛下身爲一國之君，一舉一動都關係國家利害，不可不愼啊。」

漢安帝的乳母王聖，因爲服侍安帝有功，任性胡爲，無人能制。王聖的女兒伯榮更是狗仗人勢，驕奢淫逸。楊震氣不過，不顧人勸，上書說：

「小人總能獲取比君子更多的好處，這是君子們最痛心的，也是小人們最得意的。爲什麼會有如此不公的現象呢？關鍵在於陛下識人有失、賞罰不明啊。若是這樣，無疑是在鼓勵縱容小人、排斥懲罰君子。老百姓看到這種局面，誰還會想當君子呢？這不是陛下好惡那麼簡單的事，陛下當知戒惕。」

漢安帝對楊震的奏書看也不看，還曾咬牙切齒地對人說：

「楊震語多不恭，早晚我要殺了他。」

楊震的朋友也漸漸和他疏遠，生怕遭他牽連。楊震在朝孤立，卻仍堅持不改，有人便直言告誡他：

「你效仿君子，卻只苦了自己，能得到什麼呢？我眞不明白，對你個人沒有任何好處的事，你卻樂此不倦，這就是君子所爲嗎？」

楊震對任何人都努力勸諫，總是不厭其煩地回答說：

「小人只在乎自己的私利，君子卻一心爲國，不計得失。我不敢妄稱君子，卻知似我之人時下也太少，這不是很可悲嗎？」

楊震向來不徇私情。從前，他到東萊郡上任途中，路經昌邑，他的學生昌邑縣令王密帶十斤黃金送給他，他拒不接受，王密說：

「深更半夜沒人知道此事，您還擔心什麼？」

楊震正色說：

「天知、地知，你知、我知，這都是無法隱瞞的，怎麼說沒人知道？」

他厲聲教訓了王密一番，王密辯解說：

「人人都是這樣，難道他們都錯了？恩師恩怨過於分明，爲人過於嚴正，我或能理解，別人豈能不怪？與其做個人人怨怪的君子，不如做個平安無事的小人。」

楊震氣得渾身發抖，王密見狀連忙告退，事後王密對手下人說：

「若說世上尙存君子，唯有楊震居之無愧。」

楊震任太尉之職後，安帝舅父大鴻臚耿寶向楊震推薦中常侍李閏的哥哥，讓他安排一個官職，楊震拒絕了。皇后的哥哥執金吾閻顯向楊震推薦與他私交深厚的人，楊震也沒同意。司空劉授聽聞此事，馬上徵召了那二人，十天之內就委任了官職給他們，劉授還對人說：

「多虧了楊震的拒絕，我才有交結皇親的機遇啊。楊震這個人我很佩服，可是我絕不能學他那樣，否則人人都是君子，哪裡還有通情達變？平庸之人官運亨通就更不可能了，這樣做不招人怨恨才怪。」

楊震連連上疏，都不被採納，朝中的奸臣彈冠相慶，行事更無禁忌。他們為了永絕後患，聯起手來誣陷楊震，漢安帝早就對他不滿，於是順水推舟將他貶回本郡。楊震走到城西几陽亭，激憤地對他的兒子和學生說：

「我深恨奸臣誤國卻不能誅殺他們，厭惡小人作亂卻無法阻止，我是無顏面對日月了。」

言罷，楊震便喝下毒酒而死。

位高節低，人賤義薄。

譯文

地位高的人氣節低下，貧賤的人義氣微少。

釋評

小人絕不僅僅是「小人物」的代名詞，判斷一個人是君子還是小人，只能看他的基本德性。

實際上，一些「大人物」的小人習性、小人意識、小人行為，有時一點也不比平民百姓少，甚至更多。專制政治下的居高位者，由於其升遷並非依據品德好壞，反而是憑著媚上功夫所得，這就決定了世風的敗壞，帶頭的正是這些「大人物」。

同樣，貧賤之人由於生活所迫，自身難保，他們便難免做出不講義氣的事來。和「大人物」相比，他們的小人行徑所造成的危害實在很有限。

孔融

漢末名儒，建安七子之首，孔子二十世孫。有高名，於靈帝時始步入仕途。後曹操專權，孔融與操政見不合，每多乖忤，終於在建安十三年（西元二〇八年）為曹操所殺。

事典

孔融的檢舉

東漢末年，孔融被徵召到司徒楊賜府上，祕密查核百官中有貪污行爲的人。楊賜對孔融說：「糾察百官，這是我的職責，既爲榮耀，也會招來禍事。你不要過於認眞，只將一些小官小吏的醜行報上即可。」

孔融爲當時名士，他對楊賜的話語十分不屑，故作一笑說：「若是這樣，豈不失去了整治貪污的根本？小官小吏固然該懲，但他們畢竟是爲惡不多，懲之也不足以警天下。那些高官重吏就不同了，只有懲治了他們之中的不法者，才能顯示朝廷的肅貪之心，亦可昭示法律的威嚴，怎麼能放過他們呢？」

楊賜苦苦一笑，不耐煩道：

「你乃一介書生，怎知此中學問？只管照我的吩咐做便可，否則會吃力不討好，你若是聰明人就不會這麼做。」

孔融接下差事，心中鬱悶。他對朋友抱怨說：

「我先前敬佩楊賜的爲人，本指望他能有些驚天動地的行動。不想他欺軟怕硬，毫無君子氣節。」

朋友聽了孔融的描述，忙道：

「你爲天下名士，連這個你也看不透嗎？官場向來不容氣節高貴之人，否則似楊賜等人也爬不上如此高位了。何況地位愈高之人，他們的顧慮也就愈多。爲了升官保身，他們趨炎附勢、明哲保身猶恐不及，氣節自然無存。和他們談論氣節，眞是大錯特錯。」

孔融失望之極，許久方道：

「縱是這樣，我也願盡微薄之力，以整乾坤。」

孔融明察暗訪，重點調查了朝廷高官和當時極有權勢的宦官親戚族人，結果他們無一例外都貪污受賄，且是數額巨大。孔融面對事實，哀嘆說：

「這些人都位居顯位，竟全是宵小之徒、貪心之輩，國家怎會有希望呢？小民小偷小摸尚要懲罰，和小民相比，這些竊國大盜若是逍遙法外，天理何在？」

孔融開列了他們的罪證清單，擬上報給楊賜。他的朋友知道後，連夜上門勸他不要輕舉妄動。他的朋友苦口婆心地說：

「楊賜都不敢做的事，你又何必認眞呢？那些人位高權重，又有宦官撐腰，縱是事實俱在，誰又能奈何他們？再說他們品性極差，仇隙必報，什麼事都能做出來，你千萬不要引火焚身。」

孔融鎭靜地說：

「我是孔子後代，幸有一些虛名，如你所言，豈非辱沒了聖人名聲？我絕不答應。」

孔融的朋友一嘆道：

「你不識時務，違逆世情，不會給你帶來好處，好自爲之吧。」

孔融的檢舉令楊賜驚恐，他召來孔融責怪不止，還附聲說：

「宦官勢大，連他們的親族你也敢招惹，此事若是傳出，你我都要獲罪。好在現在別人不知，你就不要再言了。」

孔融據理力爭，楊賜仍是不肯上報，他撕毀了孔融的清單，憤憤地說：

「這是人命關天的大事，怎容得你胡爲呢？你是說的沒錯，但這才是你的大錯，你還不知嗎？」

孔融至此對楊賜更是失望，心中不禁對他十分鄙視。後來河南尹何進升爲大將軍，楊賜派孔融帶著名帖向何進祝賀，孔融不齒楊賜的媚上之舉，對他徹底絕望了。他以何進手下未能通報爲由，沒有晉見何進，僅是遞上自劾罪狀的辭呈，離開了楊府。

君子不堪辱其志，小人不堪壞其身。

譯文

君子不可以辱沒他的志向名聲，小人不可以損壞他的身體性命。

釋評

君子和小人氣節的差異，體現在他們志趣的不同和珍愛有別上。對君子而言，遠大志向和珍惜名聲永遠是第一位的；對小人而言，升官發財和保全自己卻是頭等大事，不可須臾忘懷。

認知小人這一特點，有助於人們在和小人爭鬥時採取正確的方法和策略，進而達到事半功倍的效果。同樣，這也勸誡世人，對小人不能心存幻想，他們本性自私，品德低下，縱是與他們為伍，他們也會毫不留情地出賣和坑騙你。

事典

被迫辭官的郅惲

郅惲曾做過光武帝皇太子的老師，以直諫聞名。

郅惲年輕時應汝南太守歐陽歙之邀，做了管理人事的功曹。有一次，歐陽歙舉行宴會，在大庭廣眾面前，歐陽歙對大家說：

「西部督郵繇延，忠貞無二、品德高尚，他懲惡除奸，絲毫不計個人的得失。今天，我要和大家一起評定他的功勞，上報朝廷，以賞其德。」

隨後，歐陽歙讓主簿宣讀他親自擬就的祝辭。郅惲聽著聽著，眉頭皺得越來越緊了。要知繇延並不是個君子人物，反而卻是個十足的小人。他貪贓枉法、爲害鄉里，告他的人數不勝數，只因他買通了歐陽歙，後又巴結上了朝中顯貴，這才沒有獲罪。如此之人今又被百般稱頌，郅惲見眾人無言，先是忍著，直到他見繇延上來接受賞賜，才終於忍耐不住，越眾而出說：「太守以惡爲善，以醜爲美，實太過也，是非顛倒何至於此！」

眾人聞言驚駭，場面頓時寂靜下來。歐陽歙臉色大變，神情十分尷尬。繇延滿面怒容，目露凶光。郅惲輕蔑地看了繇延一眼，又接著高聲說道：

「我所知的繇延，本性貪婪，心懷奸邪，表面正直，其實陰險。他拉攏黨羽，結黨不法，上欺太守，下害百姓。他所在之地，秩序混亂不堪，百姓怨聲載道。這樣的人竟被人稱頌爲君子，那麼天下還有小人嗎？太守不識小人，難道天下就無人識奸了嗎？」

郅惲義正詞嚴，無可反駁。歐陽歙許久才回過神來，勉強道：「是我錯了。」

郅惲摘下帽子，沉重地說：「我也錯了，都怪我不忠於太守，以致花言巧語的人能夠得到讚揚，像繇延這樣的小人可以爲官，讓太守遭人誹謗。今天，我又當眾違逆太守，揭露繇延的罪過，這都是我的大罪，請太守將我和繇延一併逮捕，如此便無損太守的威嚴。」

歐陽歙面上鐵青，又不好當場發作，於是拂袖而去。宴會不歡而散。

第二天，繇延辭去了督郵之職，郅惲深感暢快，禁不住喜色滿面。郅惲的好友鄭敬把他找去，滿臉憂慮地說：「你快大禍臨頭了，尚且不知，這不是最危險的事嗎？」

郅惲一怔，旋道：

「小人已去，正氣已顯，難道還有比這更好的事？你瞎說什麼？」

鄭敬連聲嘆息，再道：

「你志在除奸，匡扶正義，卻是方法有失啊。這樣做不僅除不了奸小，反而會害了自己。俗話說『道不同不相爲謀』，你明知太守包庇繇延，又怎能寄望他剷除繇延？更糟糕的是，你當眾揭穿繇延的小人嘴臉，說話不留一點餘地，以繇延的小人性格，他是絕不會放過你的。如此不知策略，使自己暴露無遺，讓小人記恨，以後你還想有好結果，豈不是怪事！」

郅惲堅持說：

「你多慮了。繇延不是離開了嗎？太守不是也認錯了嗎？我志在爲國效力，現在奸人已去，正是我施展抱負的大好時機啊！」

鄭敬不再和他多辯，只催促他說：

「太守還在，繇延還會回來，你太天眞了。信我的話沒錯，這裡已經不容你了，快快離開吧！」

郅惲不肯，鄭敬只好一個人隱居在弋陽山中。幾個月後，繇延果然又官復原職，郅惲至此才相信鄭敬的話。爲了躲避他們的誣害，一心從政爲民的郅惲被迫辭官，和鄭敬一同隱居去了。

君子避於亂世，小人達於朝堂。

譯文

世道混亂時君子應避免出頭，因爲此刻正是小人在朝廷官場上顯達的時候。

釋評

小人之所以在官場上如魚得水，是因為他們的性格和為人方式，不僅深合君主唯我獨尊的極端自私本性，也暗合他們用人的喜媚厭直之風。

小人無節義，唯命是從，只知處處迎合和吹捧，這不僅滿足了一般君主好大喜功的心理，也使這些小人伎倆被認為是忠心的表現，進而大力提拔小人，甚至委以重任。君主雖表面讚揚君子的行為，實際上只要觸及了他們的痛處，君主喜歡被吹捧的真面目便會顯現出來。

太平盛世時他們用君子來妝點門面，已然情非所願；亂世時生死爭鬥，他們就全無顧忌，君子的處境也變得益發凶險。

事典

工於諂媚的祖珽

祖珽是北齊後主高緯時的顯貴，獨掌機密大政，總管騎兵曹、外兵曹的各種事務，經常和後主坐在一個榻上，討論政事。

祖珽劣跡甚多，能獲此榮寵，和他工於諂媚大有關係。

祖珽在擔任倉曹參軍時，便大肆貪污受賄，家裡不義之財甚多。他奢華淫逸，常對別人說：

「大丈夫一生不能對不起自己，爲什麼我不能過得好一點呢？」

他雖然富有，卻不時幹下小偷小摸的勾當。一次他到膠州刺史司馬世雲家喝酒，偷了兩只銅碟子，從他的懷裡搜出贓物後，在場的人都認爲是奇恥大辱，而他卻不以爲恥地狡辯說：

「我只是喜歡碟子上的花紋，準備拿回去欣賞，一時忘記了告訴主人，怎能算我偷呢？」

他還偷過陳元康家不少圖書，又和一個姓王的寡婦私通。祖珽如此不佳，仕途上卻屢屢升遷，爲此他也十分得意地對人說：

「我不拘小節，卻能仕途通暢，這只能說明朝廷用人並不像常人那樣斤斤計較，眞的瞭解我的才能啊！」

祖珽不乏才智，他除了寫文章出色外，還精通音樂律理，通曉四方少數民族語言。不過這些才能並不是他的升官資本，他最擅長的還是諂媚功夫。
祖珽曾對長廣王高湛說：
「殿下龍顏虎目，骨相奇偉，我多次夢見殿下乘龍上天。」
高湛早有稱帝之心，心下歡喜，嘴上卻向他說：
「此話不能亂說，你眞的做過這樣的夢？如有虛假，定斬不饒！」
祖珽跪下泣淚說：
「此事千眞萬確，我怕殿下怪罪才一直不敢說出。只是此夢一多，我想必是蒼天點化讓我告之殿下，這才冒死上奏。」
高湛聽此大笑，興奮道：
「若是這樣，我一定讓你大富大貴。老天讓你傳言，我還能虧待你嗎？」
高湛當上皇帝後，立即提升祖珽爲中書侍郎。
祖珽擅長音律，他就利用自己這個特長，每逢宴飲之時，總是不怕別人非議親自彈奏琵琶。只要皇上高興，他什麼醜態都可做出，更不惜身扮小丑，以博皇上一笑。有人勸他注意大臣的尊容，他卻反唇相譏說：
「讓皇上快活，我們做臣子的哪有什麼不雅，難道讓皇上順心，不是保持大臣尊容的方法嗎？」
高湛立高緯爲太子，皇后卻喜歡小兒子高儼，想讓他繼承皇位。祖珽心知高湛喜歡的還是高緯，高緯的太子地位不可動搖，於是他與和士開勾結，力保高緯，還上書說：

「陛下身爲天子，應順天命。今有彗星出現，此乃除舊布新之兆。《春秋元命苞》說：『乙酉年，當革除舊政。』今年恰逢乙酉年，陛下當傳位太子，以應天象。」

祖珽爲了說服高湛，還詳細說明北魏獻文帝拓跋弘禪位給孝文帝的例子，擬文呈上，更直言不諱說：

「陛下一旦傳位於太子，便可安心享樂，無國事煩擾，豈不快哉？太子即便爲帝，也終是陛下的皇子，陛下仍是最尊貴的。」

昏庸的高湛竟接受了祖珽的建議，還力贊他忠心爲國。高緯登基後視他爲恩人，替他加官進爵不說，對他的話也言聽計從，群臣誰也不能和他相比。

節不抵金，人困難爲君子。義不抵命，勢危難拒小人。

譯文

氣節不能抵代金錢，人在困境的時候很難有君子作爲。義氣不能代替生命，人在形勢危急的時候很難不做小人。

釋評

客觀地說，做君子難，不僅難在要抗拒世俗的諸多誘惑，而且難在窮困之時，危急時刻也要不改其志。

許多人墮落為小人，不是因為他們欲望太多，而是因為日暮途窮、飢不擇食。人性的這種弱點，往往被小人所利用，他們總是將君子逼入困境，使其危難，動搖其意志，迫其放棄操守、改弦更張。

這是最能考驗真君子的關鍵時刻，立場不堅定者常常會敗下陣來，做些違心的事以求過關，有的甚至會和小人同流合污，徹底變化為一個小人。

胡惟庸

早年隨朱元璋起兵，明朝建立後，位居百官之首。後因被舉謀反，被誅，株連殺戮者三萬餘人，前後延續達十年之久，這也就是明初四大案之一的「胡惟庸案」。

事典

胡惟庸的詭計

明太祖朱元璋稱帝後，長期重用胡惟庸爲相。胡惟庸曲意逢迎朱元璋，背地裡卻獨斷專行，貪贓納賄。朝中正直的大臣對他多有揭發，胡惟庸懷恨在心，對其皆胡加罪名，一一治罪。大將軍徐達德高望重，只因說過他幾句壞話，他便想收買徐達的門人福壽，用以打擊徐達，只因福壽拒不從命，他的陰謀才沒有得逞。

胡惟庸小人得志，野心愈加膨脹。他的定遠舊宅井中，生出石筍，露出水面幾尺高，那些攀附他的人便爭相諂媚說：

「丞相絕非凡人，井生石筍，乃符瑞呈祥之兆，此中眞意，昭顯丞相還要貴上加貴啊！」

胡惟庸心中高興，卻故作平常之狀，懶懶地說：

「我已位居丞相，一人之下，萬人之上，升無可升了，何貴之有？」

摸透他心意的人便趁此撒謊說：

「天降祥瑞，自有玄機。我親見丞相祖上三世的墳墓之上，夜間火光照天，遠近皆見，丞相必會再進一步。」

胡惟庸信以爲眞，從此更加自負，漸生謀反之心。

吉安侯陸仲亨、平涼侯費聚素來悍勇，胡惟庸爲將他們收爲己用，下了不少工夫。胡惟庸曾派親信面見二人，對他們說：

「丞相大人賞識你們的才幹，故而命小的前來問候。」

二人莫名其妙，見胡惟庸帶來的禮物十分厚重，他們拒絕了。

胡惟庸見陸仲亨、費聚不肯歸附，心中生恨。他的死黨勸他說：

「他們二人雖是愚魯，對朝廷倒是忠心耿耿。丞相既是無法收服，何不找個罪名將他們一併剷除，以絕他日之患？」

胡惟庸默然不語，後說：

「他們正值春風得意，自不會輕易變節投我了。看來若要他們爲我做事，還需另尋他策啊！」

胡惟庸自此改變策略，派人監視他二人的一舉一動。後來陸仲亨從陝西回來，擅自乘坐驛站的車船，胡惟庸抓住陸仲亨這個過失，馬上向朱元璋做了報告。朱元璋聞訊大怒，斥責陸仲亨說：

「天下百廢待興，你卻不顧民生，加重百姓的負擔，以為享受。若是天下官吏都像你一樣，大明江山還保得住嗎？」

於是陸仲亨被罰去代縣捕盜。

費聚奉命安撫蘇州軍民，他嗜酒好色一事，胡惟庸偵知後又報告給了朱元璋。朱元璋於是貶他去西北招降蒙古，費聚勞而無功，又遭朱元璋嚴詞痛責。

二人惶恐不可終日之際，胡惟庸卻是高興地對其心腹說：

「深陷困境，是一個人意志最薄弱的時刻；面臨危險，是一個人最易改變志向的時候。我現在已把他們弄入此境，相信他們也不會再拒絕我了。」

胡惟庸命人把陸仲亨、費聚召至府中，酒酣之時，胡惟庸說：

「你們以君子自居，結果卻是身獲其罪，為皇上所不容。老實說，你們所犯的那些事，可大可小，為什麼你們卻致禍如此呢？一句話，只因皇上並不看重你們。否則，你們所犯的罪即使再大，皇上也不會深究的。」

陸仲亨、費聚深有同感，坐下泣淚。胡惟庸摒退左右，附耳對他們說：

「我聽說皇上還要殺你們，這就太過了。俗話說，他不仁、我不義，二位勞苦功高，真肯束手待斃？」

陸仲亨、費聚一聽頭皮發麻，雙雙跪倒，懇求胡惟庸保全。胡惟庸自拍胸脯，大聲說：

「我自不會讓皇上傷你們分毫。不過保得了一時，也保不了一世，二位可聽我的勸告嗎？」

陸仲亨、費聚自此節義全失，只是唯唯諾諾。胡惟庸於是說明了自己的意圖，讓他們在外面招募兵馬。二人半晌無語，最後還是答應下來，做了胡惟庸的幫凶。

不畏人言，惟計利害，此非節義之道，然生之道焉。

譯文

不怕別人非議，只考慮自己的利益和損害，這不是有氣節義氣的主張，卻是生存的方法。

釋評

專制政治往往會讓人心扭曲墮落，小人之道的盛行和屢試不爽便是最好的見證。

善良正直的人信奉君子之道，邪惡奸猾的人卻以君子之道作掩，這就形成了中國歷史上許許多多明裡奉之、暗中棄之的現象，也催生了更多的明裡棄之、暗中奉之的潛規則。

潛規則多是見不得人的、不合道義的，然而在官場上又是實用的，自私自利的小人之道就是如此。儘管沒有人以小人自居，但小人卻從不在乎別人說他們是小人，雖然小人也自知醜陋，然而小人卻很少自思悔改。對他們而言，只要自己活得夠好，其他概不重要。

事典

除弊去害的蕭陶隗

遼道宗時，蕭陶隗任馬群太保，負責管理牧群。蕭陶隗上任初始，便有手下人向他大行賄賂，且進言說：

「早聞大人爲人剛直，名聲卓著，是以前來孝敬。」

蕭陶隗嚴肅道：

「既知我的爲人，何來孝敬之說？你們就不怕我責罰嗎？」

來人嘿嘿一笑，並不害怕，他們說：

「哪有哪的規矩，我們這兒向來如此，大人怎可改變呢？大人與人方便，自會自己方便，這個道理大人不會不知吧？」

蕭陶隗氣憤之下，將來人轟走，他的家人責怪他說：

「在朝爲官，明的一套要有，可是暗的一套也不可無啊。你雖氣節高拔，但畢竟身在朝中，怎可違逆時宜，認眞計較？這樣，人人都和你作對，你這個官也不好當了。」

蕭陶隗查閱全部的舊籍，和實際的馬匹數目相對照，卻見登記的馬匹數目遠比實際的多。蕭陶隗召來主管其事的手下，痛斥說：

「你們多寫帳目，欺瞞朝廷，這是明顯的造假徇私，該當何罪？」

主事之人嘴上認錯，卻並不驚惶，他小聲對蕭陶隗解釋說：

「衙門開支用度，官員補貼之用，正常款項遠遠不足，所以歷來的官長都借多報馬匹數目，來換取朝廷給養，彌補缺處。這樣做雖不合法度，然而這已是公開的祕密，沒有人以爲不妥，大人又何必大驚小怪呢？」

蕭陶隗聽之心驚，斥道：

「你們騙取餘資，坑害朝廷，難道還有理不成？這種不忠不義之舉，我不屑爲之，斷不能行。」

主事之人臉上一驚，急道：

「朝廷上下，如此之例多矣，大人也管得了嗎？不這樣做，大人也沒有絲毫好處，反遭人怨，下官亦爲大人不值。」

蕭陶隗不爲所動，他仔細清點了馬匹的數目，一一登記造冊；又把羸弱之馬和病馬另立冊籍，以示區別，再上書說：

「上下欺瞞、積弊成風，這是朝廷最讓人擔心的。就我管理的牧群來說，已是名存實亡，人日不怪，可見此中害處多麼驚人了。眞心實意爲朝廷做事的，因爲沒有同流合污，往往被貶斥爲害群之馬，而那些公開違法亂政的小人，反倒比君子還理直氣壯，這種情況怎麼能容忍呢？」

蕭陶隗的奏書讓遼道宗大爲震驚，他和群臣商議此事時，群臣便狡辯說：

「蕭陶隗危言聳聽，攻擊朝廷，只怕另有意圖。現在天下昇平，政通人和，哪有他說的那麼黑暗？請陛下治他謗言亂政之罪。」

但遼道宗沒有聽從群臣請求，採納了蕭陶隗的建議。群臣深恨蕭陶隗，把他視爲異類，時刻尋機打擊他。

蕭陶隗擔任契丹行宮都部署之職時，道宗對群臣說：

「北樞密院地位顯要，職責繁重，朕欲在耶律阿思、蕭斡特剌二人中選取一人主持其事，你們說說他們誰最能勝任？」

群臣深知二人都是道宗身邊紅人，爲了都不得罪，他們便只說二人好處，絕不妄下斷言。

道宗見唯獨蕭陶隗一言不發，就點名問他說：

「你有何見識？不妨當面講來，朕絕不怪罪。」

蕭陶隗環視左右，略作猶豫，遂不顧忌諱，高聲說：

「人人不敢言其短處，可是爲了國家大計，我還是冒死直言了。蕭斡特剌怯懦，不足成其大事；耶律阿思多才，爲人卻十分貪婪。若是陛下非要在他們中間選出一人，以我之見，怯懦者尚可任用，貪婪者卻絕不可信，否則其害大矣。」

道宗亦是驚訝，他緩緩道：

「明哲保身，不揭人短，此是人們去禍之道，不言而心明，個個奉行不輟，難得你爲了社稷大業，進此忠言啊！你和唐時魏徵相比毫不遜色，但恨我不及唐太宗。」

烈。

道宗誇獎了蕭陶隗，但還是任用耶律阿思做了北院樞密使，耶律阿思由此憎恨蕭陶隗之情更

一次，耶律阿思上奏道宗，說西部邊疆不寧，應派重臣去安撫。道宗詢問派蕭陶隗如何，耶律阿思這次卻沒反對，反是極力推薦。蕭陶隗當了西南招討使之後，耶律阿思隨後便進讒說：

「陛下對蕭陶隗寄以重望，誰知他不盡其責，有辱聖恩。賊兵掠走漠南牧馬和居民畜產，蕭陶隗卻不急於追捕，甚至任賊橫行。按朝廷的律法，這是死罪啊！」

道宗初時不信，可是耶律阿思勾結群臣，都是眾口一詞，道宗於是不再懷疑，下詔罷免了他的官職。蕭陶隗申辯無門，只得暗自垂淚。

第六卷

明鑑卷

福不察非福，禍不預必禍。福禍先知，事盡濟耳。

施小信而大詐逞，竊小處而大謀定。事不可絕，言不能盡，至親亦戒也。佯懼實忍，外恭內忌，奸人亦惑也。知戒近福，惑人遠禍，俟變則存矣。

私人惟用，其利致遠。天恩難測，惟財可恃。以奸治奸，奸滅自安。伏惡勿善，其患不生。

計非全者莫施，人非智者弗謀，愚者當戒哉。

本卷精要

◎小人的忍耐和君子的忍讓是截然不同的。他們的諂媚也只是為了掩飾他們心中的仇恨。

◎君子無法痛懲奸險小人，小人就利用此節，往往逃過大劫。

◎君子重面子，小人了無心理障礙，於是，小人格外願與君子過招。

◎在小人看來，上司的寵信是靠不住的，只有錢財才是最後的靠山。

◎有智慧的人往往不直接和小人對抗，而是極力促成小人間的廝殺。

福不察非福，
禍不預必禍。
福禍先知，
事盡濟耳。

譯文

若無法察覺自己的福氣就不能算有福，若不能事先料到禍患就會眞有禍患。福禍如能預先知曉，事情就都可以成功了。

釋評

小人對福禍的預知非常敏感。他們對福禍的判斷以自身得失為準繩，因此他們的關注和研究也會超乎常人。

由此觀照小人「趨利避害」的能力和方法，人們便不難看出：君子之所以常輸於小人，屢遭禍事，並不是小人比君子聰明，而是君子為公，不計個人得失安危，他們把心思都用在辦正事上，而小人則恰恰相反。

蕭十三的「遠見」

遼道宗大康初年，奸臣耶律乙辛重返樞密院，把持朝政。時爲護衛太保的蕭十三聽到這個消息，喜不自禁地對人說：

「耶律乙辛前時遭挫，眼下正是用人之際，我若前去投靠，必能步步高升。」

蕭十三的行爲令人不齒，他的好友也奉勸他愼重行事。他的好友說：

「耶律乙辛雖官復要職，勢力顯赫，但皇上對他的猜忌猶存，太子更對他心懷怨恨，萬一有變，你的處境就危險了。再說，耶律乙辛奸滑無比，他又豈能輕易信任你呢？倘若他不喜歡你，那你的禍患就大了，明智之人是不會做這種事的。」

蕭十三生性狡猾，他十分自信地說：

「福禍如果不能事先推知，又能成何大事呢？我料定之事若是不敢爲之，只怕以後再無此機遇，聰明人焉能白白錯過？」

耶律乙辛見蕭十三自動投效，心中歡喜。和他長談之後，又覺此人心計不凡，對己忠心，於是把他視爲死黨。蕭十三察言觀色，每每建議把耶律乙辛不喜歡的人貶出朝廷。還常故作緊張地製造事端，提醒耶律乙辛說：

「大人位高權重，忌恨你的人一定不少。我見朝臣恭維你的人中，十有八九並非出於眞心，大人不可不防啊！」

如此之言多了，耶律乙辛心下只覺蕭十三才是最關心他的人，對他好感日增，不久就提升他爲殿前副點檢。

蕭十三並不滿足於此，他爲了升官，也爲了將來消除隱患，盤算多日，遂向耶律乙辛又獻一策，他說：

「大人時下雖風光無限，可知大禍暗伏？不除掉太子，大人怎能心安呢？」

耶律乙辛被說動了，他重聲問：

「此話怎講？」

蕭十三回答說：

「太子深恨大人，臣民之心又都向著他，如果太子即位，大人豈不性命不保？大人如今大權在手，殺伐由己，此時不思謀劃，更待何時？」

耶律乙辛心驚肉跳，暗中敬服蕭十三的毒計，面上卻不動聲色。他直視著蕭十三，忽出語道：

「攻滅太子，此乃不赦之罪，你竟獻此計，這是爲何？」

蕭十三一笑，他走近耶律乙辛，悄聲道：

「避禍而已。」

他道過此言，見耶律乙辛眉頭不展，又強調說：

「我投效大人，自把大人當做最大的靠山。太子和大人結怨，大人有事，我也無法倖免。俗話說『人無遠慮，必有近憂』，我縱是不爲大人著想，也該爲自己打算啊！」

耶律乙辛聞言即喜，再無顧慮，遂和他詳議此事。太子被廢後，蕭十三官職立升，被耶律乙辛提拔爲北院樞密副使。獲此高位，他的狐朋狗黨紛紛投到他的門下，以求晉升，蕭十三得意揚揚地對他們說：

「我非幸運，也不是天生命好，只因爲我每日勘研福禍之道。一個人若是沒有這個本事，保命都難，何談榮顯呢？」

施小信而大詐逞，窺小處而大謀定。

譯文

施行小的信用然後大的欺騙才能得逞，窺探小的細節然後大的謀劃才能確定。

釋評

小人的「成功」並非僥倖所得，小人的失敗也不盡天理所致。應該說，小人的騙人手段和害人伎倆，都是他們精心設計的結果，其邪惡智慧往往出人意料。

對奸雄這樣的「大小人」而言，就更不能小看他們的能量，他們的演技爐火純青，手法高人一等，喜怒不形於色，光從外表是很難識破其本來面目的。

這樣的「大小人」不乏其例，和一般的小人相比，他們「施小信」的功夫和「窺小處」的本事，往往做得滴水不漏、細緻入微，這不僅是他們得逞其奸的原因之一，也是世人受其愚弄的原因所在。

王莽

字巨君，漢元帝皇后王政君之姪，魏郡元城人。篡漢建立新朝，西元二三年赤眉綠林軍攻入長安，被殺，在位十五年。

事典

假仁假義的王莽

唐代詩人白居易有詩云：「周公恐懼流言日，王莽謙恭未篡時。向使當初身便死，一生真僞復誰知。」王莽的騙術是首屈一指的，他未篡位時，甚至連他最貼身的人都不識其奸。

王莽於漢成帝綏和元年（西元前八年）任大司馬。自居高位，爲了鞏固到手的權力，仍故作謙恭，處處表現得儉樸好禮，禮賢下士。他讓妻子穿著破爛的衣裳，如同婢女使婦，外人都稱讚他們品德高尚。

一年過後，王莽因傅太后掌權，一時辭官家居。他爲了東山再起，矯情自飾的功夫絲毫未減，他告誡家人說：

「不在朝上，我的所作所爲才更引人注意，也最能讓世人信服。這是我他日復官的最大資本，你們都要自律自愛，勿要壞了我的大事。」王莽的二兒子王獲偏不知趣，殺死了一個家奴。王莽一知此事，立時勃然大怒，欲將兒子處死。王莽的家人哭著說：

「兒子是你親生，你責罰他一頓也就是了。何況在達官貴人之中，殺死家奴也是常事，爲何卻非要他的命呢？你太狠心了，絕不是一個爲父者該做的。」

王莽恨恨地說：「他毀我清譽，此事若是輕輕放過，我的對手自會藉此攻擊於我，別人又該如何看我呢？我苦心經營這麼多年，豈能因他前功盡棄？我不是想殺他，而是不得不殺啊！」王莽逼著王獲自殺償命，此事傳出，人們無不爲他的大義滅親之舉交相稱頌。一時朝野人士紛紛上書朝廷請求重用他，有人還以日蝕爲由，說這是上天對不用王莽如此賢良之士而發出的警告。

哀帝死後，太皇太后王政君重新掌權，王莽也官復原職。爲了收買人心，王莽上臺後做的第一件事便是彈劾哀帝的寵臣董賢，他義正辭嚴地說：「國有奸佞，朝政遂壞。奸佞誤國，不可一日不除。大司馬董賢無德無才，以貌獲寵，貪婪無度，人人痛恨。請順應民意，剷除此賊，以告天下。」

董賢畏罪自殺後，王莽的義舉又傳遍天下，人人生敬。他被視爲小人佞臣的剋星，天下人都把他當做中興漢室的希望。王莽爲巧取江山，繼續作戲，他上書太后說：

「百姓疾苦，這是我們做臣子應時刻關心的頭等大事。奸臣當道，只知享樂，如今漢室中興，自不能任百姓受苦。國庫尚有不足，此事又刻不容緩，我願出錢百萬、田三十頃，由國家分給貧民。」

王莽的這一舉措，立時招來國人的同聲叫好。公卿們迫於無奈，只好也獻出些錢財和土地。百姓把王莽視爲自己的恩人，對他的仰慕更深了。王莽爲了表示與民同甘共苦，在發生水旱災荒時，他不食肉，且還要上書自責。好幾次因爲他拒絕進食，太后都派使臣勸他保重身體。

爲皇帝選美時，王莽故意上書請求不要把他的女兒列入名單。此事傳出，天下人又爲他的謙讓美德所感動，反是紛紛上書請立王莽之女爲皇后。王莽派人說服制止眾人，還故作誠懇地對群臣說：

「我德行不夠，教女無方，自不敢讓我女高居皇后之位。你們的好意我心領了，一個忠心的臣子，怎能愧受他不該擁有的名位呢？死也不能讓我改變主意。」

天下人又被感動了，結果王莽見火候已到，便順理成章地讓女兒做了皇后。

王莽是讀書人出身，他深知要想愚弄天下，奪取天下，獲得讀書人的支持是必不可少的。他命人在京師修建了辟雍、靈臺、明堂等學習場所，都建得富麗堂皇。他擴大了太學名額，又建了一座可住一萬人的讀書人宿舍，廣招讀書人到京師就讀入學。讀書人對他感恩戴德，奔相走告，竟有四十八萬人上書朝廷，爲王莽請功。

如此一來，王莽的勢力和聲望如日中天，他已成了天下君子的典範。最後，王莽終於憑此代漢自立。

事不可絕，言不能盡，至親亦戒也。

譯文

事情不可以做絕，言語不能夠說盡，對最親近的人也要保持戒備。

釋評

小人做事往往不留餘地，極度張狂。惡語道盡的他們常常得意忘形，即使對身邊最親近的人也刻薄寡恩，頤指氣使。

這樣做難免天怒人怨，一旦小人身邊的人有了反心，小人所處的危險就是最致命的。聰明的小人常能吸取這方面的教訓，給人小恩小惠，和顏悅色，對任何人都懷有戒心。人們要能識破小人這種手段，才能不為其迷惑，不中其圈套。

史思明

突厥人，以巧詐發跡，得將軍之職。與安祿山製造「安史之亂」後降唐，不久再叛，進犯長安，途中被兒子史朝義和部下殺死。

事典

史思明之死

西元七五九年，安祿山手下的大將史思明將殺父自立的安慶緒殺死，自稱應天皇帝。第二年，史思明率大軍西進，其子史朝義進攻陝州失敗，退守永寧。

大敗之後的史朝義憂心忡忡，唯恐遭到父親的責罰，一時徬徨無計。史朝義的部將駱悅、蔡文景、許季常等人深知史思明治軍嚴厲，也十分害怕。他們聚在一起，駱悅便對史朝義說：

「我軍一時失利，原不足爲怪。將軍乃是皇上的親子，只要將軍求情，我們或可活命，萬望將軍美言。」史朝義苦道：「我亦知父皇性格，他絕不會輕饒我們。不過眼下用人之際，我想皇上還不至於斬殺你們，你們就放寬心吧！」

史思明聽聞敗訊，果然咆哮如雷，震怒之下，他召來史朝義及其部將，連聲痛罵之後，竟命將他們推出斬首。史朝義不料至此，他哭著說：

「我等力戰，已然盡力，部卒人人奮勇，其敗本不當怪。父皇不念親情，不恤將士，竟言斬殺，兒臣死不瞑目。」

史思明左右苦勸不止，有人更直言說：「安祿山父子相殘，遂致敗亡，此事不遠，陛下當鑑。」

史思明聞言一顫，勉強放了他們。他當即宣布任用幼子史朝清做了他的副手，實際上已將史朝義排除在接班人之外。史思明的一位謀士唯恐有變，私下進言說：

「大敵當前，陛下當隱忍施恩，不計小過。縱是有心懲戒，也要有所保留，不把話言明說盡。現在軍心不穩，將領皆懷懼心，又何況朝義乃一員虎將，又是陛下長子，不該把他責罰太過了。」

史思明一聽即怒，不屑道：

「無知小輩，他們還敢造反不成？一群膽小鬼，我真恨不得殺了他們。」

史思明怒氣不減，遂命史朝義修造土城以備儲糧，且要求天黑前完工。史朝義忍氣吞聲，天還未黑便見史思明前來視察，史朝義惶恐請求：

「時間太緊，士卒們又太疲乏了，懇請父皇寬限時日。」

史思明開口便罵：

「你愛惜手下，自充好人，就不服從我的命令了嗎？」

史思明罵了駱悅等人，親自監督兵士們築城。天黑之後，史思明離開之際又罵史朝義說：

「明早攻不下陝州，晚上我定殺你這個逆賊！」

史朝義的部將駱悅等人一等史思明走遠，就憤憤地來到史朝義的帳中，駱悅當先說：

「將軍貴爲皇子，尚且爲陛下不容，苦苦相逼，何況我們呢？皇上這般無情，出語惡毒，相信將軍的性命早晚不保，將軍可要早作打算啊！」

史朝義一時無語，駱悅等人就進一步進言說：

「皇上喜愛幼子，將軍縱是立有大功，也是徒勞。若是明日再敗，將軍就必死無疑了。將軍不忍，我等只好改投唐軍，以保活命。」

史朝義心知他們所言非虛，於是點頭應允。

夜深，駱悅等人率眾殺入史思明的住處，騎馬欲逃的史思明中箭落馬，被生捉活擒。他問何人造反，駱悅等人便說是史朝義，史思明立即省悟，遂顫聲說：

「我白天講的話太重了，請他不要見怪。我只是說說而已，怎會眞的殺他？」

駱悅等人只是冷笑。他們先把史思明關在柳泉傳舍，向史朝義覆命，接著便把史思明縊死，擁立史朝義當了皇帝。

佯懼實忍，外恭內忌，奸人亦惑也。

譯文

假裝懼怕其實忍耐，外表恭敬內心忌恨，這樣連奸詐的人也會被迷惑。

釋評

小人的隱忍和諂媚是十分可怕的。他們在弱勢的時候常常採取這種戰術，曾使不少人受騙中計，結果身受其害。

小人的忍耐和君子的忍讓是截然不同的。暫時屈從只是為了他日的報復，諂媚也只是為了掩飾心中的仇恨。

這一點，許多奸詐之輩也被瞞過，可見他們不僅演技高超，心計亦毒，正人君子更要認真識別，嚴肅對待了。

韋昌輝

壯族，太平天國核心人物之一，封北王。為人機變險詐，為謀私權不吝內亂，加速了太平天國的滅亡。

事典

屢受挫辱的韋昌輝

韋昌輝是太平天國的北王，南王馮雲山、西王蕭朝貴戰死後，他成了僅次於東王楊秀清的實權人物。

太平天國建都天京之初，韋昌輝主管軍事，立下不少戰功。楊秀清見其功大，唯恐難以馴服，於是將軍事指揮權轉交給翼王石達開，爲此韋昌輝深恨東王。

韋昌輝的手下曾勸他找天王理論，韋昌輝總是大聲喝斥他們，嚴加阻止；有人爲他鳴不平，他也及時阻止，且說：

「東王知人善任，非凡人可比。他這樣做完全是爲了天國的大業，我擁護還來不及，又有何不平呢？」

楊秀清曾因追查北王失職之事，將韋昌輝杖責數百，令他幾天都不能起床。他的心腹手下氣之不過，泣淚說：

「東王假公濟私，欺人太甚，王爺甘心受辱，我們也蒙羞啊！只要王爺一句話，我等願爲王爺赴死。」

韋昌輝奸險過人，他自知東王勢大，此時若是不忍耐，只會凶多吉少。他咬緊牙關，不僅不作任何抗辯，還處處對楊秀清表示恭順，裝出十分懼怕的樣子。每見楊秀清的轎子一到，韋昌輝總是第一個搶先上前，扶轎迎接，賠笑垂首。無論楊秀清說了什麼，他都是跪下謝恩，口道：

「四兄言語高妙，啓人心智，小弟愚鈍無知，聽之何幸！還望四兄嚴加教誨。」

一次，韋昌輝的兄長爲房屋之事，和楊秀清的妻兄發生爭執。韋昌輝得知此事，忙教兄長向人賠禮，他還十分驚慌地說：

「東王勢力熏天，爲人嚴厲，他若生氣怪罪，連我都要遭殃。和身家性命相比，區區房產又何必計較呢？」他的兄長不服，爭辯說：

「你身居北王高位，卻如同東王的奴僕，這點小事你也怕成這樣，我眞爲你感到羞恥啊。我沒有理虧之處，自不會向他認錯。」

楊秀清想殺韋昌輝的兄長，韋昌輝一句爭辯之詞也沒有說。楊秀清讓他親自對自己的哥哥治罪，韋昌輝恨得牙根直咬，嘴上卻說：

「如此小人，殺之也不足以洩憤。他罪惡滔天，合該五馬分屍，這樣也不能警示眾人哪！」韋昌輝的表現，令楊秀清十分滿意，他自以爲韋昌輝完全被自己壓服了，對他便放鬆了警惕。曾有人勸楊秀清不可輕視北王，還分析他的用意說：

「以北王的個性，絕不會如此眞心乖巧的，他向來奸險，其中必有圖謀。」

楊秀清蔑然一笑，自負道：

「是他識趣，這才是聰明人會做的事啊！他若有異，焉能騙過我的眼睛？」

韋昌輝迷惑住楊秀清，更不忘在天王洪秀全面前表忠心。楊秀清借「天父」下凡要杖責洪秀全時，韋昌輝嚎啕痛哭，求「天父」讓自己代受刑罰。洪秀全向「天父」認錯，韋昌輝搶先說：「二兄何錯之有？都是我們做弟弟的錯啊。我們自知錯處太多，請天父重罰。」洪秀全也認爲他忠誠可靠了。

咸豐六年（西元一八五六年），楊秀清逼封萬歲，韋昌輝表面贊成，背後卻對洪秀全說：

「東逆目無天王，妄自尊大，狼子野心已然昭昭，此賊不除，天國必毀於其手。二兄若能頒下詔旨，臣弟定能誅殺之。」

洪秀全沒有立即應允。後來韋昌輝被東王派往江西，他接到天王密詔回京救駕時，韋昌輝多年的積怨不可遏制，他撕下僞裝，露出殘忍好殺的本性，不僅把東王楊秀清全家殺光，而且還殘殺了兩萬多無辜將士。洪秀全意識到韋昌輝的下一個目標就是自己，天京軍民也認清韋昌輝的凶惡面目，在洪秀全的帶領下，韋昌輝終被剷除，他的屍體被分割成碎塊，掛在天京城內示眾。

知戒近福，惑人遠禍，俟變則存矣。

譯文

知道警戒就能接近好事，能迷惑人就能遠離災禍，伺機待變就有保障了。

釋評

姑息養奸、善待惡人，是許多人致禍的一個重要原由。

人們一味良善，對小人缺乏深刻的認知，特別對那些善於偽裝、心腸歹毒的小人，往往低估了他們的智慧，高估了他們的從善之心，因而輕易放過他們，使之有了伺機待變的喘息之機，為日後報復埋下伏筆。

君子最易犯下此類錯誤，他們無法重懲奸險小人，對所有人均循循善誘，小人就是利用此節，不僅逃過大劫，且還要反攻倒打了。

屠岸賈

春秋時期晉國大夫，因善於逢迎而得到晉靈公的信任和寵愛，因其迫害趙盾之事被寫入戲劇而廣為人知，留下千古罵名。

事典

捲土重來的屠岸賈

春秋時期，晉國的中大夫屠岸賈善於投機取巧，爲人奸邪。他爲了討晉靈公的歡心，多方引誘晉靈公嬉遊淫樂。

晉國京城絳州有屠岸賈爲晉靈公建的一座「桃園」。桃園中有一座高臺，站在上面全城盡收眼底。屠岸賈帶著晉靈公在桃園裡和宮中姬妾遊樂，還到晉國各地強搶民女，送入桃園供晉靈公淫樂。一次，他們正在高臺上看美女跳舞吹奏，屠岸賈見園外百姓越聚越多，於是提議和晉靈公比賽用彈弓打人。他們二人彈無虛發，被擊中者立即頭上見血，鼻青臉腫。

晉靈公如此荒唐，忠臣們紛紛勸諫，相國趙盾反覆進言道：

「主公寵信屠岸賈，做下許多荒唐事，這絕不是明主所該做的。屠岸賈奸險惡毒，一心諂媚，不顧主公聲威，不體百姓民心，這樣的人主公怎能相信他呢？」晉靈公本為趙盾擁立，對他尚有畏懼，一時稍有收斂。屠岸賈見勢不妙，便極力慫恿晉靈公說：

「主公政務繁重，日理萬機，一時遊玩有何不可？趙盾自恃老臣，擁戴有功，天天說三道四，還把主公放在眼裡嗎？何況這只是主公的私事，群臣有何理由干預呢？」

有了屠岸賈的這番剖析，晉靈公便我行我素，且愈演愈烈。一日，屠岸賈陪晉靈公喝酒，因為熊掌燒得不是很爛，晉靈公一怒之下，竟用銅錘將廚子打死，還把屍體砍為數截。

趙盾就此事趕到桃園，堵在桃園門口，不讓晉靈公進園玩樂，並說道：

「主公不理朝政，玩樂無度，又將廚子肢解，這太讓人寒心了。恕老臣直言，如此下去，晉國必出禍事，國將不國，懇請主公痛改前非，駕車回朝。」晉靈公心知理虧，只應付說：

「我知道了，下次依你便是。」

趙盾見他並不回轉，也不讓路於他，屠岸賈在旁周旋說：

「主公既來，若是空返，傳揚出去必教人猜疑，說相國太過無禮。今日遊罷，他日不來也就是了。」

趙盾只好放他們進園。屠岸賈以此挑動晉靈公對趙盾的憤恨，他故作一嘆說：

「這是最後一次遊樂了，以後您得守在宮中，聽相國教訓了。」

晉靈公果被激怒，殺心立起。他們派出刺客刺殺趙盾，此計不成後，屠岸賈又設計陷害，趙盾被逼逃亡。趙盾的姪子趙穿殺了晉靈公，趙盾返朝，迎立晉文公的幼子黑臀繼位爲君。

屠岸賈在外爲晉靈公挑選美女，得聞晉靈公被殺，便跑回家中，閉門不出。趙盾深恨屠岸賈，卻念及新主剛立，不宜因怨濫殺，於是決定不予追究。趙穿堅持殺了屠岸賈，他激憤地說：

「惡人不除，終留後患。你不殺他，他就會感激你嗎？若有一日他執掌權柄，他是絕不會饒過趙家的。」

趙盾眉頭緊皺，還是搖頭說：

「經此一事，相信他必有悔改之心，也不敢爲惡了。我們一切爲公，怎能因私怨殺人呢？」

由於趙盾的仁慈，屠岸賈僥倖活命。他表面上對趙盾痛哭懺悔，行事也分外小心，可是心裡卻無時不恨之入骨，等待時機。

西元前五九九年，趙盾和晉成公病死，景公執政。景公寵信屠岸賈，屠岸賈見時機已到，便誣害趙家說：

「趙盾等人桃園罵君，此等大逆之罪，早該誅殺了。成公反而委其重任，天下人非議已久，主公應糾此過失，以慰天理人心。」

晉景公昏庸無道，他也想藉此剷除趙家勢力，於是命屠岸賈帶兵查抄趙家。屠岸賈多年隱忍早盼這一天了，他大開殺戒，把趙家一百多人殺得一個不留。趙朔的妻子莊姬其時有孕在身，因她是晉成公的姊姊，這才得免不死。屠岸賈爲了永絕後患，一等莊姬分娩後就捕殺剛出生的嬰兒，多虧趙家的家臣公孫杵臼、程嬰忠心護主，趙氏孤兒才倖免於難。

私人惟用，其利致遠。

譯文

只任用自己的人，它的好處可說是非常長遠。

釋評

小人的用人哲學是任人唯私的。在他們看來，不是自己的人都不可靠不說，還有奪其權柄的危險。

這種置國家利益不顧的自私做法，無不是為了保住他們個人的私利，甚至他們寄望以此可以長長遠遠地永保富貴。

事實上，小人上下勾結，湊成一團，在官場上確有互相利用、遙相呼應的功效。他們臭味相投，一方有事，便是八方蠢動。一榮俱榮、一損俱損的利害關係將他們緊緊綁在一起，其邪惡勢力不可小覷。

蔡京

北宋宰相，王安石變法的得力幹將，沉浮於新舊黨爭之中，畢生推行新法。靖康元年（西元一一二六年），宋欽宗即位後，蔡京被貶嶺南，途中死於潭州。

事典

蔡京復官的祕密

宋徽宗時大奸臣蔡京幾度罷相，令人稱奇的是，每次罷相他都起死回生，官復原職，而且罷復一次，他的權力便膨脹一次。此中祕密，蔡京曾對其子蔡攸透露說：

「官人人想當，權人人想要。如果不任用自己的人，他們便不會感激你，將來更不會報效你。萬一哪天有了禍事，還是自己的人肯爲你說話辦事啊！只要在朝廷有自己的人在，終不會有走到絕路的那一天。」

蔡京老謀深算，從他掌權的那天起，就把安插親信、廣布黨羽當做自己的頭等大事。至其暮年，他的親信黨徒在朝中遍布，皆居顯要。蔡京推薦童貫出任節度使，開府儀同三司，封太傅、涇國公，時人稱蔡京爲「公相」，童貫爲「媼相」。宦官楊戩被提拔，官至節度使；李彥、朱勔也都被蔡京提拔爲節度使。鄧洵武說過蔡京幾句好話，蔡京有心收爲己用，他派人對鄧洵武說：

「相爺有心提拔你，只是尙在猶豫，你可知這是爲什麼嗎？」

鄧洵武官小職微，爲人卻是十分狡猾，他心知這是蔡京考察自己，於是連忙跪倒泣淚說：

「我早想投到相爺門下，只是投效無門哪！若能得相爺恩典，我生是相爺的人，死是相爺的鬼，永遠追隨相爺。」蔡京聞報，哈哈大笑說：

「朝廷命官，能說出這等話來，眞是難爲他了。這樣的人我不任用，難道用只謝皇恩的人嗎？這對我有什麼好處呢？」

蔡京於是任用鄧洵武爲尙書右丞、中書侍郎，鄧洵武一夜之間便當上了副相。

福建轉運判官張康國，爲了巴結蔡京，不惜讓人詬罵，爲蔡京作「元祐黨人碑」費心盡力。張康國的家人對他說：

「蔡京誣害忠臣，你爲他辦事，遭天下人怨恨，値得嗎？」

張康國說：

「要升官不這樣就別無他路。不遭人罵他還會賞識我？這是互相利用的事，誰也不吃虧。」

張康國於是被任用爲翰林承旨，不到三年，他就高升爲尙書左丞。

蔡京第一次罷相後，趙挺之、劉逵共同輔政，趙挺之對劉逵說：

「蔡京已去，我們可以匡正了，依你之見，當從何處著手？」

劉逵說：

「蔡京黨羽甚多，盤根錯節，我擔心他們有令不從啊！他們利害相繫，定不會就此甘休，我們還是慎重爲上。」

趙挺之、劉逵試著把蔡京所行稍有改動，結果遭致群臣反對，無人服從。蔡京的黨羽根本不把趙挺之放在眼裡，處處和他作對，只盼蔡京復相，還聯名進諫說：

「京爲相時，所改法度，皆稟上旨，非私爲之。奸惡小人嫉其功高，令其蒙羞，此國之不幸也。」

他們一而再，再而三地不停上書，徽宗昏聵無知，竟相信了蔡京黨羽的說法，不到一年，蔡京就重新爲相，且拜爲太尉，進位太師。

第二次罷相後，其親信何執中爲相，蔡京雖無相位，其實仍在左右朝政。何執中一如前時，凡事都請命他，蔡京黨羽在旁聽命，隨時聽蔡京調遣。蔡京此時得意地對他的兒子們說：

「任用自己人的好處，現在可以說是都見到了，若不如此，我一個罷官之人，還會生活得如此威風自在嗎？有他們呼應，不出多時，我還會復官的，這個我從不懷疑。」

政和元年（西元一一一一年），蔡京又重歸相位，還封爵爲楚國公。蔡京的黨羽爲其設宴慶賀，蔡京對他們說：

「我不怕丟掉官職，唯恐失去你們這些朋友，有你們在，誰也不能把我怎樣。這是你們的功勞，也算我慧眼識人吧！」

天恩難測，惟財可恃。

譯文

天子的恩情難以測度，只有錢財才可以依靠。

釋評

小人的貪欲是驚人的，一方面為了盡可能地滿足其物質享受，另一方面是為了個人和整個家族的未來著想，聚斂財富以留給子孫。

小人都是實用主義者，信奉有權不使、過期作廢的信條；他們之所以喪盡天良、不擇手段地弄權害人，說穿了就是為了以權謀私，以權斂財。

在小人看來，上司的寵信是靠不住的，只有錢財才是最後的依靠，以後即使有了麻煩，錢財也可擺平；即使沒有官做，偌大的家業也足夠他們揮霍。有鑑於此，觀照歷史上的小人，愛財如命、貪贓枉法，可算是他們共有的特徵。

事典

伯嚭的貪婪

西元前四九四年，吳王夫差舉兵伐越，越軍大敗，句踐只帶五千殘兵逃到會稽山上。危急時刻，句踐的謀臣文種、范蠡獻計說：

「敵強我弱，再戰必亡。如今之計，倘若投降議和，尚能保全根本，以待來日，請大王速速定奪。」

句踐無奈，派人向夫差請降。夫差和越國有殺父之仇，毫不猶豫地拒絕了。

當時伯嚭為軍中副將，他巧言令色，工於逢迎鑽營，深為夫差寵信。文種、范蠡愁眉不展之際，忽想起他來，於是他們一同晉見句踐，進諫說：「伯嚭為人貪財好色，實為奸佞小人。他在夫差面前相當受寵，如能多送錢財將他收買，我們的計謀就可成功了。」

句踐生死之際，自不會憐惜財寶。他讓文種從宮中挑出八位女子，又帶著大量金玉寶器，去見伯嚭。文種悄悄潛入伯嚭軍營，開門見山地說：

「我主危難，只有大人可以解救。我主命我將宮中最美的八位女子和最值錢的財寶一併交給大人，懇求大人成全。」

伯嚭見如此厚禮，驚喜過望。他強忍著湧上的貪婪，故意慢聲道：

「越國將滅，越王的一切自都會歸吳所有，誰會在乎這一點東西呢？想要矇混過關，卻是小看我伯嚭了。」

文種知其心意，從容一笑說：

「大人所說不差，只是有一節大人可曾想到？」

伯嚭目現疑惑，文種接著說：

「我主之所以不惜重寶美女，讓我求到大人門下，其實只是讓大人獨占此物。你若答應，金錢美人自歸大人，否則，大人不是吳國之主，這些東西自不能爲大人所有。大人不過美言幾句而已，你我都有好處，聰明人怎會不爲呢？何況大人並不能保證終生受寵，只要有了錢財，大人還怕日後無著嗎？」

這些話伯嚭聽得十分受用，他不再裝腔作勢，馬上更換笑臉，連聲說：

「還是越王體諒我啊，他既知我心，又如此有情，我一定爲他設法周全。」

伯嚭收下厚禮，心滿意足。他的心腹手下卻覺不妥，對他說：

「我國舉傾國之兵，方有今日大勝。現在越國滅亡已近，大人若爲其求情，只怕大王不肯不說，還要加罪大人，這豈不是自招禍事嗎？」

伯嚭冷笑說：

「我自有辦法，何須你說？」

他進見夫差時，以「仁義」作幌，力勸夫差寬恕越國，樹立「仁心」形象。夫差好大喜功，昏聵無知，竟置君父大仇、近鄰大敵於不顧，同意了越國的請求。

句踐夫婦和范蠡入吳爲奴，爲夫差養馬。句踐日夜擔心夫差翻臉，范蠡遂和文種爲此商議說：「爲了主公的安全，向伯嚭行賄是必不可少的，這事你要親自督辦，千萬不要吝惜。」

文種自知利害，於是千方百計籌集財寶，源源不斷地送到伯嚭府上。

伯嚭受賄無數，便百般爲句踐說好話。他爲了撈取更多的好處，又幫助句踐回歸越國，逃脫了夫差的控制。伯嚭的心腹手下對他的做法有所質疑，私下進言說：

「大人維護越國，可是一旦越國強大，吳國必受威脅。萬一吳國不保，大人豈不遭殃？」

伯嚭聽之即笑，他賣弄說：

「你能想到的事，我豈能不察？我這麼做，也是爲了他日富貴啊！縱是如你所說，我對越國有恩，越王君臣能虧待我嗎？無論怎樣我都是安享榮華，這才是聰明人的手段。」

伯嚭的如意算盤沒有得逞。句踐滅吳後，對伯嚭的小人嘴臉十分厭惡，不僅將他殺死，還滅了他的全家。

以奸治奸，奸滅自安。

譯文

用奸人來消滅奸人，奸人滅亡自己得保平安。

釋評

對付小人的方法之一，便是讓他們自相殘殺，交惡火拚，從而坐收漁翁之利。小人利用別人，自然也會被別人利用，只要激起他們的貪心，小人其實是最好利用的。

他們嫉妒心極強，好事又要占盡，唯恐有人搶去他們的好處，如果有一個和他們一樣的對手出來，他們之間的生死爭鬥是難免的事。正因如此，有智慧的人往往不直接和小人對抗，而是極力促成小人間的廝殺，這樣即使自己不入險地，也可一舉中的。

唐代宗

李豫，唐肅宗長子。即位初年，安史之亂未平，吐蕃之兵又至，朝中又有大宦官李輔國把持權柄，國事維艱。代宗悉心為政十八載，略緩大唐之衰微。

事典

唐代宗的手腕

唐代宗李豫爲帝時，李輔國因擁戴李豫有功，成爲大唐以來第一個以宦官身份任宰相的人。李輔國爲人奸惡，一居高位，其野蠻本性更是暴露無遺。他欺壓百官，狂妄無忌，文臣武將入宮必先向他朝拜，甚至代宗他也不放在眼中，還直言說：

「陛下只管在宮中靜養，朝廷之事盡聽老奴代理處置。」

忠心的大臣不忍見皇上如此受辱，私下常進諫說：

「李輔國日益囂張，無人能制，陛下若再聽之任之，大唐危矣！」

唐代宗每到這時總是放聲一笑，口說：

「李輔國立有大功，雖有些放浪，卻也是他不檢點所致，有何大害呢？我厭倦政務，有他主理倒叫我清閒自在，沒什麼不妥。」

忠臣爲此憂心，李輔國知道此事後卻十分高興，對他的死黨說：

「皇上還算識趣，只要他不和我爲難，他就可安心當他的皇帝了，那有什麼不好？」

李輔國越是專橫，唐代宗越是對他分外敬重，他尊稱李輔國爲「尚父」，還多次建議他說：「你勞苦功高，想必門下弟子也是不少。爲了彰顯你的功德，他們也該重用封賞，這樣才能讓他們感恩於你，更好幫你做事。」

李輔國求之不得，遂封其同黨程元振爲右監門衛將軍；巫士韓穎，拜爲司天監，又兼祕書監；劉烜拜爲中書舍人。

唐代宗縱容奸佞，朝中大臣頗有怨言，有人冒死進諫說：

「李輔國一人亂政，已然害處昭然，陛下竟坐視其黨高就，共爲表裡，讓人莫名。時下人不敢言，心懷怨恨，長此以往，陛下民心亦失，當無可救了。」

唐代宗看罷奏章，暗自泣淚。他壓下此奏，卻命人對進諫之人傳話說：

「你的忠心，皇上都知道了。皇上另有深意，此刻不便言明，只盼你勿再多言。」

原來，唐代宗對李輔國早有剷除之心，只因他勢力龐大，所以才暗中隱忍，不敢貿然下手。他表面上迷惑住了李輔國，暗中卻時刻找尋能制伏他的人選，以便一擊而中。

李輔國的同黨程元振爲人更壞，他一獲重權，便想取李輔國而代之。他密向代宗建議，應削奪李輔國的部分權力，還自告奮勇地說：

「陛下若能相信於我，以我之力，當可令其黨徒倒戈相向。李輔國若失援手，自然也就形同孤木，掀不起多大風波了。」

唐代宗見此，立即有了主意，他親自祕召程元振，對他嘉許之後，又道：

「若能除掉此人，你就是奇功一件，朕必會重重賞你。不過李輔國生性狡猾，黨羽眾多，你有何把握成事呢？」

程元振重聲說：

「人們依附於他，不過貪圖他能替人帶來好處罷了，誰會眞心擁護他呢？陛下假我實權，我再以利勸說其黨，準保大事可成。」

唐代宗於是提升了程元振的官職，讓他和李輔國對抗。程元振馬上變臉，四處活動，輕言許諾，李輔國的黨羽一時紛紛倒向了程元振這邊，形成了新的宦官勢力，李輔國被徹底孤立了。寶應元年（西元七六二年）六月，唐代宗見時機成熟，遂解除了李輔國行軍司馬、兵部尚書和閑廄使之職務，又任命程元振爲行軍司馬。李輔國無力抗辯，只得請免中書令之職。他還受到了守門小吏的刁難，這使他又氣又怒，卻又無可奈何，他哀嘆說：

「我非敗在皇上手下，都是那個該死的程元振害我至此！」

伏惡勿善，其患不生。

譯文

降伏惡人不要心存慈善，禍患就不會發生。

釋評

用小人的招法來對付小人，從來就不失為一種有效的手段。

君子致禍，常因心地良善、不忍對敵用非常方法所累，這固是君子仁愛的美德，同時也不可避免地陷入被動，為小人所乘。

要知小人是無所不用其極的，他們無心肝、無廉恥、無道德、無顧忌、無信用，和小人爭鬥，正大光明的方法行不通時，適當用些必要手段不僅有利無害，而且立竿見影，其震懾力非其他可比。

事典

王曾的密奏

宋仁宗繼位之初，因其年幼，劉太后把持朝政。當時丁謂專權，他打擊異己，很多忠正之士被他誣害，連大臣李迪、寇準都被他貶出京城，一時人人都是敢怒而不敢言。

王曾身爲耿介之臣，對丁謂的行徑十分怨恨。他自知丁謂受寵極深，扳倒他絕非易事，便也和其他人一樣，隱忍不發，外表上裝得服服貼貼，從不頂撞丁謂。

其時，眞宗陵寢尚未完成，劉太后讓丁謂兼山陵使，雷允恭爲都監。雷允恭和判司天監邢中和勘察陵址，邢中和對雷允恭談了自己的判斷，他說：

「前面山陵再過百步，應是上佳之穴。那裡風光甚佳，若以此爲陵，可使子孫眾多，後人也福澤不盡。」

雷允恭極善奉迎，此刻一聽其言，馬上喜之不盡，他說：

「倘若是此，陵寢當移築那裡，你我都是奇功一件啊。這件事得趕緊辦。」

邢中和卻是一嘆，滿含顧慮地說：

「這事關係非小，又要重新勘察，何況離下葬的日子只有七天了，哪裡來得及呢？最讓我擔心的是，那裡的地表下面恐有岩石和水，萬一出了問題，你我都擔待不起啊。」

雷允恭爲求大功，堅持改建陵寢，他最後以命令的口吻說：

「你督工改造即可，我這就稟明太后，讓太后聖裁。」

太后聽了雷允恭的陳述，也拿不定主意，她最後說：

「改動陵寢，你還是和山陵使商議吧！」

雷允恭遂去請示丁謂，他故意誇張地說：

「若能讓皇宮多子多孫，大人便是第一功臣。那裡風水奇佳，龍盤虎踞，一看就是寶地，相信太后也會滿意的。」

丁謂素喜貪功，一聽他言，也不禁暗喜不止，他對雷允恭說：

「我們爲皇上效忠，只要對皇上有利的事，你就大膽的去做吧！」

雷允恭回覆太后，太后也同意了。監工役夏守恩帶人改穿穴道，果如邢中和所言，挖著挖著就挖出了岩石，後又有清水湧出，工地因水漫出而一片狼籍。人們議論不休，皆以爲異，夏守恩一時恐慌，忙派人去稟報太后。

太后一知此訊，立即發怒，她責問雷允恭失察，丁謂卻爲他辯護說：

「雷大人一心盡忠，本該重責的事，也只怪他大意所致，饒恕他吧。何況此事並未最後查明，太后當命人再去探察，以定其罪。」

王曾這時越眾而出，自請前往。丁謂見他自薦，自認爲他膽小怕事，順從自己，也沒有提出異議。王曾的朋友暗中叫苦，私下對他埋怨說：

「丁謂專橫，太后又不能欺瞞，這種得罪人的差事別人都避之不及，你爲何還要搶著去呢？你眞是糊塗了。」

王曾面無表情，只含糊說：

「此等小事，沒有那麼多問題，你想得太多了。」

三天之後，王曾回轉京城，便直奔皇宮去見太后。見得太后，王曾請求太后讓身邊人都退下，才故作緊張地說：「臣已查驗過陵寢，那本是風水寶地，不該有任何改動。丁謂其心險惡，指使雷允恭擅改皇陵，其意竟是置皇陵於絕地啊。此等滔天大罪，如臣不親往，也實難置信。」

太后大罵丁謂不止，立即下令將雷允恭處死。不久，丁謂也被貶往西京洛陽。王曾的家人暗問王曾此中緣故，王曾只說：

「丁謂鳴冤叫屈，看似可憐之至，可是他陷害別人之時，也該想到會遭這樣的報應。對付這樣的小人，還得用小人的辦法，否則，得意的又該是他了。」

計非全者莫施，人非智者弗謀，愚者當戒哉。

譯文

計策不是周全的就不要實施，不具有智慧的人就不要謀劃，愚笨的人應當記住這個教訓。

釋評

善使計謀，工於策劃，是小人明顯的「特長」，也是小人賴以使奸的重要手段。小人不可輕視，說的便是不要小看他們這方面的才能。

許多人死得不明不白，被整也摸不著頭腦，問題往往就出在這裡。小人對智謀的運用情有獨鍾，總是在暗處施展詭計，這樣既能事半功倍，又能不暴露自己，難怪他們往往以智者自詡了。

針對小人這個特點，人們與之爭鬥的策略和方法也不該簡單化，實施謀劃的時候更要慎重周全，單純幼稚的衝動和不著邊際的蠻幹，只會白白犧牲自己，無助於剷除奸佞。

王守仁

即王陽明，明代最著名的思想家、哲學家、書法家、軍事家、教育家和文學家，精通儒家、佛家、道家，且能統軍征戰，乃中國歷史上罕見的全能大儒。

事典

王守仁的讓功術

王守仁是明代文武兼備的全才，他創立了「格物致知」學說，在明一代，配祀文廟的只有王守仁等四人。

王守仁以書生出身，卻屢建戰功。正德十四年（西元一五一九年）六月，朝廷命令王守仁前往福建平叛，行至豐城時，得聞寧王朱宸濠舉兵造反的消息，王守仁當機立斷，立時加入討賊行列，他對眾將說：

「反賊朱宸濠詭計多端，又蓄謀已久，絕不可輕視。我想反賊如果出長江順流東下，南京陪都就危險了。現在朝廷大軍猝然無防，一時難以布署周密，若能用計讓反賊晚十幾天進入長江，南京就無虞了。」

王守仁於是派人到各府縣假傳命令說：

「都督許泰、郤永帶領邊兵，都督劉暉、桂勇帶領京兵，各有四萬，水陸並進。南贛王守仁、湖廣秦金、兩廣楊旦各率所部合十六萬，直搗南昌，沿途所至各衙門有缺乏供應的，以軍法論處。」

王守仁猶嫌不足，又寫蠟書送給朱宸濠的僞相李士實、劉養正，讓他們歸降，發兵東下。又故意將這些消息洩露，讓朱宸濠知曉。這些假消息震住了朱宸濠，使他不敢冒進。和李士實、劉養正商議此事時，他們勸他速去南京即位的說法，更讓他生疑。如此按兵不動，直到十多天過後，並未見朝廷兵至，朱宸濠才發覺中了王守仁之計，但先機已失。

王守仁歷經血戰，將朱宸濠生擒活捉，立下大功。深受正德皇帝寵信的江彬，恨王守仁奪走了自己大顯身手的機會，嫉妒他的功績，便要向皇帝進言陷害他。江彬的心腹手下阻止他說：

「王守仁爲國擒賊，舉國歡慶，這是人所共見的功勞，絕不可以此攻擊他。要置他於死地，只有旁敲側擊，誣陷他與賊勾結，才是上上之策！不然皇上不但不會相信，反會怪罪你。」

江彬大笑稱妙，於是派人四下散布流言說：

「王守仁奸詐惡毒，其實他本和朱宸濠同黨，一見朱宸濠大事不成，這才倒戈一擊，抓他自救，想以此矇騙天下。」

王守仁聽到流言，又憤又惱，心懷恐懼。他找來心腹將領商量說：

「朝中奸小不容於我，廣布流言惑眾，這個手段眞毒啊！我自辯無門，此事若無解決之道，我必危矣。」

王守仁的心腹將領面面相覷，其中一人說道：

「大人足智多謀，苦思必有良策。末將以爲，朝中奸惡狠毒至此，必不是泛泛之輩，大人還是考慮個萬全之計才是，切不可草率。」

王守仁苦思一夜，腹有一謀。他深夜求見總督太監張永，先讚頌張永賢能無比，後話鋒一轉，訴苦道：「我無意之功，不想卻招來多方嫉妒，對我百般中傷。大人您公正嚴明，可以爲我做個見證。」

張永也羨慕王守仁的功勞，漫不經心地說：「大人功高蓋世，自有人妒，又何必在意？」

王守仁誠惶誠恐道：「這豈是我的功勞？這全是大人你的功績啊！」

他見張永一愣，又解釋說：「倘無大人你大軍作援，軍威震懾，朱宸濠哪有速敗之理？我只是僥倖罷了，其實你才是眞正的功臣。」

張永大喜。王守仁遂將朱宸濠交給張永，重新報告皇帝說：「捉拿反賊朱宸濠，功勞全在總督張永。他指揮有方，謀略不凡，智慧過人，方能爲朝廷立此功勳。」

張永亦是正德皇帝身邊的紅人，江彬得聞他建此功，只能無言。張永回朝極力爲王守仁美言，正德皇帝免除了對王守仁的處罰。王守仁事後還心驚膽戰地說：「功是禍始。我從前只想建立奇功，現在卻唯恐有功讓不出去。這其中變故眞是一言難盡！」

第七卷

謗言卷

人微不評，才庸不薦。攻其人忌，人難容也。陷其窘地人自汙，謗之易也。善其仇者人莫識，謗之奇也。究其末事人未察，謗之實也。設其惡言人弗辨，謗之成也。

謗而不辯，其事自明，人惡稍減也。謗而強辯，其事反濁，人怨益增也。

失於上者，下必毀之；失於下者，上必疑之。假天責人掩私，假民言事見信，人者盡惑焉。

本卷精要

◎小人從不怕麻煩，又基本上不觸法，這確使君子頭疼。

◎小人以謗人為能，卻以防人謗言為要。

◎誹謗別人，從細枝末節處做文章，是小人的又一重要手法。

◎在使用謗言、謠言、謊言上，小人確有異乎尋常的天賦。

◎不要認為對小人委曲求全，就可相安無事；因為既然開始傷害你，小人便不會罷休。

人微不諍，才庸不薦。

譯文

地位低微的人不要直爽地勸人改過，才能平庸的人也別薦舉別人。

釋評

小人處世，時刻都忘不了「保身」二字。體現在說話上，他們堅持不進諍言，更不為別人諫言。以他們看來，直接規勸別人難免招人不喜。

地位低微的人更易被人誤解為這是對他們的冒犯，勢必惹火燒身，遭人謗毀。而舉薦別人，不一定會為自己帶來好處，若是因此讓別人高過自己，顯出自己的平庸，就更得不償失了。

觀照小人所作所為，他們正是在這一心理基礎上行事的。小人以謗人為能，卻以防人謗言為要，這正是小人的奸猾之處。

事典

阿合馬的反常之舉

元世祖忽必烈重用奸臣阿合馬，令朝廷忠勇之士日夜憂心。國子祭酒許衡曾當面對忽必烈說：「阿合馬實屬奸佞，陛下何以寵信他呢？所謂『大奸若忠』，陛下萬不可被他的諂媚之言欺騙了。」

忽必烈面上不悅，口道：

「朕一生英明，何人能騙得了朕？阿合馬雖有小過，卻有大功，你言語過於偏激，莫非你與他有仇不成？」

許衡連連叩首道：

「陛下當知，國家事權，兵權、民權、財權三者而已。阿合馬管民與財，其子領兵權，他們父子三者皆據，陛下就不以爲憂嗎？」

忽必烈問他說：

「你是擔心他們會造反？」

許衡直言說：

「他們即使不造反，也已違反正道了，陛下不該坐視不理。」

忽必烈信任阿合馬已非一日，又自覺離不開巧言善辯的理財能手，他雖覺許衡言之無誤，卻依然重用阿合馬。

阿合馬得知許衡進諫之事，十分惱怒。不久又有中書左丞崔斌彈劾阿合馬，阿合馬更是坐立不安。他的死黨盧世榮建議說：

「大人屢受詆毀，如不懲治他們，此風必長，大人還是當機立斷吧。」

阿合馬強壓怒氣，憂慮地說：

「我何嘗不想把他們致於死地呢？只是皇上並不猜忌許衡等人，他們又素有名聲，若無端加罪，反讓皇上生疑，必然怪罪於我。」盧世榮點頭說：

「大人所慮極是，但也不能放過他們，容待日後計劃吧。」

宿衛長秦長卿爲人忠義，他也不滿阿合馬的惡行，想彈劾他。他的想法剛一提出，好友、家人便驚恐失色，反覆勸阻，且直言對他說：

「你地位卑微，如何能鬥得過權傾天下的阿合馬呢？你這是自不量力啊。」

秦長卿浩然正氣地說：

「我雖職小官微，卻也有盡忠上諫之責。奸臣在朝而不諫，絕不是仁人志士所爲。」

秦長卿義無反顧，於是大膽上書說：

「古有趙高之奸，今有阿合馬之害。古有董卓之凶，今有阿合馬之惡。阿合馬欺君亂國，專橫跋扈，貪得無厭，他的子姪遍布朝野，親信黨羽眾多，其爲所欲爲，一般人都能親見。這樣的亂臣賊子若不剷除，終是朝廷之大患。我冒死上諫，不是擔心陛下不知阿合馬之罪，卻是擔心陛下信其媚言，不能痛下決心將其法辦重懲。」

消息傳到阿合馬那裡，阿合馬失去了耐性，他咆哮著說：

「小小一個宿衛長，也敢指責我，且口不擇言，難道我真這麼好欺侮嗎？我一定要殺了他。」盧世榮見阿合馬情緒失控，忙勸慰他說：

「此人不知死活，死不足惜。我有一計，既可殺他，又不會使大人遭人非議，影響清譽。」

盧世榮詳陳之後，阿合馬轉怒為喜。幾天之後，忽必烈見阿合馬上奏書說：

「秦長卿忠直敢言，雖事多虛有，然其忠可嘉。他才華過人，宜堪大任，臣特此保薦，望陛下恩准。」

忽必烈心中驚訝，他召來阿合馬，問他說：「秦長卿彈劾於你，你卻舉薦他，難道你們和好了嗎？」阿合馬巧言道：「臣一心為國選拔人才，豈敢因私廢公？臣之所奏全出自公心，望陛下明鑑。」

忽必烈龍顏大悅，他稱讚阿合馬為國舉賢不計私怨，遂任命秦長卿主管冶鐵事務。

深知阿合馬為人的群臣，對這個舉動無不驚怪，他們雖不明他的真意為何，卻斷定阿合馬絕不會懷有善意。過了沒多久，阿合馬的險惡用心便暴露了：他指使黨羽誣告秦長卿貪污，秦長卿遂被以這個罪名逮捕下獄，後又串通獄卒，在獄中把秦長卿害死。

攻其人忌，人難容也。

譯文

在人們所忌恨之處攻擊他，人們就很難原諒他了。

釋評

誹謗別人、無事生非，是小人的拿手好戲。令人驚奇的是，小人的讒言屢能奏效，這固然與信其言者的德行和修為有關，但也不排除小人在謗言上的「特殊才能」。

小人誹謗別人是深思熟慮過的，他們常能準確掌握人們的心態，找出不同人不同忌恨之處，把攻擊對象置於其中，以此設謗，這自能觸動其神經，讓人反應失常。於是，小人謗言的目的也得以實現。

和珅

清乾隆皇帝寵臣。因祖上軍功，二十歲襲三等輕車都尉，後得見皇上，因天資聰穎，善揣度聖意，自此平步青雲。為官期間貪贓無數，嘉慶帝登基後列罪二十條，賜死。

事典

和珅的奸計

清乾隆帝爲太上皇時，繼續執掌國家重務，嘉慶帝顒琰並無實權。和珅此時是首席軍機大臣，兼管吏、刑、戶三部事務，他又是太上皇旨的傳達者，地位榮耀無比。

和珅爲人奸險，心機自是過人，他生怕嘉慶帝另起爐灶，於是對嘉慶帝親近的人都極力壓制，以保自己榮華不墜。

一次，乾隆帝想把兩廣總督朱珪召爲大學士，和珅聽了這個消息十分恐慌，他對自己的親信說：

「朱珪非比他人，他是皇上的老師，兩人感情深厚，皇上對他十分敬重。若他入朝，皇上能不重用他嗎？如此對我太不利了，無論如何也要阻止此事。」

和珅的親信苦道：

「太上皇欲用朱珪，皇上必是極力贊成，大人何以阻止呢？朱珪清正廉潔，素有君子名望，對他進讒也是難事。大人倘若直言勸阻，太上皇不喜不悅，皇上更會深恨於你，不如暫且隱忍，以後再思妙法。」

和珅心有不甘，他自知這件事關係到他的將來，一時仍在苦思對策。他的親信見他的焦灼之狀，便道：

「大人如此忌恨朱珪，可知朱珪有什麼短處嗎？若是有什麼把柄在我們手上，以大人之善言，量他也不是大人的對手。」

和珅眼前一亮，直視前方，若有所思地說：

「朱珪縱無短處，也該安一個罪名給他，這總需要有個藉口才好，但這藉口又該是什麼呢？」

突然之間，和珅似是想起了什麼，猛一拍桌案，接著他放聲便笑，十分得意。

和珅平日注意伺察每位皇子的過失，每有細小之事他都要用心記下，以備來日控制他們，以此要脅。他對自己的這個招法十分自信，皇子們對他也心存戒備，不敢有絲毫大意。

乾隆八旬大壽時，恰逢朱珪花甲之年。時為皇子的顒琰在賀詩中把父皇和老師聯在了一起。這本是顒琰情不自禁之作，不想此詩被和珅盯上，以為顒琰的「罪證」悄悄保存著。

和珅此時正是想到了這個「罪證」，才頓感輕鬆下來。他說明了此節，後道：

「太上皇最忌恨有野心的人，這一點我比任何人都清楚。不管是誰，只要沾上這一條，準保他要倒大楣了。」

和珅於是把顒琰的賀詩給乾隆看，還添油加醋地說：

「朱珪身為帝師，不知自重，每以帝師自居自傲，對太上皇不重用他早有怨言。皇上施恩於師傅，也於制不和，於禮有失，太上皇不要對人輕下斷言。」

乾隆帝果然十分氣憤，他恨恨地說：

「朱珪表面沉穩有禮，誰知竟包藏禍心，如此野心勃勃！這樣的偽君子如不重辦，豈不遺害無窮？」

他要將朱珪下獄治罪，大臣董誥急忙為朱珪申辯說：

「皇上賀詩，提及師傅，本是常情，可見皇上尊師之意，亦見皇上仁義之心，這怎麼能怪罪呢？朱珪原本不知，此事自與他無涉，又何以對他論罪？縱是他有心抬高自己，也不敢讓皇上作詩明志，授人把柄，自惹禍殃。如此看來，朱珪純屬無辜，太上皇明察。」

乾隆帝聽罷不語，亦覺難加其罪，但他認定了朱珪身為帝師，必有野心，於是徹底打消了重用他的念頭。結果朱珪被諭令「不得內召」，還被降為安徽巡撫。

陷其窘地人自汙，謗之易也。

譯文

把他陷入尷尬兩難的境地，他自然就有污點，誹謗他就很容易了。

釋評

小人進讒的「藝術」是五花八門的，為了達到目的，他們總是用最陰損的方法，更不惜絞盡腦汁，以求最有效的毒計。

可以說，將人陷入尷尬兩難的境地，是小人施展謗言的絕佳平臺，他們有此依託，讒言也有了具體指向，讓人很難分辨。

人們認知了這一點，就該時刻留意小人的舉止了，如他們對己表示出從未有過的「善意」與「善行」，就更應加倍小心，絕不可輕言輕信，中其詭計。

徐鉉

五代宋初大學問家。初事南唐，官至吏部尚書。後隨李煜歸宋，官至散騎常侍，曾編纂宋代四大官修書中的《文苑英華》和《太平廣記》。

事典

徐鉉的聰明

徐鉉是南唐後主李煜手下的忠臣，他曾多次直諫李煜遠離小人，勵精圖治。李煜想派他到宋朝求和，他便進言說：

「宋室早有呑併天下的野心，我朝一再退讓，本是不該，今番求和，也只能喘息一時。爲長久計，陛下當立足一戰。」

李煜不聽，徐鉉空有報國之志，也只能徒然嘆息。

南唐滅亡之時，徐鉉和李煜一起被俘。宋太祖趙匡胤一見徐鉉，嚴厲地指責他說：

「你屢勸李煜頑抗，不識時務，可知會有今天嗎？如你早勸李煜投降，事情也不會到了這個地步，兵士也少有死傷。你和天朝爲敵，今可知罪？」

徐鉉抱定殉國之心，反駁道：

「臣爲唐臣，爲國效力是很自然的事，臣何罪之有？我恨不能保家衛國，令我主蒙羞，今日一死，也是應該。你不要多說了，快快動手吧！」

趙匡胤見他正氣凜然，心生敬意，不僅沒殺他，還好言安撫，讓他在宋朝任職，且對他說：

「忠臣之義，朕今日盡見了。所謂四海一家，你爲大宋盡力，應當和對李氏一樣，你就安心做事吧。」

徐鉉自此一心效忠宋室，兢兢業業，從無半點差錯。

宋太宗登基後，李煜在他四十二歲生日之際，撫今追昔，大發感慨，信筆寫成了他的那首千古名詞《虞美人》：

春花秋月何時了？
往事知多少。
小樓昨夜又東風，
故國不堪回首月明中。
雕欄玉砌應猶在，
只是朱顏改。
問君能有幾多愁？

恰似一江春水向東流。

宗太宗趙光義見詞大怒，他不能容忍一個亡國之君如此深情地思念故國，爲免後患，他當晚便派人毒死了李煜。李煜死後，宋太宗爲了掩人耳目，便贈李煜太師銜，追封其爲吳王，以王禮厚葬於洛陽北邙山。在商議由何人撰寫墓誌銘時，徐鉉的一個仇家便向宋太宗建議說：

「徐鉉乃吳王舊臣，他對吳王的事知之甚詳，此事非他莫屬。」

宋太宗准奏，徐鉉領命後卻倒吸了一口涼氣。他對自己的家人說：

「這是有人要害我啊，此計可謂毒辣至極了。」

家人不解，對徐鉉說：「皇上命你撰文，分明是對你的信任，怎會是禍事呢？」

徐鉉連聲嘆息說：

「你們知道什麼？我乃唐之舊臣，貶責先主，就是以臣斥君、以下犯上，有違綱紀不說，也爲人所不齒。我今日身爲宋臣，若是稱頌先主，皇上和群臣自不能容我。這事我說好不行，說壞也不可，薦舉我的人成心害我至此，哪裡是什麼好事呢？」徐鉉既知利害，隨後便想出了一個萬全之計。他直接面見宋太宗，誠懇道：「臣一生忠義，不敢懷私。陛下若能體諒臣的難處，請允許臣保留一點對故主的情義，否則臣不敢從命。」

宋太宗憐其有情有義，遂答應了他的請求。徐鉉解除了隱憂，於是如實寫就了《吳王隴西公墓誌銘》，對李煜作了中肯的評價。後來果然有人指責徐鉉的墓誌銘有溢美之詞，只因徐鉉防範在先，宋太宗才沒有深究此事，徐鉉仇家的圖謀自然落空了。

善其仇者人莫識，謗之奇也。

譯文

假意和仇人友好讓人不能察覺，此時加以誹謗就能出人意料了。

釋評

小人的佯善和偽裝，總是懷有險惡的居心。

他們故做好人，騙取信任，一方面令人麻痹提防之心，不設防線；另一方面，他們以友人身份兜售其奸，誘人中計，其效果既能出人意料，收穫也頗為豐碩。

這種殺人不見血的招法，因其隱蔽性強、欺騙性大，一般人是很難識破的，一旦真相大白，它所造成的傷害也已鑄成，後悔莫及了。

事典

鄭袖的欺騙

戰國時期，魏王為了拉攏楚王，送給他一個絕色美人。楚王見其貌美逾仙、妖媚可人，寵愛異常。

楚王的妃子鄭袖見楚王移情別戀，十分擔心自己因此失寵，便把滿腔怨恨發洩在那位美人身上，想直接加害她。她一日對心腹說：

「大王被那個賤人迷惑，只怕無人勸說得了，你們要為我殺了她。」

鄭袖的心腹十分害怕，面露懼色，其中一人便說：

「殺她並不是難事，但若是讓大王知道，我們沒命不說，主人也要受此牽連了。到時禍福難測，豈不是因此惹來麻煩嗎？望主人另覓他法。」

鄭袖想想有理，也不勉強為之了。她不乏心計，於是換了一副模樣，對那個美人百般示好，唯恐不到極處。她把自己最漂亮的衣服送給她，把自己最珍愛的珠寶也送給她；還根據美人的喜好，命人為她興建宮室，添置臥具。那個美人深受感動，有一次對鄭袖說：

「娘娘待我如此，比大王還要體貼百倍，我哪裡敢受呢？娘娘以後有事，我一定為娘娘效力，以謝娘娘的恩情。」

鄭袖嗔怪她說：

「你天生麗質，我見猶憐，哪裡有什麼私心？我們共同服侍大王，這是我們的緣份，合當互相關愛。」

楚王見鄭袖不妒不怨，歡喜不盡地對臣子說：

「我先前以爲婦人都有嫉妒、爭寵的習慣，今看鄭袖所爲，倒教我自認有失了。鄭袖識大體、無私心，知道我喜愛她，便比我還關心她，這種美德眞是世之罕有，令人欽敬。」

鄭袖有此美德，楚王對她毫不懷疑，那個美人更把她當做知己，和她無話不談，言聽計從。

鄭袖見她如此信任自己，於是開始實施她的惡毒計畫。

有次閒聊，鄭袖裝出鄭重的樣子說：

「你的美貌無可挑剔，但大王還是猶感不足，你想知道此中眞情嗎？」

那個美人臉上一驚，忙道：

「娘娘可知爲何？」

鄭袖搖頭不語，那個美人更顯焦急，她求道：

「大王不喜的事，我一定要改。娘娘若是有心憐我，就告訴我吧。」

鄭袖又是推託，後才小聲說：

「大王不喜歡你的鼻子，我也不知爲什麼。如果你要讓大王喜歡，千萬要把鼻子遮掩起來，這樣就萬無一失了。」

那個美人信以爲眞，從此便用袖子掩住自己的鼻子去服侍楚王，楚王深以爲怪。一次他和鄭袖談及此事，鄭袖趁機道：

「我知道此中原因，只是不便和大王明言，大王就不要聽了。」

楚王好奇心起，連道：

「此事古怪，問她也不說，你一定要講給我聽。」

鄭袖平心靜氣地誣陷說：

「她自恃大王寵愛，也眞是太過分了。她這樣做，是嫌你臭啊。」

一句話讓楚王如雷轟頂，暴怒不已，馬上傳令割掉那個美人的鼻子，將她打入冷宮。

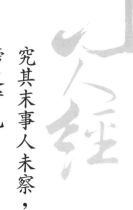

究其末事人未察，謗之實也。

譯文

窮究他的小事讓人無法仔細調查，誹謗他就能取得實效了。

釋評

誹謗別人，從細枝末節處做文章，是小人的又一重要手法。

他們常常把攻擊對象的一些無意識行為誇大歪曲，把他們的小過失無限上綱，進而亂扣罪名。

小人這一伎倆煽動性極強，由於小事無法深查，其意又全是他們妄自猜測而強加附會的，經精心編織之後，不知真相的人就會被他們製造出的假象所誤導，從而步入小人的陷阱。

由此可見，小人的謗言是無孔不入的，他們顛倒黑白、指鹿為馬，使得人們不僅要擦亮眼睛，更要周密設防。

張湯

西漢大臣，用法嚴峻，以皇帝意旨為治獄準繩，深得武帝賞識，多行丞相事。後遭人構陷而自殺。張湯為官清廉，死後家產不足五百金，皆為俸祿賞賜。

事典

張湯的漏洞

張湯在漢武帝時任御史大夫，他執法嚴苛，不避權貴。由於他嚴懲了不少皇親國戚，漢武帝的哥哥趙王就深恨他，盼他倒臺的人也很多。

張湯對這一切心知肚明，他常對自己的心腹屬吏魯謁居訴苦說：

「人道我酷吏一個，冷酷無情，這實在是有些冤枉我了。我身肩執法重責，又怎能處處賣好給別人呢？皇上信任我，得罪別人也是難免，我只擔心他們聯手起來誣害我啊。」

魯謁居對張湯忠心耿耿，於是對張湯勸言說：

「大人行事小心，別人抓不到大人的錯處，他們也奈何不了大人，大人何必煩心呢？」

張湯點頭稱是，又重聲說：

「這一點十分重要，我不能讓他們抓住我的把柄，以後你要多提醒我。」

張湯的副手御史中丞李文，因與張湯不和，便一直搜尋張湯的錯失，以便整倒他。魯謁居深知張湯對李文懷恨，就暗中使人告發了李文種種不法之事。張湯接手此案，心中竊喜，他毫不留情地把李文定成死罪，又聲色俱厲地對他說：

「你以害人爲能，今日得此報應，可算是天意了，你還有何話說？」

李文求饒不止，口道：

「大人若能饒我不死，我必忠心報效，萬死不辭。」

張湯冷笑聲聲，慢聲說：

「你時刻都在整我，以爲我不知嗎？你整我不倒，原因只在我並無錯處，所以我並不怕你。現在你罪證俱在，件件屬實，你死得並不冤枉。」

張湯心知此事必是魯謁居幫忙，對他不免心存感激。不久恰適魯謁居臥病在床，張湯於是親往探視，對他說：

「能知我心意的人，非你莫屬了。你助我除去仇人，自不言明，亦不居功，我當怎樣感謝你呢？」

魯謁居動情地說：

「大人爲國執法，李文卻尋隙陷害，無所不用，這樣的小人太無恥了，除掉他是我的本分，大人何言感謝二字？」

張湯眼中含淚，再道：

「你如此過謙，倒教我無言以表。你這麼關愛我，請讓我服侍你一回吧。」

他不顧魯謁居的拒絕，硬是替他洗腳摩足，以示感激之情。

張湯此舉被一直窺伺他的趙王探知，趙王初不以爲意，他的手下卻欣喜地說：

「張湯身爲高官，卻不顧身份，不顧禮儀替屬吏洗腳摩足，這是爲什麼呢？其中必有隱情。此事雖小，但若以此彈劾他，說什麼都可以，說什麼別人也不能徹查清楚，如此一來，他的麻煩就註定不能擺脫了。」

趙王喜不自禁，馬上上書朝廷言明此事，他還故作憂慮地說：

「張湯表裡不一，心懷異志，從這件小事上便可看出。其他不被人知的大事，又會有多少呢？想想眞是令人戰慄。」

漢武帝被趙王的猜度之詞所動，他雖信任張湯，卻也不免起了疑心，爲此暗中將魯謁居的弟弟逮捕。此時魯謁居已死，張湯聽得風聲，爲避嫌疑，故意在魯謁居的弟弟面前佯裝不識，不理不睬。魯謁居的弟弟以爲張湯見死不救，氣極之下，便將張湯和魯謁居整治李文的事和盤托出。趙王大喜過望，遂以此爲據，彈劾張湯陷害大臣，執法犯法；和張湯有怨的群臣更是沒完沒了，群起攻之。張湯絕望之下，憤然自殺了。

設其惡言人弗辨，謗之成也。

譯文

虛設的中傷之詞讓人不能分辨，誹謗對方就能成功了。

釋評

謗言離不開語言藝術，怎樣誹謗別人，如何能見其實效，小人對此是時刻關心和籌畫的。

那些為人忠直、無任何劣跡的人，小人要中傷他們，也有其獨到的辦法，那就是將他們從未說過，且又十分荒謬惡毒的言辭，強加在他們身上，硬說是他們所言。

而他們是否真的說過，在外人眼裡是無法辨明的。這種栽贓陷害，純屬誣衊的做法，是小人謗言的最後一種手段，也是他們「無所不為」的最集中體現，其卑鄙和無恥令人髮指。

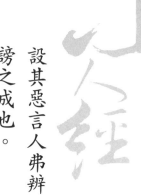

事典

沈鯉的「詛咒」

明萬曆年間，沈鯉擔任禮部尚書。沈鯉上任伊始，便革除舊弊，處事唯公，一時惹來各方怨恨。

從前，藩王府有事奏請皇上時，便行賄宦官，讓他們從中幫忙，禮部大臣們從不敢違逆，只能讓他們如願以償。沈鯉執掌禮部，對所有請託一概不理，宦官們不能徇私，於是屢屢對明神宗進讒說：

「沈鯉小人得志，專橫凌人，不但暗中行私，而且表面上還假充君子，這種表裡不一、貌忠實奸之輩太可恨了，陛下就對他聽之任之嗎？」

明神宗初時不信，後來誹謗沈鯉的人多了，於是明神宗把沈鯉召來，當面盤問他說：

「你上任以來，各種指責從來沒有間歇，你能給朕一個解釋嗎？」

沈鯉早料到這一點，便不慌不忙地回答說：

「我秉公辦事，自會觸犯許多人的私利，我不怕他們中傷我，卻恐陛下聽信讒言啊。如果我順從了他們，為他們謀私，他們自不會中傷我了。這個道理望陛下明察。」

明神宗派人暗中調查沈鯉的所為，調查之人由於受了宦官的賄賂，俱道沈鯉奸惡。明神宗為此煩惱不已，他對沈鯉的自辯愈加不耐煩了。他言辭激烈地訓斥沈鯉說：

「你總是言忠，難道別人全是奸惡小人？現在人人說你假公濟私，難道我只聽你一人之言而廢了天下公議？」

沈鯉心中鬱悶，他的朋友也爲他擔心，便對他說：

「眾口一詞，皇上怎會相信你呢？要是不想把事態擴大，你還是從俗一點的好。」

沈鯉氣憤失聲，說：

「若是這樣，我豈不和小人一樣？我還有什麼臉自稱忠義呢？大不了我辭官回家。」

沈鯉萌生退意，朝中奸佞陳與郊因與沈鯉有恨，便聯合同僚陳尚象一塊彈劾他。沈鯉去意更決，他對勸他留下的朋友說：

「小人在側，我是難有作爲了。與其讓他們讒言害死，不如知難而退，以避禍殃，我現在灰心之極，請勿再勸。」

沈鯉多次上疏，終以病離任回鄉。

萬曆二十九年（西元一六〇一年），皇上下詔沈鯉以原職兼任東閣大學士入閣參與機務。沈鯉多次推辭，皇上不予准行，無奈之下，沈鯉只好重新入朝爲官。當時朝中由奸人沈一貫主持政務，他妒忌沈鯉，又開始對他百般陷害。沈一貫指使黨羽誣告沈鯉貪贓枉法，明神宗親自派人調查，結果證明是誣告。沈一貫此計不成，便又召集黨羽說：

「沈鯉乃我們的眼中釘，不除之我們就沒有好日子過。他一貫清廉，我們告他貪贓枉法策略有誤，當另作計議。」

沈一貫的死黨便說：

「不如直接告他詛咒皇上，這個罪名足以讓他死一百次了。再說詛咒之詞說什麼都行，也無法調查取證，只要我們眾人聯合告他，他很難賴掉。」

沈一貫於是命其同黨錢夢皋首先誣告沈鯉，沈一貫更派兵卒日夜圍困沈鯉的住宅搜查脅逼。沈鯉在室內懸掛條幅，依次書寫「謹天戒、恤民窮、開言路、發章奏、用大僚、補庶官、起廢棄、舉考選、釋冤獄、撤稅使」十件大事，上方書寫「天啓聖聰，撥亂反治」八個大字。沈鯉每日都在家對條幅焚香禮拜，沈一貫等人不知條幅內容，乃向皇上說條幅所書便是沈鯉的詛咒。

明神宗派人把條幅搜來，他當面痛斥沈一貫等人說：

「這難道就是沈鯉的詛咒？」

沈一貫狡辯道：

「這個自然不是，但他念念有詞，誰知道他在說什麼呢？他對皇上的詛咒語言，自然不會寫出來了。」

明神宗雖是不信詛咒之言，卻也漸漸對沈鯉失去了信任。後來沈鯉再次請辭，明神宗便毫不猶豫地免了他的官職。

謗而不辯，其事自明，人惡稍減也。

譯文

遭人誹謗卻不辯駁，等事情清楚的時候，人們的厭惡也會減少一些。

釋評

面對謗言的態度，不同的人有不同的表現。

在強弱分明、不可抗辯的情況下，如果採取不辯駁的方法，雖是受到了委屈，蒙受了羞辱，但可以減少誹謗者的憎惡之情，防止情況惡化，至少能讓他們的攻勢暫緩下來，利於保自己。

只要躲過了風頭，事情明瞭之時，不辯者的真意便顯現出來了：這是委曲求全、暫避鋒芒的智計，適時地運用它是聰明人的無奈選擇。

事典

性情大變的鄒元標

鄒元標是明代有名的忠直大臣，他爲人耿直，敢於直言上諫，名望甚高。

鄒元標年輕時，屢屢彈劾當朝權貴，從不畏言。有次慈寧宮失火後，鄒元標對安於享樂的明神宗上書時，竟說：

「陛下自我反省，眞的是無欲，還是寡欲呢？常言說：『欲要人不知，不如己莫爲。』陛下誠然應該反省自新，加意培養。」

明神宗正當壯年，一見鄒元標此語，分外憤怒，立即降旨斥責鄒元標說：

「你以直諫自居，孰不知無禮太過。你不知忌諱，縱是忠臣之言亦遭人怨。朕雖不殺你，卻也不能任你胡言了。」

首輔申時行本是鄒元標的老師，鄒元標對申時行的姻親徐學謨也多有彈劾，申時行早就心有怨恨，一見神宗斥責鄒元標，申時行便對神宗進讒言說：

「鄒元標目無皇上，目無師長，已非一日了。先前人們說他的壞話，我還極力替他爭辯，那是我一時糊塗啊。今日看來，他連陛下都敢指責，還有什麼事他做不出來呢？此人絕不可留。」

明神宗念其忠心，終沒有殺他，但把他貶謫爲南京刑部照磨。刑部尚書石星上疏救他，也被斥責。鄒元標不久遭遇母喪，他藉此便在家講學，隨他學習的人與日俱增，鄒元標因此而名揚天下。

鄒元標居家講學近三十年，在此期間，雖有不少人多次向朝廷薦舉他，可是終沒有被重新起用。鄒元標閒暇之時，曾就此對他的弟子們說：

「我為官之時，見不平事就血氣上湧，毫不顧忌地直諫，結果卻遭人謗言，難以計數，連皇上也不再信任我。我閒處這麼多年，每有思悟心得，其中一條，便是對別人的謗言不要過於敏感，在自己弱小之時更該懂得不辯的好處。我不是後悔年少任事敢為，而是悟到思慮不周是我的大害啊！」

光宗繼位之後，鄒元標被召回朝廷，任刑部右侍郎。他上的第一份奏書，竟是主張群臣和衷之說，他懇切道：

「二十年來眾臣不和，互相攻訐，致使國家有危。從前不以進賢讓能為要事，日益禁錮賢士，排擠能人。言事之人又不心平氣和，專事分門立戶。臣以為當今急務，唯有朝臣和衷共濟而已。朝臣和衷，天地和衷自然相應。以往論人論事者，各懷偏見，應當戒除了。」

鄒元標此時性情大變，由年輕時的方正嚴峻被人敬畏，變成現在的追求和易。人們議論說他不及當初為官時，更有人責備他膽小怕事了。鄒元標聽之一笑，他對自己的朋友說：

「大臣和諫官不同。風骨卓絕，是諫官的事。而作為大臣，若不是關係大的利害，就應當首先護持國體，哪能像少年那樣衝動發怒呢？」

爲了不使自己遭人詆毀，做事也小心了許多。他曾經想舉薦李三才，但見群臣對他議論頗多，也就不再堅持了。

鄒元標處處謹愼，但朝中奸小因他是東林黨人，還是忌恨他，誣陷他。鄒元標不像先前做出激烈的反應，反而如似未聞，從不加抗辯，人們都深以爲怪。給事中朱童蒙、郭允厚、郭興治爲了驅逐他，散布了很多有關他的流言，鄒元標心中雖氣，面上卻對人說：

「我德行不夠，難免有失當之處，只要人們不是出於惡意，什麼批評我都願意接受。我相信朱童蒙他們就是出於善心才規勸我，我感激猶恐不及，哪裡還敢怨恨呢？」

朱童蒙等人雖沒有停止對他的誹謗，聲勢卻明顯緩了下來，他們生怕讓皇上察覺出他們的眞意，於是只強調說：

「鄒元標年老體弱，實不應在朝爲官了。我們指出他的過失，就是怕他不知自省，誤了國家的大事。」

鄒元標自知凶險，遂一再上書辭官。當時的熹宗皇帝准了他的請求，鄒元標呈上《老臣去國情深疏》，爲人們傳誦。四年之後，鄒元標安然謝世。

謗而強辯，其事反濁，人怨益增也。

譯文

因遭人誹謗而極力辯白，事情反而會渾濁不清，怨恨更會增加。

釋評

君子遭殃有多種原因，在謗言前不冷靜處理，只知激動辯白，可算是原因之一。

這不是說駁斥謗言有什麼錯誤，而是說小人總會利用君子極力自辯之時的憤怨、口不擇言、情緒失控來羅織更大的罪名，進而加大了對君子的迫害力道。何況君子的這種態度，會讓小人更加怨恨他，行事也會更趨毒辣。

不屈服於小人是君子之所以為君子的標誌，君子雖屢遭小人暗算，卻更增加了人們對君子的敬佩。

事典

李三才的憤怨

明萬曆二十七年（西元一五九九年），李三才以右僉都御史之職總督漕運，巡撫鳳陽各府。李三才針對當時礦稅的害處，對明神宗上書說：

「陛下喜愛珠玉，百姓也希望溫飽；陛下疼愛子孫，百姓也心疼妻子。爲什麼陛下想要聚斂財富，而不讓小民享受到一升一斗的需要；爲什麼陛下想要傳續萬年，而不讓小民能夠安於朝夕之樂？自古以來朝廷的政令不暢沒有達到這種嚴重程度的，只慶幸尚未釀成大亂。懇請陛下罷除天下礦稅，貪慾的心既去，然後政事自能治理。」

李三才的諍言和忠義，由此可見，只是明神宗拒不納諫。李三才一氣之下，引病請求離職，明神宗很快答應了他。

後來李三才又被起用，加官至戶部尚書。這時內閣缺人，有人便推薦李三才入閣。朝中奸小深知李三才的君子風範，生怕他入閣和他們作對，於是謗言四起，攻擊李三才的奏書日日不絕。工部郎中邵輔忠彈劾他說：

「國有大患，方有大難。李三才貌似忠正，狡詐陰險形若耿直，遠比一般小人還能爲禍。不瞭解他的人被他所騙，我若不揭穿他的眞實面目，只怕陛下也受其瞞弄。到時天下大亂，也是必然的事了。」

御史徐兆魁更放言說：

「李三才乃天下巨奸，世之妖孽，不早除之，必成大患。」

一時奸小呼應，皆言其奸，李三才無奈只好再次辭官。

李三才歸家之後，忌恨他的人擔心他再被起用，還是不放過他。御史劉光復彈劾他盜竊皇木，用以營建私宅，還煞有介事地誣陷李三才說：

「李三才勾結朝官，居心叵測。他們想用的人，吏部就爲他們推舉。其中的用意，難道還不險惡嗎？」

李三才氣得夜不能寐，屢屢上疏辯白，請求朝廷派宦官調查核實，他還在奏書中氣憤地說：

「我的清白本是不用辯說，但奸小逼迫誣陷，我還能沉默嗎？陛下不信忠臣，偏愛奸小，我李三才是爲天下人進諫啊，我是一定要和他們理論到底的。」

李三才愈是這樣，陷害他的奸小愈是加足了馬力，對他發起一輪比一輪大的強烈攻勢。他們聚首說：

「不把李三才整垮，就顯得我們有過失了，這絕對不可以發生。我們騎虎難下，誰也不能中途罷手。」

在彈劾李三才的奸小之中，御史李徵儀、工部郎中聶心湯是李三才曾經推薦的官吏。李三才對他們忘恩負義、助紂爲虐的行爲十分痛恨，這讓他的言辭更加激烈，他上書給明神宗說：

「陷害我的小人，他們的嘴臉今日徹底暴露，我眞後悔當初沒能識破他們。現在陛下還蒙在鼓裡，我眞擔心陛下也被他們欺騙。這些不知廉恥的傢伙在陛下身邊，怎能讓人放心呢？請陛下速除奸佞。」

李三才的不斷抗辯，讓奸小等人以爲心病，日夜難安。他們結成聯盟，日夜策劃，明神宗只好派出給事中吳亮嗣等人前往查勘。

由於查不出結果，吳亮嗣等人索性直接向明神宗謊報說：

「李三才心懷怨恨，常有不敬之詞。他被彈劾之事件屬實，可是他還每每抵賴，實屬死不認錯，不可饒恕。」

明神宗恨聲說：

「他自命君子，可見他這純屬是欺世騙人了。這樣的人還常訴己冤，眞是無恥之極，罪加一等。」

明神宗下旨將他嚴詞痛責，再不聽他任何申辯，把先前給他的封賞也一併奪去。

失於上者，下必毀之；失於下者，上必疑之。

譯文

失寵於上司的人，下級一定會詆毀他；失信於下級的人，上司一定會懷疑他。

釋評

勢利眼的人很多，小人尤以勢利聞名。上司不喜歡的人，多是遭讒言最多的人。

這其中固有人們的排異因素，但更主要的還是人們的勢利心作怪，小人更把於此處進讒當做討好上司的良機。

他們不問是非清白，落井下石，唯上是從，唯恐沒有這樣的機會表現自己。如果一個人完全失信於下，沒有口碑，萬人痛恨，他的上司由此懷疑他的忠心也是十分正常的。面對一個沒有信義的人，每個當上司的都會猜忌。

事典

主動讓位的劉彊

東漢光武帝劉秀的長子劉彊，聰明慧悟，爲人忠厚，很早便被劉秀立爲太子，劉秀也十分喜歡他，每每教他治國之道，其意甚殷，人所共見。

朝中眾臣爲了巴結劉彊，對他一直稱頌不絕，更有人賦詩作表，極盡恭維地呈送給他，還對他諂媚說：

「太子天生英武不凡，這是天下人的大福啊。他日太子臨朝，我等必當竭力報效，萬死不辭。」

在一片讚頌聲中，劉彊也飄飄然了，他得意地對他的老師郅惲說：

「有臣如此，我還有什麼可憂慮的呢？他們個個對我忠心，極力擁戴，可見我並無缺處了。」

郅惲暗自一笑，卻是搖頭說：

「太子一人之下，萬人之上，誰敢不討好你呢？我見他們沒有幾個是出於眞心，他們所說的話也十分肉麻虛僞，太子切勿驕狂，信以爲眞哪。太子仍需勤於修習，戒驕戒躁，謹愼從事。」

劉彊讀史書時，每見宮廷爭鬥、血腥不止之處，便掩卷嘆息說：

「人人應該親敬相處，何況貴為皇室中人呢？這太殘酷了。」

郅惲便趁此開導他說：

「歷來權力之爭，都是這樣無情啊。要知權力人人欲得，為此不擇手段的事還多著呢。他們殺來殺去，還不是為了權力二字？可見擁有權力並不一定是件好事。」

劉彊讀書越多，越對世情多了幾分透徹的瞭解，他漸漸成熟起來了。

劉彊的母親郭皇后因觸怒劉秀被廢黜後，劉彊第一次切身體會到了宮廷裡明爭暗鬥的嚴酷。他多次向父皇劉秀為母后求情，還哭著說：

「父皇仁愛天下，又何以對母后那般苛刻？千錯萬錯，請看在兒臣的面上饒了母后吧，我會感激不盡。」

劉秀怨恨郭皇后，自不會給劉彊好臉色了，他一次比一次嚴厲，心中卻有了廢掉劉彊太子之位的打算。

一次，劉秀問起劉彊的表現時，郅惲誠實地說：

「太子仁孝知禮，勤學謙恭，這都是陛下教誨有方。」

想不到劉秀鼻子一哼，口道：

「你是太子的師傅，難怪會為他說好話了。朕聽到的可不是這樣。」

郭皇后被廢，那些勢利眼的大臣眼見劉秀不喜歡太子，早就暗暗盤算如何與太子拉開距離了。有幾個最無恥的大臣還準備上書勸劉秀廢掉太子，另立劉秀寵愛的四兒子東海王劉陽（後改名爲劉莊，即漢明帝）。

如此形勢，劉彊不覺有異，郅惲卻看得明明白白。他思前想後，終在一日教太子讀書時對他說：

「太子可覺此時與往日有何不同嗎？」

劉彊茫然回答說：

「母后被廢，我心如刀絞，再無快樂可言了。」

郅惲沉聲說：

「太子所苦，卻不是我之所憂啊。如今太子不爲皇上所寵，群臣見風轉舵，定會進讒。若是這樣下去，太子怎能平安無事呢？太子既知古之教訓，應該早做決斷。」

劉彊驚慌不定，他思忖片刻，喃喃地說：

「師傅所言極是，卻不知決斷爲何？師傅但講不妨。」

郅惲沒有了顧慮，小聲說：

「只要讓出太子之位，自不會有人責難太子了，不知太子肯否？」

劉彊悵悵而立，許久方道：

「事已至此，只怕我不肯也不行了。與其骨肉相殘，何如求退保身呢？」

劉彊於是自動請辭太子之位，劉秀也不挽留，降他爲東海王，將原東海王劉陽立爲太子。一場醞釀著的風波才平息下去。

假天責人掩私，假民言事見信，人者盡惑焉。

譯文

憑藉天意來責罰人就能掩飾私心，憑藉民意來說話辦事就能被信任，人們都會被這狀況迷惑。

釋評

造謠生事者總要找一個藉口誹謗別人，假借天意、民意行事，就是他們善使的一個毒招，小人尤甚。

他們打著天理民心的幌子，故作理直氣壯地隨意誣害別人，這不僅掩飾了他們的私心，也往往容易讓人相信。其實，小人的瞞天過海、愚弄世人也只是暫時的現象，從長遠看，任何違背天理、違逆人心的事終會破滅。

事典

華願兒的攻擊

南北朝時，宋前廢帝劉子業即位，重用奸臣戴法興。戴法興專權跋扈，人人畏懼，甚至當時的太宰、江夏王劉義恭都對他表示順服，不敢相抗。

劉子業是個頑劣之徒，隨著年齡增長，他凶殘的志趣也漸漸養成。戴法興欺他年紀不大，總是對他出言管教，劉子業自己想做的事，也常常被他禁止。戴法興還每每提醒劉子業說：「陛下當知禮修身，不可胡爲。如果事情鬧得不可收拾，其結果就很難說了。陛下不會想做第二個營陽王吧？」

營陽王劉義符，在位不到兩年即被廢黜。戴法興以他和劉子業作比，劉子業聽了自然十分惱恨。

華願兒是劉子業特別寵信的宦官，劉子業高興的時候，總是賞賜他許多金銀布帛，有時竟是天文數字般驚人。戴法興忌恨華願兒受此重賞，常常對劉子業說：

「一個小小宦官，無功無勞，只會奉迎陛下，以圖厚賜，陛下竟被其所騙，捨棄重金，這事不應該發生啊。陛下以後萬不可如此行事了。」

劉子業冷冷地說：

「朕為天子，連這點小事也做不得嗎？我喜歡他，與你無關。」

劉子業重賞依舊，戴法興卻倚仗權勢，暗中不斷加以節制和削減。這使華願兒十分恨他，常思報復。

劉子業經常派華願兒到民間走動，觀察瞭解老百姓對朝廷的態度。有次，華願兒走在街上，忽聽有人小聲說：

「戴法興是眞天子，皇帝不過是個假天子。」華願兒查問其詳，那人十分害怕，逃之夭夭。華願兒正愁無法報復戴法興，此刻有了主意。他趕緊回宮，故作神祕地對劉子業悄聲道：

「戴法興要造反了。」

劉子業一驚非小，忙道：

「眞有此事？」

華願兒點頭說：

「這還會假嗎？我在街上聽人傳言，戴法興是眞天子，皇上只是個假天子。人人都這麼說，這不是很奇怪的事嗎？一定是戴法興為了造反，才派人傳言的，以便製造輿論，收服人心。」

劉子業怔怔發呆，猶自難信，華願兒又進言說：

「皇上深居宮中，和大臣們接觸很少，自不知朝中狀況了。如今戴法興和劉義恭、顏師伯、柳元景等人結成一體，狼狽為奸，往來頻繁，誰知他們在商議何事呢？戴法興手下又收羅食客數百人之多，什麼樣的人都有。皇上被他架空，朝中大臣又十分怕他，戴法興一旦發難，皇上還能自保嗎？」

劉子業越聽越怕，臉色也鐵青了。他憤憤跺腳道：

「我受他的氣也受夠了，想不到他還想造反，我看他是活膩了。」

他當即下旨罷免戴法興所有官職，遣送回鄉，後又遷往邊郡，不久便令其在家自盡。戴法興死前，封閉好庫房，讓家人加倍小心，保管好鎖庫房的鑰匙。他還哀嘆說：

「我苦心經營多年，自以爲牢不可破、勢不可傾，誰知竟會敗在一個小小的宦官之手，我死難瞑目啊。」

第八卷

示僞卷

無僞則無真也。真不忌僞，僞不代真，忌其莫辨。僞不足自禍，真無忌人惡。順其上者，僞非過焉。逆其上者，真亦罪焉。求忌直也，曲之乃得。拒忌明也，婉之無失。

忠主仁也，君子仁不棄舊。仁主行也，小人行弗懷恩。君子困不惑人，小人達則背主，僞之故，非困達也。

俗禮不拘者非僞，事惡守諾者非信，物異而情易矣。

本卷精要

◎小人的搖尾乞憐，是欲取先予的手段。

◎小人多是僞術高明之徒，不識其僞，必受其害。

◎忠誠的人是不屑僞裝的，小人則最善僞裝。

◎社會正因有了君子的眞誠，才顯得充滿希望和溫情。

◎小人不得志和落難之時，任何心軟和提攜都是有害無益的。

◎小人對你從「蜜月期」到「撒潑期」，全因利益而定。

無僞則無眞也。

譯文

沒有虛假就看不出眞實了。

釋評

人們披上多種虛假的外衣，有社會複雜性的原因，也有人性的弱點所致。

在魚目混珠、凶險四伏的環境下，做些必要的偽裝，表現出某些假象，不僅能保護自己不受傷害，也能麻痺別人警覺，讓不利於自己的人摸不準底細，進而為自己贏得主動。

人性的弱點使人產生虛榮之心和好大喜功等缺點，令人變得十分虛偽和造作，這又是另一種真實的體現。認識到這種實際，人們就不會一律排斥虛假的東西，而會正確對待了。

謝安
東晉宰相，少有高名，心胸膽量過人。入仕後，政績卓著，因指揮淝水之戰留名千古。後急流勇退，不戀權位，堪稱魏晉名士之代表。

事典

拒不應召的謝安

謝安是東晉的名臣，他指揮了著名的「淝水之戰」，打敗不可一世的前秦皇帝苻堅，立下不朽的功勳。

謝安年輕時就很有名，王導很器重他。朝廷徵召他進入司徒府，又任命他爲佐著作郎，但謝安以病爲由推辭不就。有人問他說：

「當官入仕，這是許多人的夢想，唯恐不能，而你卻視如草芥，眞太不可思議了，能說說這是爲什麼嗎？」

謝安慢聲道：

「我性好山水、讀書閒談，自不願誤入官場，多受折磨。在我看來，官場中人虛僞之處太多，令人厭惡，我是不屑和他們逢場作戲、勾心鬥角啊！」

謝安官居會稽之時，他和王羲之、許詢、僧人支遁交往密切，他們常常結伴出遊，吟詩作文，放談高論。一次，謝安在遊山時動情地說：

「眞山眞水，能在此中生活，才是我的願望，可嘆世人迷戀浮華，一味作假，全無眞趣之樂。」許詢也在旁道：

「這種快樂，只有超脫世俗之後方能領略，兄臺拒不應召，難怪如此。」

揚州刺史庾冰慕名徵召謝安，他多次令屬下郡縣敦促謝安說：

「你的才名遠播，爲了國家也該盡職盡責，怎能埋沒呢？聽人說你不喜官場作風，這不該是你不仕的理由。正所謂哪有哪的規矩，哪有哪的風俗，絕不是一個人可以改變的。你既不能改變它，何不正視它呢？」

謝安迫於情勢，無奈應召。在此期間，他看不慣人們的虛僞嘴臉，更受不了諸多虛假禮儀約束，度日如年。庾冰看出他的心意，對他誠懇地說：

「世上沒有絕對的眞實，虛假的東西不一定都不好，爲何一點也接納不了呢？我和別人一樣，虛僞之處很多，但這是沒辦法的事，我原本也不甘這樣。你畢竟活在世上，不可能逃脫所有的人，有時善用此術，非但無害，而且有益處。」

謝安強自忍耐，一個月後，他還是向庾冰辭官說：

「人各有志，大人切勿挽留我了。我試著適應官場，也按大人的教誨做了，到頭來還是覺得官場並不適合我。」

庾冰勸阻不住，只好放行。後來朝廷又徵召他，他還是不受。吏部尚書范汪舉薦舉他爲吏部郎，謝安不堪其擾，寫信回絕說：

「蒙大人不棄，怎奈我不思爲官，只好辜負大人美意了。我浪得虛名，不足爲重，萬望大人諒解。」

謝安屢不應召，便有人上奏朝廷，指責他恃才傲物，藐視朝廷，要求朝廷禁錮他一生，永不任用。謝安聽到這個訊息，不憂反喜，十分快意。

謝安的妻子見別人都做了官，而謝安卻堅持拒召，心有怨氣。一次，二人閒談的時候，他的妻子便說：

「你不爲自己考慮，也該爲家族著想啊。現在人人都恃官保家，而你一個平民百姓，縱是名望再高，一旦有了事端，又有什麼用呢？再說，大丈夫當爲國效力，你因一己偏見如此虛度，將來是要後悔的。」

謝安無言以對。他的弟弟謝萬任西部郎將，擔任守衛北部邊防的重任。等到謝萬被罷官後，謝家頓時顯得勢力單薄，謝安這才有了做官的打算。他應征西大將桓溫的請求，做了司馬，開始了他的仕途生涯。這時，謝安已經四十多歲了。

眞不忌僞，
僞不代眞，
忌其莫辨。

譯文

眞實並不忌憚虛假，虛假也不能代替眞實，怕的是不能分辨它們。

釋評

分辨真偽，是一個人立身處事的基本功，也是他事業有成的重要依託。

在複雜的人際關係中，各種假面目俱有，好人壞人混雜，如果不能認清和區分他們，就會無所適從，認敵為友的事便不能避免，其後果只能是遭人暗算、處處受挫了。

特別是小人的偽裝，正直的人們更要仔細在意，小人多是偽術高明之徒，不識其偽，必受其害。

王導

東晉大臣，出身名門望族，性情謙和寬厚。擁立元帝，歷仕三代，為東晉政權的奠基者之一。

事典

識人的王導

王導是東晉立國的元勳，晉元帝司馬睿正式登位時，百官陪列，晉元帝唯獨讓王導上御床與他共坐，可見王導受寵之深。

早在司馬睿做琅邪王時，王導就和他親密友善，王導曾對家人說：「琅邪王厚重知禮，心有大志，絕非一般王爺可比，他日必成大業。」

王導的家人不以為意，反駁說：「說琅邪王好話的人沒有一個，他會成什麼大業呢？何況他並不為當今皇上所喜，這讓人更不看好他了，你如此抬舉他，應是大錯特錯。」

王導心中認定，並不以家人所言爲念。他小心服侍司馬睿，處處爲他出謀劃策。司馬睿鎮守下邳時，王導擔任他的安東將軍司馬。司馬睿改鎮建康，王導毅然隨行。由於司馬睿沒有聲望，建康人沒有一個來拜訪他，王導爲此憂慮重重。這時王敦前來，王導便對他說：

「哥哥你頗有威名，可願爲琅邪王效力呢？」

王敦一聲冷笑說：

「你總誇琅邪王他日必有大成，但我是如何也看不出啊。要知我們爲官者，若是看錯了人，保錯了主子，那可是最大的禍事啊。」

王導於是說：

「正因如此，我才讓哥哥不要失去眼前的大好時機。如今琅邪王身處未遇，我們在此刻幫他，可算患難之交。他日琅邪王爲尊之時，這份情義是無法取代的，聰明人就該放眼他日，怎麼能目光短淺呢？」

王敦聽他所勸，於是聯合當地大族和有名望者，都去拜見琅邪王。此事傳出，江南地區的人士都紛紛歸順，不敢輕視司馬睿了。

東晉建立後，司馬睿不忘王導之恩，對其十分信賴，委以丞相重任。王敦謀反後，王導十分恐懼，他自率本族兄弟子姪二十餘人，每天早晨都在朝廷待罪。朝中奸臣劉隗趁機對晉元帝說：

「王敦謀反，王導作爲他的兄弟，豈能不知呢？爲除後患，陛下當將王氏一家族滅，以儆天下。」

司馬睿卻是不忍，他長嘆說：

「王導在我爲王之時，盡心盡力，一心爲我謀劃，這樣的人我怎會殺他？我不能讓人說我忘恩負義啊。」

晉成帝司馬衍即位後，庾亮和王導共輔幼主。庾亮把持朝政，對地方大將蘇峻十分青睞，王導卻提醒他說：

「蘇峻爲人多僞，巧言令色，必不是什麼善類。大人切忌不要被其表面現象所迷惑啊。」

庾亮對王導諷刺說：

「你如此識人，又怎不知你兄作亂？你不要將人都說得那麼壞。我看蘇峻爲人仗義，一片忠心，難道是我看錯了？這是不可能的事，你就不要多言了。」

王導聽罷大受刺激，但他還是忍耐住了，私下對家人說：

「我兄王敦謀反，我早提醒過皇上，無奈皇上不聽，終有此禍。庾亮不識蘇峻之奸，我擔心蘇峻還會禍亂國家。」

王導的家人勸他說：

「庾亮當權，大人不該和他相抗。蘇峻好與不好，和大人有什麼關係？爲了一個蘇峻，若和庾亮鬧翻，這值得嗎？」

王導勃然大怒，斥責道：

「辨識忠奸，大膽直言，這是爲臣子的最大責任，豈是兒戲？這事關係國家安危，怎說和我無關呢？一派胡言！」

後來庾亮要徵召蘇峻入朝，王導堅持不可，庾亮急了，氣極敗壞地指責王導說：

「你說蘇峻奸惡，可有什麼證據？倘若沒有，你必是心懷私怨了。」

王導正色說：

「蘇峻處處掩飾自己，每次都以假面目示人，這不是最好的證據嗎？君子無私，小人多僞，大人被他騙了。」

庾亮不聽，於是召蘇峻來朝。不久，蘇峻就引兵作亂。蘇峻發動的兵變，是繼王敦之後的又一場大亂，後雖被平息，然而朝廷的宗廟宮室已全部化爲灰燼。

偽不足自禍，
眞無忌人惡。

譯文

僞裝得不充分會給自己帶來禍殃，眞誠而無所忌諱則會讓人厭惡。

釋評

偽裝也是一門學問，並不是人人都能精通的。在小人的見解裡，他們十分在意偽裝的優劣，無不以騙得了天下為榮。

因為此故，他們深研偽裝之道，不惜滅絕人性，以飾其偽。這是由小人的本性決定的，也是他們深恐自身暴露、招來禍患所致。

小人也知人們都討厭小人，倘若他們裝得不像君子，誰還會信任重用他們呢？露出破綻，小人只能偷雞不成反蝕把米了，這是他們一定要竭力避免的事。

韓愈
字退之，唐代文學家，古文運動倡導者。仕途多舛，曾任京兆尹及兵部、吏部、刑部侍郎，政治上亦有作為。

事典

韓愈的失察

韓愈在任職方員外郎時，一次因公外出，路過陝西的華陰縣，下榻在那裡，忽有人口呼冤枉，堅持要見他。韓愈接見了那人，那人便自稱是前任縣令柳澗的朋友，他是爲柳澗來申冤的。

韓愈問其詳，那人便說：

「柳澗爲人公正無私，多有善舉，爲當地百姓所稱道。只因他不肯賄賂頂頭上司刺史大人，刺史大人才視他爲奸小，百般爲難，還向朝廷彈劾他。」

韓愈聽到這裡，暗自爲柳澗可惜，他於是問道：

「柳澗現在何處？他爲何不親自來見本官呢？」

那人哭著說：

「柳澗已被貶爲房州司馬，不在此地了。我是深爲柳澗不平，故來見大人的。」

韓愈思忖片刻，對他說：

「柳澗如有冤屈，本官自會爲他主持公道。此事也不能聽你一人之辭，容我調查此事，再作計議。」

韓愈第二天找到刺史，詢問此事，刺史於是說：

「柳澗爲人善於僞裝，當地百姓也被他欺騙了。他根本就不是個好官，貪贓枉法沒有他不做的，爲此前任刺史才彈劾他。」

韓愈頓感此事複雜起來，他眉頭一皺，遂道：

「前任刺史既彈劾柳澗，可有什麼眞憑實據嗎？」

刺史搖頭說：

「此中細節，下官不知，前任刺史彈劾他後，不等朝廷處置，他自己卻被免官了。在他離任之時，柳澗煽動百姓在路上攔截他，逼他償還已經交納的軍用物品和服勞役的工錢，這明顯又是柳澗藉此報復。下官深惡此人，這才將他貶往房州。」

韓愈暗中調查，但聽華陰百姓都說柳澗的好處，有人更讚他說：

「柳大人爲官清廉，辦事公正，是天下最好的官了，說他貪污，我死也不會相信。有一次，柳大人到我們農家巡察，他不僅和我們吃一樣的飯，還親自下田幹活，整整忙了一天，他也不叫一聲累。請問，這樣的人還會是貪官嗎？」

又有人附和道：

「柳縣令對我們百姓從不欺壓，對官紳子弟也不放縱。城裡張員外的公子仗勢欺人，柳縣令就把他關在大牢裡，誰講情都沒有用，柳縣令眞是個難得的好官。」

韓愈聽百姓這樣說，對柳澗也充滿了同情和敬意。他認定這是兩個刺史相互串通處置柳澗，就上書朝廷要求懲治刺史，爲柳澗復官，他十分憤怒地說：

「君子得不到獎勵，小人得不到懲罰，這是人所不平的，也是世亂的禍根。如今百姓公議柳澗是難得的清官，卻被兩任刺史誣陷爲貪官，如此是非顚倒，眞是天下奇冤，如不及時糾正，天理何在呢？」

朝廷派御史前來複查，令韓愈萬想不到的是，柳澗貪贓枉法的證據被一一查實，柳澗的僞裝也不攻自破，韓愈因此被朝廷斥責，貶官爲國子博士。韓愈大感沮喪，幾日茶飯不思，喃喃說：

「柳澗的僞裝縱是精妙，也終有暴露的一天啊！可嘆我不作深查，輕舉妄動，這個教訓當時刻銘記。」

順其上者，僞非過焉。逆其上者，眞亦罪焉。

譯文

順從上司，就算再虛假也沒有過錯。違逆上司，縱使再眞誠也是罪過。

釋評

專制政治下的評判是非大權，由於掌握在集權者手裡，由此產生的有罪與無罪便絕非公正了。那些小人之輩正是看準了這一點，才不遺餘力地向當權者討好諂媚。

當權者並非不知他們的虛偽，只因其順從，在上位也就樂於受用，非但不究其弄假之過，還委以信任。

與之相反，那些說真話、辦實事的人就不同了，他們儘管一片忠心，只因不順從當權者的心意，敢講當權者不願聽的忠言，也會為當權者所不喜，甚至歸入奸人之列，大討其罪。

白居易

字樂天，唐代大詩人。元和時曾任翰林學士、左贊善大夫，直言敢諫，然因得罪權貴，貶為江州司馬。晚年以太子賓客分司東都。

事典

對皇上無禮的白居易

白居易是唐代著名的詩人，他不僅詩歌寫得好，爲人也耿直忠厚，人皆讚頌。

元和四年（西元八〇九年）發生旱災，唐憲宗下詔減免租稅。白居易見詔書中對減免具體事項規定不詳，於是上諫說：

「旱災禍烈，陛下爲養生息，當全部免除江淮兩地的賦稅，如此方顯陛下的恩德。」他還建議多遣散一些宮女。唐憲宗爲此召見他說：「你不惜錢財，卻顯得朕仁義不夠了，這是忠臣所爲嗎？」

白居易見唐憲宗怒氣沖沖的樣子，還是堅持說：

「百姓都是陛下的兒女，陛下自不該吝惜錢財。臣爲陛下的江山著想，話雖難聽，卻無半點私心，陛下的怪罪，臣不敢接受。」

唐憲宗雖接受了他的建議，心裡卻十分不快。

河東道節度使王鍔貪婪虛僞，他不顧百姓疾苦，千方百計地徵收賦稅，又把搜刮來的錢財拿出一部分進獻給朝廷，以騙取唐憲宗的好感。唐憲宗果然被他迷惑，對他嘉獎不說，還要任用他當宰相。白居易爲此直言上諫，話語尖刻地說：

「王鍔弄虛作假，坑害百姓，如果陛下讓他爲相，人們便會說陛下是因爲得到他進獻的財物才讓他當宰相的，這對陛下的名聲大有損害。別的節度使也會紛紛效仿，搜刮百姓。如此國家的法規制度就會大亂，陛下忍心看到此事發生嗎？」

王承宗反叛時，唐憲宗讓宦官吐突承璀統帥軍隊討伐，白居易又力諫不可，他不假辭色，直言道：

「陛下錯了。我朝制度，每次征伐都把一切權力交給統帥，太監做大將的事還沒有先例。太監對行軍打仗一竅不通，他們若有了這最高指揮權，如何能戰之必勝呢？我怕周邊國家會因此輕視我朝，陛下也會擔下用人不當的惡名，望陛下收回成命。」

唐憲宗見他當眾言此，十分氣憤。他不僅沒聽從白居易的諫言，還在私下恨恨地說：

「白居易是我親手提拔的，竟敢如此無禮，我再也無法忍受他了！」

大臣李絳爲白居易求情道：

「白居易能直諫敢言，這都是陛下能容納進諫、胸懷若谷的結果，陛下的美德人所共知，爲何要改變呢？如果趕走了白居易，就是堵住了衆人的嘴，讓人人都爲自己前程考慮，不敢再進忠言了。」

唐憲宗忍了又忍，不再追究白居易的失禮之罪，但對白居易的怨恨卻沒有絲毫減少。李絳事後勸白居易說：

「你直言上諫，不該無所顧忌，讓皇上生氣。皇上爲天下之主，他怎受得了你當衆指責呢？這樣下去，你的忠言皇上會認爲是奸邪，更無法體察你的善意。」

白居易自辯道：

「忠言逆耳，何能兩全？小人之言固是動聽，我焉能爲之？」

大臣武元衡被盜賊所殺，一時京都震動。白居易第一個上疏，請求捉拿賊犯，洗刷朝廷的恥辱。宰相一知此事，深以爲惡，他恨白居易越權無禮，對他心生忌恨，於是伺機打擊白居易。不久，有傳言說白居易的母親是掉下井裡淹死的，而白居易卻作了一篇《新井篇》，言辭華麗輕浮。宰相藉此向唐憲宗進讒說：

「白居易仁孝皆無，實同禽獸無異。這種無德無義之人，早該把他趕出朝廷了。」

唐憲宗此時冷笑一聲，口道：

「他這般無恥，平日裡卻裝出正人君子模樣，實在可恨。」

他立即准奏，白居易於是被貶爲江州刺史，後又貶爲江州司馬。

求忌直也，曲之乃得。拒忌明也，婉之無失。

譯文

想求取什麼最是忌諱直來直去，得多掩藏眞意才能得到。想拒絕什麼更是忌諱公開表明，得要委婉行事才能沒有過失。

釋評

人們的行事方法與實現目的有著很大關係。方法得當，不僅事半功倍，而且不留痕跡，少有閃失，否則就很難說了，賠了夫人又折兵的事屢見不鮮。

小人的行事方法是以掩藏真意，行使陰謀為內容的。他們對求取和拒絕的理解自有一套理論，那就是不直接言事，極力偽裝。這不僅掩飾了他們的貪欲，以便於暗中巧取，也使自己不授人把柄，讓人無可指責。

在特殊時期，小人這套把戲頗能惑人，時日一長，人們只要仔細分辨，便不難識破。

賈似道

南宋宰相，政績平庸，生活放浪，然善用手段，故官運亨通。因好逗蟋蟀，被稱為「蟋蟀宰相」，曾作《促織經》。

事典

愚弄天下的賈似道

南宋的巨奸賈似道，本是個市井無賴，他能躋身朝廷爲官，位極人臣，一方面得力於他有個做貴妃的姐姐，另一方面也靠他善使陰謀手段。

賈似道年輕時，貧困無依、貪玩放縱，每日進出賭館，任性胡爲。他的姐姐被選進宮後，受到宋理宗趙昀寵幸，封爲貴妃，便向理宗爲弟弟求官，理宗於是提拔他做了太常丞。

賈似道一爲官，放蕩的本性更是無所顧忌。他天天都去妓院行樂，晚上也攜妓在湖中泛舟，肆意貪歡。因爲理宗的偏愛，賈似道即使如此胡鬧也升官不止。

開慶初年（西元一二五九年），元軍進攻鄂州，賈似道從漢陽趕來指揮作戰。十一日，元軍進攻甚烈，城中死傷一萬二千人。賈似道貪生怕死，於是祕密派人到元軍中稱臣請降，答應每年交納錢幣，只因元軍拒不納降，此事才作罷。後來賈似道重提此議，元軍答應了。當元軍撤軍時，賈似道卻派兵截殺了元軍的一小股部隊，殺死一百七十名元軍，他卻向朝廷上書說消滅了全部敵人。賈似道的死黨認爲不妥，對他說：

「此事過於誇張，萬一暴露，大人就不能自圓其說了，反獲大罪。」

賈似道卻十分肯定地說：

「不這樣說，我的功勞又怎顯現得出？朝廷又怎會加倍重視我呢？這事即使讓人知道，有皇上庇護我，我還怕什麼呢？」

賈似道的上書讓理宗驚喜異常，他拿著賈似道的奏報對群臣說：

「賈似道功高無比，可謂起死回生了，朕一定要重用他。」

群臣不知眞相，雖心中有疑，也只好向理宗稱賀，無一人提出異議。賈似道於是被召到朝中，授任爲右丞相。他還朝之日，文武百官都到郊外迎接他。

第二年，元世祖忽必烈當了皇帝，派郝經等人依據和賈似道簽訂的和約索要歲幣。賈似道祕密下令把郝經等人扣押在眞州軍營，又讓人撰寫《福華編》稱頌他保衛鄂州的戰功，致使整個國家無人知曉議和之事。

宋理宗死後，新登基的度宗皇帝乃賈似道擁立，度宗對他也十分優待。賈似道爲了愚弄世人，鞏固權位，竟自編自演了一場假戲，剛安葬完理宗，他便棄官而走，暗中卻指使心腹呂文德向朝廷假報元軍攻打下沱。

這個消息讓朝野震驚，立時恐慌。度宗和太后商議之後，認爲非賈似道不能支撐局面，於是他們都親自寫信邀請他回朝。賈似道一待回轉，就被任命爲太師，朝廷大臣都稱他爲「周公」。賈似道嘗到了甜頭，咸淳三年（西元一二六七年）他故技重施，又上書請求回家休養。他的心腹擔心有所閃失，進言說：

「大人的官位不可謂不高，萬一皇上答應下來，事情就不可收拾了。再說群臣有心取代大人的不能說沒有，大人這般言去，不是正合他們的心願嗎？」

賈似道瞇眼不答，許久方說：

「我也有此慮，方會使此招法。不過我料定皇上當會極力挽留，群臣眼下也不敢公開和我作對，這不僅可顯示我並無私心，而且還能讓我的權勢再進一步，何樂而不爲呢？」

賈似道沒有猜錯，度宗皇帝果然捨不得他，不僅一口拒絕他的請求，還派出大臣、使臣極力挽留，一天多達五次。同時，度宗皇帝派人賞賜他，一天也多達數次。經此折騰，賈似道又撈取了實惠，被任命爲位在宰相之上的平章軍國重事，又特准他一個月三次到宮中設筵講經，三天朝見一次皇上，在政事堂主持政務。賈似道的權勢至此達到了頂峰。

忠主仁也，君子仁不棄舊。

譯文

忠誠是仁義的主宰，君子的仁義是不遺棄故舊友人。

釋評

忠誠的人是不講究偽裝的，仁義的人是不屑於偽裝的。

作為忠誠和仁義的代表人物——君子，他們在任何時候都能坦蕩對人對事，即使這種坦蕩給他們帶來不利也再所不惜。

君子的這種真誠人格，和小人的苟且行為形成了鮮明的對比，他們雖在大多時候遭人詬陷，但其人格魅力是足以感召世人的，社會正因有了君子的真誠，才會顯得充滿希望和溫情。

事典

重情重義的鮑永

西漢哀帝時，鮑永的父親鮑宣任司隸校尉。當時王莽專權，鮑宣不屈服於他，王莽對他十分忌恨。鮑宣的友人深恐王莽發難，對鮑宣勸說：

「現在人人都趨附王莽，看來是大勢使然了，你以一己之力，怎可與他對抗？只要你外表對他表示服從，遇事故作糊塗，雖只是舉手之勞，卻可免卻滅門之災，你一定要這樣做。」

鮑宣愁苦道：

「王莽欺騙天下，世人多有信之者，這太讓人傷心了。我明知他是漢室奸佞，剷除他是分內之責，又何能僞裝順從、任其胡爲？我知道後果如何，作爲忠義之士，難道還貪生怕死嗎？」

鮑宣最終被王莽殺害。鮑宣的兒子鮑永、鮑升躲在太守苟諫府中，以求避禍。鮑永多次向苟諫陳述滅王莽的計策，苟諫憐其忠義之子，好言勸他說：

「此事絕非如此簡單，如今最重要的便是保護好你自己，別的容待日後再議吧。」

後來天下大亂，王莽被殺，鮑永便投奔了更始皇帝劉玄。他多有戰功，做了劉玄的大將軍，被封中陽侯。

光武帝劉秀當了皇帝之後，派遣諫議大夫儲大伯，招降鮑永。其時更始帝劉玄已被赤眉軍所殺，鮑永不知此訊，遂把儲大伯逮捕，儲大伯一再對鮑永說：

「忠於故主，這是君子的美德，但如今劉玄已死，千眞萬確，望將軍查明。」

鮑永派人到長安，證實了劉玄的死訊，遂爲劉玄發喪。鮑永的手下問他有何打算，鮑永嘆息說：

「天命已定，我不想因一己之私而多殺人，決定歸降劉秀。」

鮑永放出儲大伯，對他禮遇備至，還對他交代說：

「我降劉秀，非不得已而爲之，只要你答應我一個條件，此事馬上就辦。」

儲大伯十分高興，口道：

「將軍深明大義，但講無妨。」

鮑永於是說要將他的軍隊遣散，他只帶著各將領和賓客歸降劉秀。儲大伯一聽便急，高聲道：

「天下未定，眼下正是用兵之際，將軍何出此言？將軍爲了自身著想，也該帶兵前往，以獲重用啊。」

鮑永亦不作解釋，儲大伯見無法勸說，只好任其遣散軍隊。

鮑永見到劉秀時，劉秀問他的軍隊何在，鮑永這才磕頭說：

「臣追隨更始，不能保全他的性命，已是失職，若是再帶著他的軍隊來求取富貴，我的內心實在感到慚愧，所以把軍隊遣散了。」

劉秀口上說他爲人仗義，不講虛話，心裡卻很不是滋味，對他頗有怨怪。

建武十一年（西元三五年），鮑永被任命爲司隸校尉。鮑永和他父親鮑宣一樣，執法無情，不事權貴。他的親人爲此也擔心起來，鮑永便安慰他們說：

「時世不同了，如今皇上英明，我任此職，當無大患。縱是有難，我也不能辜負皇上對我的信任啊。」

光武帝的叔父趙王，行爲不端，鮑永也依法彈劾。皇親國戚向劉秀控告鮑永，劉秀只說：

「你們應該收斂一點，千萬不要讓鮑永抓住，否則朕也保護不了你們。」

鮑永到各縣視察時，有一次途經更始的墳墓，鮑永要下車拜謁，隨從百般勸阻他，口說：

「大人重情重義，但也要避嫌啊，更始爲先時逆臣，現在你身爲漢室大臣，絕不可再拜他了。此事若讓皇上知道，大人的罪名是免不了的。」

鮑永卻說：

「我身受更始大恩，做過他的臣子，如果爲了避嫌而假作不見，於理於情都是不妥。縱是有罪，我也領受了。」

他跪拜大哭，淚流滿面。他又西行，到達扶風，祭奠了苟諫的墳墓。

光武帝劉秀知道此事後，果然大怒。太中大夫張湛多方爲鮑永開脫，鮑永最終才沒有獲罪。

仁主行也，小人行弗懷恩。

譯文

仁義是行爲的主宰，小人的行爲是忘恩負義。

釋評

沒有仁義之心，是小人所有惡行產生的原因之一。這個致命缺失，直接導致了他們忘恩負義的種種行為，既令人痛恨，又令人齒冷。

認清小人這種本質，善良的人們才不會為小人的信誓旦旦所欺騙，也不會為其感恩戴德的假象所矇蔽。特別是在小人不得志和落難之時，任何心軟和提攜都是有害無益的，東郭先生和狼的故事人們當引以為戒。

伍子胥

春秋末期吳國大夫，本為楚國人。因父兄為楚平王所殺，為復仇入吳輔佐闔閭，善治國用兵，謀略不凡。當其時，吳國興亡，伍子胥舉足輕重。

事典

憐人不幸的伍子胥

伍子胥是楚國大臣伍奢的次子，爲人剛強火爆。伍奢被費無忌陷害下獄後，費無忌爲了斬草除根，對楚平王獻計說：

「伍奢有兩個兒子，不將他們一併殺死，必留後患。大王可將伍奢爲人質，把其二子召來，事情就萬無一失了。」

楚平王派人傳召，對伍奢的兒子伍尚、伍子胥說：

「你們前去，大王便會釋放伍奢，否則，你們的父親就必死無疑了。」伍尚仁厚，準備前去，伍子胥便勸阻說：

「這是奸人的詭計，哥哥怎肯輕往？這是要趕盡殺絕，不留後患，我們若去，不但救不了父親，自己也白白送命了，以後誰給父親報仇呢？」

伍尚不聽，一人前往，果然和父親一起被殺。伍子胥出逃，輾轉來到吳國。闔閭當國王後，伍子胥受到了重用。

一天，伍子胥的府門前忽有人前來求見他，門人見其狼狽不堪，不肯通傳，來人便自報姓名說：「我叫伯嚭，乃你家大人的舊識，我千里前來，一定要見他的。」

門人通傳了此事，伍子胥於是召見了伯嚭。沒想到，伯嚭一見伍子胥跪地便哭，哀聲不絕。伍子胥扶起他，伯嚭泣淚說：「大人一家被費無忌所害，大人還記得此人嗎？」

伍子胥一聽此語，心如火燒，他逼視伯嚭說：「此賊我恨不能吃其肉，喝其血，他與我不共戴天，我自不敢忘。」

伯嚭再放悲聲，抽泣道：「費無忌屢進讒言陷害我父，致使我父被逼自殺，全族遇害。我四處漂泊，逃難至此，還望大人收留我。費無忌是我們共同的仇人，我一定和大人同心，他日誅殺此人，報我們的深仇。」

伍子胥見其慘狀，和自己當初無異，對其不禁大加憐憫。他眼中含淚，哽咽說：

「你我同病相憐，我不幫你誰還會幫你呢？你安心在我這住下，報仇之事以後再議。」

伯嚭從此住在伍子胥府中，伍子胥對他照顧有加，十分友愛。二人常在一起飲酒聊天，伯嚭總是對伍子胥說：「你對我的大恩，他日一定要報。這個世上，只有你是我的親人了。」

伍子胥又爲他的將來謀劃，遂多次向吳王推薦伯嚭。爲了讓吳王任用他，伍子胥不惜自貶說：「我的才能，大王尚以爲用，何況伯嚭的大才呢？他爲人忠信，足智多謀，若有施展天地，必會讓大王驚喜受益。」

吳王初不相信，聽伍子胥說得多了，便召見了伯嚭，賜封他爲大夫，和伍子胥同朝爲官。伯嚭受此重任，每見伍子胥便感激不盡，伍子胥說：

「我們是朋友，幫助你是應該的，以後切勿再言謝字。只要你能竭力效忠吳王，用心國事，便不枉我的一番苦心。」

伍子胥又推薦伯嚭代表吳國游說各諸侯國，提高了伯嚭的聲望。時間一長，伯嚭又以他的逢迎鑽營、能言善辯，漸漸贏得吳王的信任。

西元前五〇五年，吳軍和秦楚聯軍交戰，伯嚭爲了建立奇功，不聽伍子胥和孫武的勸阻，孤軍深入，連戰連敗，損失慘重。孫武看清了伯嚭的爲人，他勸伍子胥說：

「伯嚭矜功自任，仁德不備，他日必爲吳國之禍。此人不可留，將軍何不趁他兵敗，以違反軍令斬之？」

伍子胥心雖惱他，卻搖頭說：「他遭遇可憐，我們又有同鄉之情，哪裡下得了手呢？」

伍子胥又向吳王闔閭苦苦求情，伯嚭這才保住了性命。

後來，伯嚭執掌了大權，他的小人面目徹底暴露了，他竟視伍子胥爲眼中釘，恩將仇報地把他害死。

君子困不惑人，小人達則背主，僞之故，非困達也。

譯文

君子即使身處困境也不欺騙別人，小人一旦顯達就會背叛他的主人，這是因爲小人之所以虛假，不是困境和顯達所造成的。

釋評

人們弄虛作假，總是強調各種客觀理由，小人更是把自己的偽裝和醜行推託到被逼無奈和身陷困境上。

他們的言辭看似有理，令人同情，但實際上完全不是這麼回事。小人無德無行，他們的巧妙偽裝是由自私的本性所驅使的。

一旦他們達到了目的，便會撕破面具，赤裸裸地整人害人。而君子在任何時候都能表裡如一，保持本色。

事典

清潔如水的鍾離意

東漢的鍾離意以清廉仁義聞名，深得皇上和世人敬重。

鍾離意一次受命押送囚徒，因時已深冬，天氣十分寒冷，囚徒們被凍成一團，行走十分艱難。鍾離意看了落淚說：

「他們雖有罪在身，但也是人子，這樣下去怎麼行呢？」

路過弘農郡時，鍾離意讓弘農郡轄下縣城為囚徒做棉衣。隨從人員對鍾離意此舉大為不解，於是勸他說：

「大人加恩囚徒，雖是善意，但若讓別人誤解大人與囚徒有私，那就不好解釋了。大人縱是同情他們，為了不惹來閒言碎語，也該對他們嚴厲才好，又怎能公開示恩呢？」

鍾離意說：

「我仁義對人，絕非作假，那虛假邀名之術我不為之。若是因此事朝廷怪罪，與你們無關。」

縣中官吏將此事上奏朝廷，控告他執法徇私，於禮不合，沒想到光武帝劉秀看過奏書，卻對鍾離意稱讚說：

「對待囚徒他都這般仁慈，眞是個好官啊。」

鍾離意在擔任堂邑縣令時，一位叫防廣的人因替父報仇，身陷獄中。當防廣聽說母親病死後，痛哭不已，連飯都不吃了。鍾離意憐其孝心，想放他出去，爲他母親出殯。鍾離意的下屬一聽色變，紛紛勸他說：

「防廣乃朝廷重犯，有大罪在身，放他出去太冒險了，他一定不會回來。這件事朝廷必會追究到大人頭上，其禍難測。」

鍾離意不怪下屬，只說：

「此事固有風險，然仁孝是人倫之本，我不忍不成全他。人們唯恐招禍而不思同情，我卻做不到啊！」

他毅然放出防廣。防廣安葬完母親後，自己返回了監獄。鍾離意將防廣的表現上奏朝廷，又極力替他求情，防廣最後竟被免除死刑，得以活命。

鍾離意的朋友見他屢屢做出「險事」，好心地對他說：

「你是仁人君子，卻也用不著拿自己的前程冒險施仁。官場最講究虛假，你這般眞性情行事對人，當是爲官之大忌，怎可不戒呢？」

鍾離意一笑說：

「我之爲人，豈能因當官而改變？我做事只講天地良心，任何時候我都不想有絲毫的背棄。」

漢明帝即位後，鍾離意被徵召到朝中，擔任尚書一職。他盡職盡責，勇於直言，漢明帝很看重他。

一次，漢明帝在朝中對群臣說：

「交趾太守張恢，爲官不尊，貪婪成性，此人已被處死。朕將張恢的贓物賞賜給你們，你們就謝恩吧。」

群臣大喜過望，三呼萬歲。鍾離意得到珍珠，看也不看便扔在地上，更不向漢明帝謝恩。漢明帝覺得奇怪，問他說：

「你獨自不受不謝，乃是何意？」

鍾離意重聲回答說：

「臣雖清貧，卻也不想要這不潔之物。從前孔子寧忍乾渴，也不喝盜泉之水。曾參在勝囚的閭門外，迴轉自己的馬車。他們這樣做，是因爲討厭不祥之名。而陛下賞群臣的東西，既爲貪官貪贓所得，臣也就不敢據爲己有，故此不受。」

漢明帝聽罷感嘆說：

「聽說君子無論何時都能保有自己的品德，朕今天終於看到了。」

俗禮不拘者非僞。

譯文

不受世俗禮教拘束的人絕非虛假的人。

釋評

對虛假的定義，向來是仁者見仁，智者見智的。古時有的君子放浪形骸、不拘小節，在他們心目中，這才是真正的不虛假、真性情，故而我行我素，不忌人言。

但在小人看來，不受世俗禮教約束，卻有另外的含意。小人不守世俗禮教中的禮義廉恥，不從善棄惡，是要為自己開脫、欺騙世人，他們常常把自己打扮成世俗禮教的叛逆者，自詡不虛假，而這些只能是他們的狡辯和欺人之談。

阮籍

三國時期竹林七賢之一。崇奉老莊之學，政治上採取謹慎避禍的態度，不涉是非，明哲保身，平素放浪佯狂，竟於政治風波中得享天年。

事典

阮籍的脫俗

竹林七賢之一的阮籍，外表放蕩不羈，內心卻極爲純潔。他少年時閉門讀書，幾個月都不出家門；登臨山水遊玩，甚至都忘了回家。他行事在別人眼裡顯得怪異，人們便認爲他是傻子，常常譏笑他。

阮籍本家的兄長阮文業卻認爲他是一個奇才，他對別人說：

「你們如果用常人的眼光看他，那就大錯特錯了。一個奇才，一般人怎能輕易看透他呢？他不是有心欺騙你們，他是不由自主啊！」

阮籍後來大名遠播，太尉蔣濟就徵召他，阮籍回覆蔣濟說：

「我卑微淺陋，品德和學識無一堪用，卻蒙大人相召，自知有愧。古代的君子子夏，身居西河，魏文侯親自掃地歡迎他，可謂禮賢之至。鄒衍身處黍谷，燕昭王尊重異常，鄒衍前行，燕昭王的車子不行其前，以示優寵。這些大人物之所以如此，是因爲他們懂得治國之道，可爲己用。我不是子夏、鄒衍，自不敢應召。」

阮籍的回奏讓蔣濟有些生氣，他展示阮籍所書，對手下人說：

「阮籍推託不召，在我看來不過是裝腔作勢罷了。他以古代君子爲比喻，分明是怕我怠慢他啊。」蔣濟於是派士兵前往迎接，禮儀不缺，場面隆重，沒想到阮籍早已離家，到別處躲了起來。鄉親們怕他惹來殺身之禍，紛紛勸他說：

「你不想當官，我們先前還以爲你是口不對心，說說而已，這回我們是眞的信了。不過太尉豈可得罪？爲了你自己的安危，你應付他一下，又有什麼損失呢？」

阮籍無奈上任，和蔣濟在一起時，他卻一言不發。蔣濟一次笑著說：

「君子都是這樣嗎？」

阮籍不卑不亢地道：

「大人認爲如何，自是如何，下官怎敢辯白？」

後來阮籍藉口有病，反覆請求辭官，蔣濟只好讓他回家了。

阮籍杯不離手，每日都要大醉一場。家人勸他自重，他卻一笑置之，口道：

「世事昏亂，我能清醒嗎？只怕我一日不醉，便要說錯話了，你們都要受到連累，這是我最怕的。」

鍾會看不慣阮籍的君子風度，爲了對阮籍安上罪名，他幾次故意就時局大事問他，以便抓住把柄。阮籍每次都勸酒不止，不等鍾會醉倒，他自己早已爛醉如泥了。事後阮籍苦笑說：

「人人說我貪杯放縱，但他們哪知道這其中的好處呢？」

阮籍的母親去世時，他正和別人下著圍棋，聽到噩耗，阮籍堅持把棋下完，不讓對方停下。一等那人走後，阮籍猛飲三斗酒，飲罷號啕大哭，竟吐出幾升血水。母親下葬時，他吃了一個蒸豬肘子，喝了二斗酒，後又吐血嚎哭，其情甚哀。

有人對阮籍的行爲大加指責，說他不遵禮制、不仁不孝。阮籍也不分辯，只說：

「我是我母親的親生兒子，只要母親不怪罪我就好。」

守喪期間，阮籍悲痛欲絕，食不下嚥，瘦成了皮包骨。裴楷前去弔喪，阮籍看著他哭，自己卻沒掉一滴眼淚。有人便對裴楷說：

「弔喪之禮，乃主人先哭，客人才還禮。阮籍無動於衷，你爲何大哭呢？」

裴楷深知阮籍的爲人，他回答說：

「阮籍是眞正的君子，他的舉止不是做給別人看的，我們怎可和他相比呢？他是世外的人，所以不崇奉禮典之教；我們是世俗中人，自然要遵守禮儀了。」

事惡守諾者非信，物異而情易矣。

譯文

侍奉惡人時，嚴守諾言的人並不是眞正誠信的人，針對事物的不同情況要有所變化。

釋評

不墨守陳規，因人而異，是一個人應變時所應遵循的準則。對惡人守信，和惡人講禮，既顯得不通人情，也實無任何必要，只會讓自己吃虧。

應該注意的是，小人嘴上說的惡人，小人所講的應變之道，多是他們肆意誣陷和耍弄陰謀得出的結果，不僅不能輕信，且要認真批駁。小人常把別人歸入到惡人行列，好掩飾自己投機鑽營、反覆無常的可恥。

事典

王鉷的窩裡反

唐玄宗時，楊慎矜不僅才華出眾，而且俊美驚人，玄宗皇帝十分賞識他，授予他御史中丞的高官。面對天大的喜事，楊慎矜卻高興不起來，反而一臉愁苦。楊慎矜的表姪王鉷詢問其緣故，楊慎矜便說出自己的心事：「我是前朝隋煬帝楊廣的玄孫，李林甫專權狠毒，我是怕他藉此誣害我啊。這個官我夢寐以求，可是我若貿然上任，吉凶難料。」

王鉷爲人奸詐，爲了他日能得到楊慎矜的照應，便極力勸說楊慎矜馬上就職，他還出主意說：「李林甫任人唯親，只要叔叔登門拜見，以爲投效，他有何理由害你呢？」

楊慎矜點頭稱妙，於是攜帶重禮，拜見李林甫，他自表忠心說：

「下官早就仰慕大人的威儀，只恨無緣爲大人效力。現在皇上讓我入朝任職，下官便可輔助大人了。大人若有吩咐，下官一定盡心盡力，絕無二心。」

李林甫見他這般識趣，也樂意收爲己用，以壯其勢。他誇獎了楊慎矜幾句，後才直入主題說：「在朝爲官，貴在能知遠知近，心有敬畏。你是個聰明人，相信日後也不會違逆於我，做下不仁不義之事。」有了李林甫的首肯，楊慎矜這才敢走馬上任。他廉潔勤奮，極富理財之能，卻不敢標榜自恃，對李林甫始終小心服侍。

唐玄宗立忠王爲太子後，李林甫因新太子非己所立，對他疑忌不斷，遂想設計除掉太子。他找來楊愼矜說明此事，楊愼矜雖有心拒絕，卻還是屈從李林甫，從頭到尾參與誣告太子一事。

楊愼矜爲此心有愧疚，常常悶悶不樂。王鉷來見他時，楊愼矜向他吐露說：

「我依附李林甫，盡做些傷天害理之事，以致我天天心驚肉跳、良心不安哪。我壯志未酬，卻遭別人的恥笑，這哪裡是君子所爲呢？」

王鉷心中一驚，面上卻說：「叔叔做著高官，無風無浪，這比什麼都好，叔叔何必自責？李林甫得罪不得，依附他的大臣比比皆是，何況我們呢？」

王鉷從楊愼矜府中出來，心中不禁竊喜。他早對楊愼矜的日漸得寵十分嫉妒，這回他終於抓到了把柄，於是馬上向李林甫作了密報，還大言不慚地說：

「楊愼矜這個人原是奸惡之徒，從前我識人不清，這才上了他的賊船。當我聽見他說大人的壞話，立即省悟自己犯了大錯，特向大人請罪。」

李林甫心中惱怒，面上卻是極爲平靜。他讓王鉷監視楊愼矜的一舉一動，還鼓勵他大義滅親。李林甫對他說：「只要爲我眞心做事，是不會吃虧的，你好好幹吧。」

楊愼矜察覺此事後，十分恐懼，爲此常做噩夢。他私下請法師施法驅魔，又依術士之言，每天下朝後戴木枷赤身裸體坐在道場中，以去「妖孽」。

王鉷探知此事，立刻向唐玄宗舉報。李林甫趁機誣陷楊愼矜意圖恢復隋朝江山，暗行妖法。楊愼矜無法自辯，結果被殺，楊家一族也因此被滅。

第九卷 降心卷

以智治人，智窮人背也。伏人懾心，其志無改矣。

上寵者弗明責，上怨者休暗結。術不顯則功成，謀暗用則致勝。君子制於親，親為質自從也。小人畏於烈，奸恆施自敗也。

理不直言，諫非善辯，無嫌乃及焉。情非彰示，事不昭顯，順變乃就焉。

仁堪誅君子，義不滅小人，仁義戒濫也。恩莫棄賢者，威亦施奸惡，恩威戒偏也。

本卷精要

◎君子坦蕩蕩，小人暗器藏；勝敗之數，已然定矣。

◎君子重仁重義，親情濃厚；小人爲了制伏君子，往往在此下手。

◎小人不懼君子，卻害怕比他們還奸險的小人。

◎用更凶險的小人來對付小人，可謂一招妙法。

◎仁義之道對君子之類的人物頗具奇效，對奸惡小人就另當別論了。

以智治人，智窮人背也。

譯文

用智謀管理人們的人，當智謀窮盡的時候人們就會背離他了。

釋評

智謀不是萬能的，管理人們、征服人們更是如此。小人不乏詭計，也不乏通天的本事，到頭來人們還是會背離他、識破他，就證明了這一點。

歷史上善使智謀的人，他們的成功也絕非單憑智謀，他們的人格力量和仁愛之心，同樣是不可或缺的。一個人如果自恃聰明，一味玩弄智計，置其他於不顧，雖可以成功於一時，卻無法立於不敗。

呂不韋
戰國末年秦國大臣，雜家思想代表，為莊襄王之丞相。後輔佐始皇嬴政登基，稱「仲父」，專斷朝政。後因罪畏誅，飲鴆而死。

事典

呂不韋的奇想

呂不韋出生於一個世代經商的家庭，他頭腦聰明，做事果決，繼承祖業後不長時間，就賺得萬貫家私，成爲一個巨富了。

呂不韋並不滿足，他常對家人說：「我們雖錢財無數，但終是個商人而已，又有誰會眞正瞧得起我們呢？大丈夫怎能無權無勢呢？」

呂不韋的家人都怪他白日做夢，貪心不足，他們說：

「如今之世，多少人連飯都吃不著，而我們卻錦衣玉食，做人也不過如此，你就別胡思亂想了。再說，以我們的身份，想要獲得權力，躋身官場，談何容易？」

呂不韋並不灰心，始終在尋找機會。一天，他在邯鄲街頭遇到一個名叫異人的年輕人，當得知異人是秦昭王之孫、安國君之子後，心中怦然而動。安國君有二十餘子，異人排行十八，他的母親夏姬早逝，安國君也不疼愛他，所以才讓他到趙國充當人質。

呂不韋急忙回家，向他父親說：「耕田種地能獲利多少？」

他的父親回答說：「十倍。」

呂不韋又問：「販賣珠玉呢？」

他的父親說獲利百倍。呂不韋再問：「爲一大國選立國君，其利如何？」

他的父親大聲說：「眞能如此，其利無窮啊！」

呂不韋確定了目標，開始絞盡腦汁爲實現目標而籌畫運作。他不惜重金交結異人，引他遊玩宴飲，異人有一次不解地問他說：「我雖是王孫，卻無人看重，你這樣待我，卻是爲何？」

呂不韋花言巧語一番掩飾之後，漸而說到了主題：

「人不可看輕自己，何況你是王孫貴冑呢？我不但同情你的遭遇，還要助你登上大王之位，傲視天下。」

異人感激涕零，後又嘆氣說：

「你的大恩，恐怕我日後難報了。秦國公子眾多，不乏才德之人，大王之位哪裡輪得上我呢？這太不可能了。」

呂不韋早對秦國宮廷多有研究，這時他便鼓勵異人說：

「昭王年過六十，在位時日不多了。安國君繼承王位，他又無嫡子，其子全是庶出，所以你和你的兄弟們都有同樣的機會。安國君最寵愛華陽夫人，華陽夫人沒有子嗣，只要能讓她認你為子，他日為君者就非你莫屬。」

異人聽過驚嘆地說：「你足智多謀，此番高見無人能及。你若辦成此事，他日必當重報。」

呂不韋於是親赴咸陽，用重金買通華陽夫人的弟弟陽泉君，讓他代己進言。一番運作之後，華陽夫人終於同意收異人為子，異人為安國君的繼承人身份也得以確定。

初戰告捷，呂不韋並沒有放下心來。他深知異人是個紈褲子弟，他日取得王位，並不一定知恩圖報。慮及長遠，為了萬無一失，他又花錢買來歌妓舞女趙姬，自己先和她暗結珠胎之後，才把懷孕的趙姬送給異人。呂不韋思忖此舉不僅能討好異人，讓他感恩，也能因趙姬的緣故，得保權勢不失。更精妙的考慮還是在異人死了之後，他和趙姬的腹中之子繼位，自己便是秦國的太上皇了，其地位當永不動搖。

十幾年後，異人當上秦國國王，趙姬封后，呂不韋被封文信侯，官至相國。三年之後，異人去世，呂不韋和趙姬的私生子嬴政即位。

呂不韋的智計全然實現，獨攬秦國大權。令他萬想不到的是，一生耍弄智謀的他最後還是敗於嬴政之手，西元前二三五年，呂不韋被迫自殺。

伏人懾心，其志無改矣。

譯文

降伏人們要懾服他們的心靈，他們的意志就不會改變了。

釋評

攻心術最能摧毀一個人的意志，從根本上征服一個人這一招，歷來被人頻頻使用，其神奇之處廣為人知。

小人對此也是青睞有加，他們在使用大棒同時，往往針對人們心理的恐懼之處極力恐嚇、威脅，在精神上控制住人們。在小人的計算中，讓人們心有畏懼才能真正屈從自己，他們才可高枕無憂，安享其利。

事典

李園的操縱

戰國時期，楚國國王考烈王久不生子，身爲楚國相的春申君黃歇爲考烈王獻上許多美女，考烈王仍不能如願。

此事鬧得天下皆知，趙國人李園卻從中看到了希望，他對自己的妹妹說：

「妳年輕漂亮，考烈王一定會喜歡上妳的。如果妳服侍他，不僅能夠躍上龍門，一步登天，作爲哥哥的我也可得享富貴啊。這是難得的良機，我們不該錯過。」

李園的妹妹貪戀榮華，也不表示反對，她只擔心說：

「如果我和別的女人一樣，懷不了楚王的孩子，也無法獲寵啊。這樣的話，我們的打算不是全然落空了嗎？」

一句話點醒了李園，他於是擱下此念，另尋良計。

一番苦心思量之後，他投奔到春申君門下當了門客。李園的妹妹不知哥哥之意，一次問他說：「當門客能有多大的前程，值得你這麼辛苦地做嗎？」

李園一笑說：「我這樣委屈自己，還是爲了妳啊。」

兄妹二人徹夜長談，李園最後說：

「此計若成，妳我便一夜富貴了，妳一定要按我的話去做。」

一次李園請假探家，故意拖延幾日，春申君問他緣故，李園撒謊說：

「我妹妹貌美驚人，齊國君主不知從何處得知，竟派使臣前來下聘，我招待使臣飲酒，故此延誤。」

春申君心有豔羨，馬上問：「此事成了嗎？」

李園小心說：「一切都在待議之中，並無最後結果。」

春申君竊喜不盡，口道：「如此佳人，我也想見見，不知可否？」

李園連聲言可，不動聲色地讓春申君收其妹妹爲妾。李園的妹妹懷孕之後，李園私下見他妹妹說：

「一切都在我們的計畫之中，下一步才是關鍵。我教給妳的話你一定不要忘記，千萬不可說錯。」

李園的妹妹面現焦慮，似是有疑，李園便安慰她說：

「攻人攻心，那些話句句針對他的心病，他定然就範，妹妹就不要顧慮了。」

一日，春申君和李園的妹妹閒坐，春申君言及群臣對他的敬畏，十分得意地說：

「我爲楚相二十多年，凡事順心，人人畏服，這自是大王垂愛的緣故，也是我勤政功高的原因，我現在是無所憂慮了。」

李園的妹妹藉機道：

「夫君的憂慮不在眼前，卻在以後，難道夫君不知嗎？」

春申君眉頭一皺，不等他再言，李園的妹妹搶先道：

「楚王無子，百年之後必傳位給楚王的兄弟，到了那時，楚王的兄弟還會重用你嗎？聽說夫君對他們多有冒犯之處，平日也不理會，一旦他們之中一人爲王，夫君恐怕大禍臨頭了，怎說無憂呢？」

春申君被說中了心事，一下變得神情緊張。他問計於李園的妹妹，她故作躊躇，後道：「夫君對我恩重如山，爲夫君他日著想，妾也不惜自身了。妾懷身孕，無人知曉，若夫君將我獻給楚王，日後有幸產下一男，當繼爲王，夫君豈不是楚王的親父？如此一來，楚國的一切都爲夫君所有，更無不測之災了。」

春申君久坐無言。李園的妹妹見他目光閃爍不定，心知是李園教她之語發揮了效力。她爲了讓春申君下定決心，又道：

「妾全爲夫君著想，只是胡說，夫君既不懼日後之災，妾也願意和夫君一起赴難。」

她言罷便哭，春申君更心慌意亂了。

春申君忍痛把李園的妹妹送給考烈王。她產下一男，被立爲太子，自己也被封后。李園從此執掌了大權，深受考烈王的寵信。爲了不洩漏這個祕密，李園收買刺客，在考烈王死時，借春申君入宮弔喪之機將他殺死。

上寵者弗明責，上怨者休暗結。

譯文

上司寵信的人不要公開指責他，上司怨恨的人不要私下和他交往。

釋評

凡能贏得上司歡心的事，小人會不遺餘力地去做，同樣，打擊別人、排斥異己，也是小人所熱中的。

小人十分講究在不露聲色之間，既置敵於死地，又不讓上司對自己反感、懷疑自己，這無疑是一道難題，卻難不倒陰險狡猾的小人。

他們不公開指責上司寵信的人，不私下結交上司怨恨的人，其目的就是為了在表面上騙過上司，使其心安。這是他們耍弄花招的前提，在此背景下，他們整人害人不誤，只是換了一種方式而已；只要是他們認為對自己有利的人，縱然上司怨恨，他們也會與之勾結，不過變個模式罷了。

事典

李適之的恐懼

和李林甫同朝爲相的李適之，是唐宗室的後代。李適之宅心仁厚，寬以待人，頗有政績，唐玄宗十分信任他。李林甫看到李適之的威望日增，自感受到了極大威脅，明裡和他交好，暗中卻時刻想除掉他。

一日，李林甫的提議被李適之反對，李林甫表面上聽從，背地裡卻召集同黨，憤恨地對他們說：

「有李適之在朝，我終受掣肘，需設法除去此人。」

同黨議論紛紛，有人便道：

「相爺既有此意，我們聯名彈劾他，不怕皇上不聽。」

又有人說：

「我們人多勢眾，只要一齊鼓譟，李適之想辯都不會有人信他，這有何難呢？」

李林甫老謀深算，聽完眾言，他最後長聲道：

「皇上寵信他，你們進言攻擊只怕沒用。你們是我的人，皇上心有反感，豈會不遷怒於我？這個方法還要重議。」

思慮多時，李林甫終於想出了計策。有次他私下對李適之極盡美言，忽而話題一轉，笑著對李適之說：

「今有一事，對國對民都是天大的喜訊，大人願聽嗎？」

李適之不識李林甫之奸，對他更是缺少防範，於是馬上詢問。李林甫神祕地說：

「華山有金礦，採出來國家便富有了，這不是好事嗎？皇上尚不知此事，我剛得到消息，第一個便告知大人了。」

李適之信以爲眞，遂向玄宗稟明此事。玄宗找來李林甫相詢，李林甫卻說：

「這件事我早就知道。我之所以沒有報告陛下，只是因爲華山乃陛下本命所在，亦是大唐王氣聚集之地，那裡的一草一木都不能擅動，何況採礦呢？這會危及大唐江山啊。我隱瞞不報，正是爲此，不知李適之是何居心。」

玄宗深感李林甫的忠誠，對李適之頓時十分怨怒，他當面斥責了李適之，從此便不再信任他了。李適之事後反省，自覺上了李林甫的大當，可是他又無法自辯，不覺對李林甫的陰險十分恐懼，再不敢小看他了。太子妃之兄韋堅，本和李林甫關係密切，他的妻子乃是李林甫舅爺楚國公姜皎之女。韋堅頭腦簡單，他不知李林甫忌恨李適之，仍是和他來往密切，十分友善。對此，有人便提醒韋堅說：

「李適之和李相爺面和心不和，大人怎能不避嫌疑，和李適之親近呢？李相爺必會怪罪大人。」

韋堅不以爲然，一笑說：

「這是我的私事，李相爺焉能怪罪？他們同朝共事，同爲宰相，我看不出他們之間有什麼過節。」

李林甫果然對韋堅十分怨恨。他指使心腹彈劾韋堅勾結邊將，密謀扶助太子奪權，把韋堅一貶再貶。李適之見李林甫把矛頭又指向了自己，爲求避禍，不等李林甫彈劾，他就自動請辭，結果被免去相位。

李適之離開朝中，仍是每日惶恐，長吁短嘆不止。他的兒子李霅對他說：

「父親主動求退，時下平安無事，爲何還如此愁悶？父親難道還擔心李林甫再害我們？」

李適之悵悵道：

「你是說對了，爲父憂慮，正是爲此啊。從前我不識李林甫的爲人，今既知之，像他這種殺人不過頭點地的小人，什麼事做不出來呢？」

天寶六年（西元七四七年），李林甫爲了剷除後患，假借官吏巡察流放貶官之機，派人殺了韋堅等人，李適之也被逼飲藥自殺。

術不顯則功成，謀暗用則致勝。

譯文

權術不顯露出來就能大功告成，謀略隱密著使用就能取得勝利。

釋評

善使陰謀詭計的人最怕讓人揭穿，一旦把戲敗露，不僅害不了別人，還會對自己帶來麻煩。

小人作為善使陰謀的代表人物，在玩弄陰謀的同時，是十分在意其隱蔽性的。他們千方百計故做好人，明裡一套，暗裡一套。

這就提醒世人，小人不是那種貼上標籤的「東西」，一眼便可看得出來；他們的手段和伎倆，也絕不是眼裡看到的那麼簡單。

他們常以「君子」的身份出現，又以關心你的角度說「心裡話」，這是他們使奸弄詐的「撒手鐧」，不可不防。

事典

狡詐的田悅

田悅是唐代藩鎮的節度使，擁兵自重，割據一方，表面上很重信義，輕財好施，其實這只是他沽名釣譽的手段，一時竟贏得了許多人的擁戴。田悅在境內廣建館舍，禮待讀書人，一些不明其意的部將十分反對，他們面見田悅抗議說：

「我們出生入死，尙得不到讀書人那樣的優待，這太不公平了。讀書人只會舞文弄墨，這在時下混亂之際有何用處？」

田悅爽聲大笑，耐心勸他們說：

「你們都是武夫，你們此次無禮我也不怪罪。要治理好境下，你們大字不識幾個，光靠你們是不成的，所以我只能依靠讀書人。還有更多的原因，說了你們也不懂，而我卻不能不懂啊。」

田悅如此做法，卻是心懷異志使之。他雖外表上裝得對朝廷十分恭順，可是心裡早有造反的打算。不識其奸的讀書人只道田悅尊賢重道，一時匯聚其下的讀書人爲數不少，百姓也紛紛稱讚田悅賢德。

朝廷爲了制約藩鎮勢力膨脹，下令讓田悅的十七萬軍隊裁減四萬人。田悅爲了收買人心，挑撥百姓對朝廷的怨恨，故意用關心的語氣對全體將士說：

「朝廷要裁減兵員，作爲你們的統帥，我捨不得又有什麼辦法呢？我多次請求不裁減你們，可是朝廷就是不准。我知道你們當兵很久了，只靠軍中糧餉養活父母妻兒，你們一旦離開軍營，維持生活都不容易了。」

這樣的「貼心話」從田悅嘴裡吐出，全體將士深爲感動，一時哭聲一片。田悅拿出家產分給大家，讓裁減下來的軍士安心回家，知道此事的人無不感佩田悅。後來田悅起兵反叛朝廷，一次慘敗之後，軍心動搖，田悅爲防兵變，於是又施伎倆，他哭泣著對將士們說：

「我與你們患難與共，不分彼此。時下慘敗，與你們無關，我只有以死謝罪了。我本安心保民，只因朝廷逼迫才無奈起兵，你們現在可以殺死我，用我的人頭去換取富貴。」

將士們感其「眞誠」，紛紛表示誓死效命。田悅又割下自己的頭髮立下重誓，將士們也紛紛斷髮，田悅和他們約爲兄弟。一場隨時可能發生的危機就這樣煙消雲散了。

其後，田悅自稱魏王，以魏州爲大名府。他和另一股叛軍朱滔勾結，相約合力攻打大梁。這時朝廷爲了瓦解叛軍，德宗下詔赦免了田悅的反叛之罪，還恢復了他的官職。田悅猶豫不定，他的謀士許士則就勸他說：

「沒有權謀，就無法應變，而權謀不能讓別人看破，這樣才可成功。朱滔奸詐無比，他這番進軍，明說是和大王共取天下，但實質上他只是利用大王罷了。我們既識破了他的用心，又焉能助他呢？」

田悅點頭道：

「正是這樣，我們以其人之道，還治其人之身，只管推託罷了。」

田悅假意同意起兵相助，朱滔率軍行動之後，催他會合，田悅遂解釋說：

「我答應之事，當照行不誤，無奈事有變故，卻不能抽身了。我軍將士供應困難，疲憊不堪，我安撫他們唯恐不及，又怎敢逼迫他們呢？我敢肯定地說，只要我早上離開魏州，晚上就會發生兵變，這樣的狀況，我只能有負於你了。」

朱滔大怒，恨其出爾反爾，派兵攻打田悅。田悅丟掉了不少地盤，但還是堅守不出。此時，德宗又下詔任命田悅為檢校尚書右僕射，封濟陽郡王，派給事中孔巢父前往宣諭慰勞。田悅見時勢對己不利，馬上換了一副嘴臉，接受朝廷的官職，取消自己的魏王封號。田悅自以為得意，陪孔巢父豪飲不止。田悅的堂弟田緒卻對族人說：

「田悅假仁假義，貿然造反，我們家族險些因他受害。他用金錢收買別人，卻對自家兄弟刻薄寡恩，這樣的陰險無情之人，怎能還活在世上？」

夜裡田緒帶人翻牆進入田悅府中，將喝得爛醉如泥的田悅親手斬殺。

君子制於親，親爲質自從也。

譯文

君子會被他們的親人所制約，把君子的親人當人質他們自然就服從了。

釋評

君子重仁重義，親情濃厚，卑鄙的小人為了制伏君子，往往自此下手。他們把君子的親人當人質作為要脅，這一毒招比什麼都能讓君子心痛、顧忌重重。

歷史上因此緣故受制於小人的不乏其人，他們不愛名、不愛錢、不愛官、不愛色，卻不能不替親人的安危著想。小人正是利用這一點，毫無人性地施展其陰謀。

郭子儀

唐朝名將，武舉出身，戎馬一生，屢建奇功，八十四歲方告別沙場。他「權傾天下而朝不忌，功蓋一代而主不疑」，享有極高的威望和聲譽。

事典

郭子儀的「懦弱」

郭子儀是唐代的名將，功高無比，正氣凜然。他帶兵平定安史之亂，擊退吐蕃的入侵，唐肅宗曾親自對他說：

「國家能夠重建，都是你的功勞啊。」

這樣一位大功臣，卻時刻受到朝中奸人進讒，屢遭陷害。令人不解的是，郭子儀每次都沒有表示出怨恨，相反卻是極力自責。他手下的將士認爲他太儒弱了，不少人自報奮勇要替他除奸，更有人對他說：

「元帥統領大軍，強敵無不喪膽，卻怎麼任由朝中小人誣害？那些傢伙手無縛雞之力，元帥還怕鬥不過他們嗎？」

郭子儀每次都訓斥他們說：「我乃統兵元帥，最忌分心他顧，讓敵人有機可乘。何況有人說幾句閒話，那也是歷來常有的事，有什麼可奇怪的呢？或許是我眞的有失，也怪不得別人。你們只管安心帶兵，如果再進此言，必軍法從事。」

他這樣說，不瞭解他的人更認爲他儒弱了，對朝中奸人不禁更爲仇恨。

有一次，郭子儀的心腹大將和他私談此事，憤憤不平之色溢於言表。郭子儀長嘆數聲後，無奈道：

「人人以爲我儒弱，不敢和朝中奸人抗辯，但他們哪知我的隱憂啊。我子孫滿堂，一家大小都在京師，我常年出征在外，無暇顧及家人，他們無異是朝中奸人手中的人質，我敢輕舉妄動嗎？朝中奸人是什麼事都能做得出來的，只要不涉及國家大事，我個人受點委屈又算得了什麼呢？」

魚朝恩一向忌恨郭子儀的大功，多次在肅宗面前詆毀他。魚朝恩的死黨擔心郭子儀手握重兵，會行報復之事，於是反覆勸說魚朝恩道：

「大人雖位高權重，可是終敵不過郭子儀手下的幾十萬大軍啊。一旦他被大人逼急了，起兵討伐，那該如何是好？此事凶險，大人還是愼重爲好。」

魚朝恩冷冷一笑說：「此環節我早已考慮過，不必擔憂，郭子儀仁孝，他的家人全在我的掌控之中，量他也不敢草率行事。」

一次郭子儀兵敗，魚朝恩借機再進讒言，肅宗於是把郭子儀召回朝廷，改任閒散官職。人人都爲郭子儀鳴不平，郭子儀卻痛快地交出兵權，毫無怨言。

後來郭子儀又被起用，在靈州打敗吐蕃軍後，威望更高。魚朝恩惱羞成怒，竟派人掘了郭子儀父親的墳，以洩其憤。

聽到這個噩耗，郭子儀暗中大哭，面上卻只作不知。回朝之後，他的家人也痛哭失聲，只盼他報此大仇。他的兒子哭著說：

「父親只知忍讓，卻落得個讓人掘墳的結果，天下人都會嘲笑我們的。這次我豁出命來，也要取奸人的命。」

郭子儀亦流淚道：

「皇上寵信奸佞，忠言難進哪。奸佞挖我祖墳，他這是在激我衝動從事，以行其奸計，我們怎能上當呢？奸佞多行不義必自斃，我隱忍不發，雖是爲了國家大局著想，但也是擔心你們受害啊！」

他強壓怒火，見到代宗時更壓根不提及此事。代宗過意不去，就此事向郭子儀表示慰問，郭子儀卻說：「我領兵在外，禁止不了軍兵搗毀他人的墳墓，常有愧疚，自認失職。現在我的祖墳被掘，非是人爲，卻是上天對我的懲罰，我能怪誰呢？」

郭子儀有八個兒子、七個女婿，都在朝中爲官，擔任要職。他的幾十個孫子，問安之時，他竟不能一一叫出名字。他最後高壽而終，備極哀榮。

小人畏於烈，奸恆施自敗也。

譯文

小人畏懼比他更厲害的對手，長久地對小人施用奸計他們自然會落敗。

釋評

俗話說「惡人還得惡人磨」，小人不懼君子，卻害怕比他們還奸險的小人。

小人以陰謀、無恥令君子防不勝防，卻奈何不了比他們更狡詐、更陰損的小人。他們狗咬狗的火拚和廝殺，鬥的就是一股狠勁和毒味，是沒有絲毫正義性可言的。

人們知道此節，在適當的時候也可利用小人這個「弱點」，用最凶險的小人來對付小人，亦可謂一招妙法。

鄭厲公

春秋時期鄭國國君，鄭莊公次子，姓姬，名突。善謀而奮進，於權位之爭中勝出，在鄭國衰微之際力挽狂瀾，整肅內政，延展外交，數年而強，為一代明君。

事典

鄭厲公的許諾

春秋時期，鄭國的厲公在位之時，傅瑕身爲大夫，對鄭厲公極盡奉承，從無片言違逆。鄭厲公十分信任他，把他視爲自己的心腹之臣。

當時祭仲把持朝政，專斷橫行，甚至不把鄭厲公放在眼裡。鄭厲公表面忍耐，暗中卻念念不忘要把祭仲剷除。

鄭厲公召集心腹商量除奸大事時，有人便勸鄭厲公說：

「傅瑕表面仁厚，實則奸詐，主公不能太信任他了。如果我們商量的大事被傅瑕洩漏，不但除奸不成，反有災害。」

鄭厲公並沒能聽從別人的勸諫，仍把傅瑕視爲親信，有事便和他商議。祭仲察覺此事，直接來到傅瑕府中，開口便說：

「你是個聰明人，怎麼盡做糊塗之事呢？你就全招了吧。」

不等傅瑕辯白，祭仲又說：

「我知道你和主公在謀劃於我，可這對你有什麼好處？你無非爲了榮華富貴而已，與其和主公做那必敗之事，何如和我穩保權力不失呢？」

祭仲並不知曉鄭厲公有何計畫，他這麼說，只是詐弄傅瑕罷了。傅瑕深知祭仲勢大，立刻就出賣了鄭厲公，他不僅將鄭厲公所有打算一一說出，還陰損地出主意說：

「大人不殺主公，主公卻要殺你，怪不得大人不義了。此事應快些辦，否則大人就占不了先機了。」

鄭厲公沒料到傅瑕會出賣自己，幸虧有人報信，才得以逃往蔡國避難，免遭祭仲毒手。

十八年後，鄭厲公在齊桓公幫助下，率軍進攻鄭國，志在復國。在大陵和鄭軍交戰中，傅瑕竟被俘獲了。鄭厲公聽到這個消息高興異常，他對部下說：

「十八年來，我受盡淒苦，日夜反省，最後我對自己說：『我之所以如此，都是因爲信任傅瑕這個奸惡小人所致。』我待傅瑕極厚，他卻恩將仇報，這個傢伙現落入我手，我定要將他碎屍萬段。」

鄭厲公見到被俘的傅瑕，怒火不可遏制。傅瑕不敢正眼看他，卻央求道：

「主公復國事大，若是饒了臣一命，臣定將君主子儀的人頭提來。」

鄭厲公冷聲一笑，口道：

「你爲求活命，竟又這般騙我，難道我還能相信你這個無恥小人嗎？」

傅瑕連連磕頭說：

「臣從前所爲，也是被逼無奈，臣再也不敢了。如今鄭國叔詹掌權，我和他相交莫逆，若主公放我回去，我和叔詹聯手，大事必成。何況主公殺我，也只是洩了一時之憤，對復國並無絲毫益處。主公爲了大業，也不該殺我。」

鄭厲公沉吟多時，命人將傅瑕暫時關押。鄭厲公手下見其猶豫，勸諫他說：

「小人之言，向來不可輕信。主公若是有心放了傅瑕，我等誓死上諫。」

鄭厲公沉默無言，許久方道：

「我離國日久，新君子儀也不是善類，此次復國，我並無十分把握。傅瑕的話倒提醒了我，做大事的人，怎能逞一時之快呢？我想放傅瑕回去，讓傅瑕去對付子儀，做我們的內應，這樣復國必無閃失。」

鄭厲公的手下都搖頭，鄭厲公見之一笑，又解釋說：

「小人並不難猜測，只要你知道他是小人。他們最重利益，善於賣身投靠，如今傅瑕見子儀不保，我方勢大，爲了他自己的富貴他也會幫我的，這一點你們不要懷疑了。」

於是鄭厲公把傅瑕放出，以禮待之，和他訂立盟約，還許諾說：

「你回去若能除掉子儀，當是奇功一件，我不但重重有賞，還要讓你主持政務，絕不食言。」

傅瑕歡天喜地而去，他回到鄭都，便和叔詹謀劃殺死子儀，迎立鄭厲公。二人把子儀騙上城樓，傅瑕趁子儀不備，從背後下手，一刀便結果了子儀的性命。鄭厲公復國成功，第一件事就是把傅瑕殺死，他說：

「我先前饒他不死，只是利用他對付子儀罷了。此人陰毒無比，毫無廉恥，這樣的敗類死有餘辜啊！」

理不直言，
諫非善辯，
無嫌乃及焉。

譯文

道理不可以直接說出，勸諫不可以玩弄辭令，沒有說客的嫌疑才能達到目的。

釋評

說話的藝術在任何時候都十分重要，想要真正說服別人，只知實話實說是不夠的。

在這方面，最忌諱的就是所謂說客，不管他們的動機如何，人們總是對他們心存芥蒂；有此心理障礙，人們自然很難接受他們的勸告了。

君子和小人都十分重視說話的方式方法，也都有許多經驗可以借鑑，其中最重要的是，他們都能巧妙地避開說客的嫌疑，在不知不覺中讓人感受到他們的誠意。

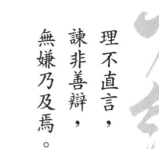

馮唐

漢代大臣，賢能之士。五十餘歲方以孝廉任中郎署長，侍文帝。武帝即位，欲以馮唐為官，然已年過九十，遂以子代之。

事典

順水推舟的馮唐

魏尙是漢文帝時的雲中太守，他爲官清正，辦事無私，是個難得的好官。

魏尙所在之地，屢受匈奴襲擾，魏尙便發動軍民，積極備戰，每次都讓匈奴撿不到什麼便宜。有一次，在抵禦匈奴入侵的戰鬥過後，由於清點者一時馬虎，魏尙在上報斬殺匈奴兵首級數時多報了六個，和魏尙有隙的官員趁機向文帝報告實情。文帝認爲魏尙冒功欺君，不僅免去他的太守之職，還命人繼續調查，深究治罪。朝中正義之士爲魏尙感到不平，他們便向文帝求情說：

「魏尙一向公正無私，勤政愛民，說他弄假貪功實在讓人無法相信。何況戰鬥過後，清點有誤也是情有可原，這樣便治他的罪太讓天下人寒心了，懇請陛下收回成命。」

漢文帝一聽便怒，他斥責說：

「此事無虛，難道是朕冤枉了他不成？今天他多報六個，明天他就會多報百個，此人欺君之心，豈可預料？你們再爲他進言，就是和他同黨，朕一併治罪。」

漢文帝如此說法，朝臣自知救他無望，一時只有哀嘆。

郎署長馮唐同情魏尙的遭遇，並沒有放棄努力。與衆不同的是，他並沒有去向文帝直諫，只是常常就公事求見文帝，又故意和文帝攀談。有人不明所以，問他說：

「你頻頻求見皇上，卻一言不提魏尙之事，太不仗義了，你總該說幾句吧？」

馮唐一嘆說：

「我這麼做，正是爲了魏尙之事。皇上認定魏尙貪功，如果硬和皇上爭辯，皇上氣上加氣，再好的道理又有何用？我只想找個時機，借皇上的話題說出我言，這才能奏效啊。」

有一天，馮唐又和文帝相見，文帝隨口問他說：「你是哪裡人氏？」

馮唐回答說：「臣是趙國人。」

文帝聽罷，信口道：

「從前趙國大將李齊英勇善戰，敵人聞風喪膽，十分了不起啊。」

馮唐輕輕搖頭說：「李齊雖勇猛不凡，可是他終比不上廉頗和李牧有名。」

文帝重聲一嘆，傷心道：

「朕深爲匈奴煩心，今日若有廉頗、李牧之將，朕當無憂了。」

馮唐心中一動，馬上說：

「廉頗、李牧之將未必沒有，只怕陛下縱是得到，也不一定會重用啊！」

文帝一驚，馮唐隨後續道：

「臣只是說說而已，陛下若要怪罪，請容臣把話說完。」

文帝深知馮唐做事穩重，今作唐突之語必有緣故，於是他平聲說：

「只要你說的有理，朕絕不怪罪。」

馮唐於是說：

「古時帝王派將出征，沒有不信任他們的。爲了讓他們捨生殺敵，無所顧慮，古時帝王總是對他們說：『大門以內的事我管，大門以外的事由將軍負責。』古時帝王這麼做，是因爲他們知道，軍隊裡不能沒有將領的權威，否則就不能戰勝敵人。李牧在趙國爲將時，所在地的租稅都歸他一人所有，趙王並不怪罪他，李牧的才能由此得以施展，趙國也因此不受欺侮，爲世所重。」

馮唐說到此處，見文帝聽得入神，一時鼓足了勇氣，直奔主題說：

「說到李牧，臣就不能不提到魏尚了。魏尚君子風範，人所共知，他做雲中太守，所收租稅全部用來供養士卒，自己分毫不貪。有他在，士卒效命，匈奴懼怕。如今陛下只因六個首級的失誤，削其官爵，下獄治罪，因此我才說縱是廉頗、李牧再生，陛下也未必肯用啊。」

漢文帝直視馮唐，忽作一笑，遂讓馮唐傳令，不再追究此事，魏尚官復原職，仍任雲中太守。

情非彰示，事不昭顯，順變乃就焉。

譯文

情感不可以外露，事情不可以公開，順應變化才能有所成就。

釋評

變化是無處不在、無時不有的。認知到這一點，如何應變，如何在變故中立於不敗，就是每個人必須要考慮的課題。

把情感深藏起來，把事情搞得神祕，不僅會讓自己處於一種模糊狀態，還能保持彈性，以便隨時順應變化，時刻都能收攬人心。小人最是偏好此道，他們縱使吃點小虧，有所捨棄，也要為了更大的目的而拚命掩飾動機，以適應變化的形勢。

扭轉局面的述律平

大遼皇帝耶律阿保機死後，皇后述律平爲了另立太子，欲剷除支持原太子的大臣，她深知此事不能明說，需有一個適當的理由，於是在耶律阿保機入土前，把十名近臣召到面前，對他們說：

「先皇和你們情同手足，你們也爲國家立有大功。先皇在世時凡事都和你們商議，一日都離不得，可見先皇對你們的依賴之深。我本想重用你們重振基業、整頓朝綱，但這只是我的私心，先皇在天之靈必定不允。先皇比我更需要你們輔佐，我不能因一己之私而讓先皇孤單寂寞啊！」

契丹人深信鬼神之說，述律平以此做幌，雖然人人明白她的眞意，卻無法駁辯，一時個個驚悸。十名近臣更是瞠目結舌、猝不及防。

十名近臣之中，有一個叫趙思溫的人鎮靜下來，忽發重聲說：「臣有話要說。」

述律平見他開口，只道：「有事快奏，莫非你不願侍奉先皇？」

趙思溫走到述律平近前，大聲說：

「先皇對臣有大恩，早思報效。今日皇后懿旨，正合臣的心意，臣焉有不願之理？」

述律平聽他之言，放下心來，她故作悲情道：

「你的忠心可嘉可勉，你安心去吧，想必先皇也會讚你忠義。」

趙思溫一臉平和，腳下卻是紋風不動，他又說：

「先皇和皇后恩愛，世人皆知，萬眾稱頌。皇后和先皇南征北戰，同甘共苦，乃是患難夫妻，此中深情更是無人可比，人所崇敬。以此論斷，與先皇最親最近的人，非皇后莫屬，我等臣子尚且甘願侍奉先皇於地下，皇后更該不落人後，追隨先皇而去了。」

趙思溫說得句句有理，無懈可擊，逑律平心中恨罵，也被這突來的變故搞得不知所措。她定下心來，隨即掩面大哭，後道：「你說的不錯，我何嘗不願於地下服侍先皇呢？先皇創業艱難，征戰無數，才打下這大好江山，如今天下無主，我若撒手不管，豈不讓先皇的基業一日廢棄？我想這麼做，先皇也會怪我不識大體啊！此事實在兩難，我有什麼辦法呢？」

群臣聽她之言，心中難服，面上皆露狐疑之情。逑律平偷視眾人，心知此事若沒有一個好的應對，是無法收場了。她雖不惜殺伐，可是眾人終不能殺盡，不把他們矇騙過去，對自己駕馭他們當是不利。

逑律平頭腦飛轉，思量應變之策。她暗暗咬牙，一下抽出身邊侍衛身上的佩刀，刀光一閃，但見逑律平已將自己的右腕剁下，鮮血四濺。眾人驚駭不已，又聽逑律平顫聲說：「我恨不能陪先皇於地下，卻也不能有違恩義之道。請將我的斷腕置入梓宮之中，以示殉葬之意。」

眾人見她淚如雨下，斷腕刺目，一時都被震懾住了，無人再提出異議。雖怨她意圖殺戮大臣，此時也怒氣漸消。逑律平扭轉了不利局面，地位變得更加牢固。

仁堪誅君子，義不滅小人，仁義戒濫也。

譯文

仁德可以誅殺君子，義氣不能滅掉小人，仁義當戒除濫施。

釋評

用行仁施義的方法來收服人心，是許多人慣用的手段。在仁義的感召之下，效果是顯著的，也是頗能打動人心的。但凡事沒有絕對，任何方法也不是萬能的。

事實上，仁義之法對君子頗具奇效，對奸惡小人就另當別論了。如果對他們濫施仁義，一味勸善，不僅達不到收服他們的目的，反而會使之更添憎恨，並贏得喘息之機，進而實行反攻倒算。

劉邦

沛縣人，秦末於沛起兵，西元前二〇七年，率先攻入咸陽，封漢王。與關中父老約法三章，遂坐穩了漢中，實力得以壯大。後擊敗霸王項羽，於西元前二〇二年稱帝。劉邦在位八年，後世多稱其為漢高祖。

事典

賞罰有異的劉邦

劉邦奪取天下之後，謀士張良多次勸諫他說：

「有功行賞，有罪施罰，這是收取人心的重要手段。但事情也有變通的時候，不能一成不變，更不能限於私人恩怨。如今陛下貴爲天子，做一些樣子給天下人看，縱是違反陛下心意的事，也要適時地做，這樣才能不爲天下人非議。」

劉邦聽從了張良的勸諫，封賞了他怨恨的人，人們十分嘆服，人心也日漸安定。

大將季布是項羽的手下，劉邦公開懸賞緝拿他。季布投奔到好友周氏那裡，周氏怕招來滅族之禍，便把季布剃光頭髮，戴上枷鎖，打扮成一個刑徒模樣，「賣」給魯地的大俠朱家。

朱家心知季布的眞實身份，出於仗義，不僅沒把他獻給朝廷，還上洛陽找到夏侯嬰，讓他代爲疏通，請劉邦赦免季布。夏侯嬰深覺此事難辦，他推託說：

「你仁義無比，竟肯解救一個通緝重犯，讓人欽佩。但如此一來，若是皇上怪罪下來，你就要大禍臨頭了。此事風險太大，我也不敢向皇上求情啊。」

朱家說：

「各爲其主，不叛項羽，這也算是季布的忠了。這樣的人天下還有很多，難道皇上都要殺光嗎？項羽既滅，皇上爲何不能憐其忠誠，饒了他呢？假如皇上以仁對之，以季布的君子爲人，他必死心塌地爲皇上效命，這總比逼迫他投奔敵國要好。」

夏侯嬰於是答應下來。有一次，他私下求見劉邦，言明季布之事，還說：

「季布勇猛無敵，重信重義，失去他實在可惜，陛下天下初定，尙是用人之際，如果赦他無罪，天下人更會讚頌陛下的廣闊胸襟，我朝亦可得一良將了。」

劉邦聽之一笑，思之再三，他不僅赦免了季布，還授他以郎中之職，此事傳出，劉邦的美名人人稱道。

季布有一同母異父的弟弟，名叫丁公。他先前也是項羽手下的將領，今聽到季布無罪授官，羨慕至極，逢人便說：

「季布都有高官得做，何況我呢？」

有人問他說：

「你這樣自信，莫非有什麼大功嗎？」

丁公得意地說：

「當年皇上彭城戰敗，我有意將他放掉逃生，對皇上有救命恩情，這個大功是無人能比的。季布自然趕不上我了。」

丁公趕緊收拾行裝，準備進京向劉邦求官。人們都說丁公一定能如願以償，獨有一個老者搖頭說：

「丁公當年身爲楚將，卻背叛項羽，私放皇上，這是小人之舉啊。皇上當時或許感念其恩，可是如今他爲了樹立威望，不見得會重用這樣的小人了，搞不好，丁公此次前去，是禍不是福啊！」

丁公見到劉邦後，劉邦卻對他十分冷淡，不正眼看他。丁公心中忐忑，連聲說：

「當年彭城脫險，陛下可還記得？」

劉邦立刻大怒，口道：

「提起此事，我倒記起當年那個背主徇私的小人了。你不忠不義，今又厚顏無恥，我不殺你何以服眾？難道我讓天下人效仿你的行徑，都做個奸惡之徒？」

丁公於是被殺。劉邦對群臣說：

「我殺丁公，就是要讓天下人知道背主的下場。人們或說我不念恩義，可是對付似丁公這樣的小人之輩，有何義氣可講呢？」

恩莫棄賢者，
威亦施奸惡，
恩威戒偏也。

譯文

恩惠不要忘了給賢德的人，威嚴要加在奸惡者的身上，恩威應戒除偏執。

釋評

恩威的運用在征服人心上有著不小的作用。對賢者施以恩惠，賢者感恩圖報的效果十分顯著，此節人人樂為。

而以威嚴對付小人，厲聲厲色，就不是人人敢為的了。其實，對小人不能一味避而遠之，小人並非那麼可怕，他們外強中乾，內心虛弱得很，只要方法得當，義正詞嚴，擊中要害，他們便囂張不起來，也不得不低頭了。

陸賈

漢初思想家，政治家。隨劉邦平定天下，口才極佳，有安邦之才。兩朝為官，在漢初政治中貢獻卓著。

事典

陸賈的下馬威

秦末，陳勝、吳廣發動起義後，中原大亂，兵禍連連。當時南海郡的郡尉任囂有病在身，不能理事，他便把龍川縣令趙佗召來，對他交代說：

「亂世之秋，我們當自保應變，我們南粵地處僻壤，無有禍亂，這是天祐我們。我死之後，你可承接此位，阻斷北面通道，不可輕涉戰亂。」

任囂不久病死，趙佗於是接掌大權，他派兵將把守邊防，阻斷北面要道，以拒朝廷，又把原有縣令一律撤職，換上自己的親信，建立了自己的獨立王國。

漢朝建立後，劉邦不能容忍趙佗的獨立，他召集群臣說：

「天下本是統一，但眼下趙佗卻仍稱王南粵，這是必須要改變的。時下戰亂初平，我不想妄動刀兵，只要趙佗稱臣，歸附我朝，他仍可鎮守南粵。」

群臣有的便上諫說：

「趙佗傲慢無禮、妄自尊大，招降他只怕是件難事。陛下當派一得力之士前去，否則恐生變故，於事無濟。」

劉邦於是把謀士陸賈召來，讓他趕赴南粵，他強調說：

「招撫趙佗，必對他曉以利害，促其省悟。你此番前往責任重大，凡事要隨機應變，愼重從事。」

陸賈說：

「山高路遠，只要無違陛下本意，臣就要便宜從事了。如有不妥之處，還請陛下莫要怪罪。」

陸賈帶著朝廷封趙佗爲南粵王的印綬，日夜趕路，好不容易才到達了南粵。趙佗對陸賈的到來並不看重，十分隨便地接見了陸賈，頭不戴冠，毫無禮儀可言。

趙佗的輕慢，令陸賈改變了他當初欲好言規勸的初衷。他心知必須在氣勢上壓倒此人，不讓他使性弄狂，非此就難以進言。

陸賈主意打定，也作出無禮之狀，聲色俱厲地說：

「足下舉止輕狂，眞和蠻夷無異了。我乃天朝派來的使臣，帶著皇上對足下的封賞，足下非但不感恩，不以禮相待，還故作狂妄之態，這是足下該做的嗎？足下此舉，無非是要和天朝對立，這更令人感到可笑之至了。如今天子乃天命所歸，平定強秦，攻滅項羽，掃平諸強，和天對抗者無不身死族滅，難道足下也自不量力，要步他們的後塵嗎？足下也是中原人士，祖墳皆在中土，朝廷禮儀不能說不知，可是足下妄自稱大，萬一惹惱了天子，大軍一到，您還能安然無事嗎？」

趙佗不料此節，又被陸賈的話所震懾，立刻起身謝罪說：

「久處蠻荒之地，我不知禮儀，還請見諒。」

趙佗道歉後，陸賈見他有所收斂，便語氣稍緩道：

「知錯能改，善莫大焉。」

說到正題，趙佗的狂妄本性又流露了出來，他竟當面問陸賈說：

「我勤政愛民，保全南粵之地，功勞自是甚大，卻不知和皇上相比如何？」

陸賈一聽便氣，正直駁斥說：

「天子世之罕有，足下偏居一隅，不過是大漢的一個郡而已，哪裡能和天子相較呢？」

趙佗自此不敢張狂，對陸賈畢恭畢敬。陸賈曉以大義，誠心勸他歸漢。最後，趙佗自願俯首稱臣。

第十卷 揣知卷

善察者知人，善思者知心。知人不懼，知心堪御。知不示人，示人者禍也。密而測之，人忌處解矣。君子惑於微，不惑於大。小人慮於近，不慮於遠。設疑而惑，真僞可鑑焉。附貴而緣，殃禍可避焉。結左右以觀情，無不知也。置險難以絕念，無不破哉。

◎小人揣摩心意的本領極高，他們許多看似隨意的舉動，卻往往是精心策劃的結果。

◎主子與小人的關係是各取所需的關係。

◎把君子的隱忍當做軟弱可欺，就說明了小人的短視。

◎小人時刻都在揣摩變化的形勢，進而決定是進攻還是安排退路。

◎對上位者的人身依附關係，是產生小人的沃土。

善察者知人，善思者知心。

譯文

善於觀察的人能瞭解別人的優劣，善於思考的人能知道別人的心意。

釋評

揣摩的功夫歷來是小人所擅長的，也是他們能屢屢獲寵的重要憑仗。

小人這方面的才能不該小看，他們不僅觀察細緻入微，思考問題也是十分深入，對人性的瞭解更是入木三分，因此才能有針對性的「言語得體、舉止適當」，並以此來討取別人的歡心。

小人很能掩藏自己的想法，暗自揣摩心意的本事更大，這一切都在悄悄地進行著，看似隨意，卻往往是精心策劃的結果。

事典

「善解人意」的哈麻

哈麻是元朝末年的奸臣，他才疏學淺，又屬於第二等的色目人，之所以爬上高位，完全得力於他揣摩人意的本領。

哈麻的母親是元寧宗懿璘質班的乳母，靠著這層關係，哈麻與皇族才有一些來往。元寧宗即位僅五十三天就死了，元順帝繼位後便招他入宮充當宿衛。

哈麻為人機詐，城府很深，他知道這是一個向上爬的大好時機，於是對同是宿衛的弟弟雪雪說：

「我們兄弟在皇上身邊當差，不是馬上可以高升的。如果我們不事事用心，結果只能錯失良機。」

雪雪粗直無心，他自足道：

「身為宮中宿衛，這已是別人想都不敢想的榮耀了，還圖什麼呢？我沒有你那麼多心眼，不過我要提醒你，我們不是蒙古人，皇上是不會重用我們的。」

哈麻能言善辯，心思縝密，他利用當宿衛的機會，仔細觀察元順帝的一舉一動，常常思考應對之道。元順帝喜歡什麼，他就說什麼；元順帝不喜歡的事，他從來不提。在元順帝眼裡，哈麻的乖巧使他留下深刻的印象，他不知不覺喜歡上了哈麻，於是不斷提拔他，不久就讓他當了殿中侍御史。

初步得手，哈麻並沒有大意。他深知想要進一步贏得元順帝的歡心，必須時刻抓住元順帝的心意，讓他感到不能離開自己。

元順帝喜歡玩雙陸遊戲，一般人都不是他的對手。哈麻見狀，遂常常把自己關在房中苦心鑽研此術，弟弟雪雪見他不務正業，責怪他說：

「你僥倖得官，便不知天高地厚了，你天天玩這個遊戲，有何用處呢？」

哈麻小聲對弟弟說：

「此中用處大了，似你粗心之人，哪裡知曉呢？皇上沉迷於此，我若學會此技和皇上對弈，勝負隨心，皇上能不賞識我嗎？做皇上的玩伴才是最親密的，公事上的交往誰不會？那自然無足輕重。」

哈麻技藝練成，便和順帝過招。順帝開始並不以他為意，哈麻於是連連贏他。幾番較量，元順帝又驚又喜，自以為找到了對手，接二連三地召他玩耍。

日子一久，二人成了「玩友」，高興時，元順帝也忘了自己的皇帝身份，哈麻也無拘無束。有一次哈麻和元順帝玩過雙陸遊戲之後，哈麻的弟弟雪雪向他說：

「昨日你一場未贏，輸得很慘，今日為何場場取勝，讓皇上難堪呢？」

哈麻自負一笑說：

「看似遊戲，非遊戲也。昨日皇上不喜，爲了讓皇上高興，我只能輸了。今日皇上心情愉悅，我贏他只會讓他心底發癢，不僅不會怪我不識趣，反而會認爲我技高心誠，不故意作巧。如此一來，皇上怎會不寵愛我呢？」

當時脫脫爲相，權大位尊，哈麻也不忘討好他。他苦思冥想，不知如何應對脫脫，於是派人了解脫脫的喜好，最後才決定改變策略，不只當面恭維他。

一日，他帶著託人寫成的治國之策去拜見脫脫，極力恭維脫脫的功績之後，哈麻掏出治國之策雙手呈上，口道：

「丞相爲國操勞、披肝瀝膽，此舉感召世人，下官自愧難已。今受丞相激勵，草擬治國之策獻上，懇請丞相教誨。」

脫脫改革舊制，極重人才，素以「賢相」自居，哈麻今上治國之策，就是他多日揣摩之果。果然，哈麻的投其所好讓脫脫對他另眼相看，一下就喜歡上了他。

有了元順帝和脫脫的「關愛」，哈麻官運亨通，聲勢日隆。

知人不懼，知心堪御。

譯文

瞭解別人就不會懼怕他，掌握別人的心意就可以駕馭他。

釋評

小人做事的標準是自私自利的，他們不惜氣力、花大工夫揣摩別人的心意，目的只是為了駕馭他人，為其所用。

這一點當局者迷，他們總是陶醉在小人的甜言蜜語中，自以為小人為其驅使，孰不知小人正是利用當局者的錯覺，牽著他們的鼻子走，好遂行自己之私。

元世祖

忽必烈，成吉思汗之孫，元朝創始皇帝。一生征戰，平定蒙古，征服南宋，並曾發動對中南半島、日本及爪哇的戰爭。在位三十五年。八十歲病逝。

事典

嗜財貪利的忽必烈

元世祖忽必烈是一個有作爲的皇帝，他推行漢法，重用漢族官吏，又依漢制設官建構，進而滅掉南宋，統一了全國。

由於連年戰爭，國庫日漸空虛，忽必烈漸漸變得嗜財貪利起來。他對掌管財政的大臣十分不滿，常常訓斥說：

「國家用度日拙，財源日縮，這難道不是你們的責任嗎？」

掌管財政的大臣啓奏說：

「臣等徵稅收賦，未敢稍怠，怎奈民窮兵多，開支浩大，故而拮据。」

忽必烈不相信他們的說法，卻在思量撤掉他們，另用能人。一二六二年，山東益都行省長官、江淮大都督漢人李璮發動兵變，李璮失敗後，忽必烈對漢人疑心加劇，開始重用西域人。在此背景下，西域人阿合馬被委任爲中書左右部兼諸路都轉運使，主管財政。

阿合馬擔此要職，別人並不忌羨，有人還對他說：

「大人升任此職，卻是個苦差啊。前任大臣屢遭訓斥，大人有何妙法讓皇上滿意呢？」

阿合馬一笑說：

「天下之大，還怕無錢可徵？那些人太無能了，皇上用我當是用對人了。」

阿合馬於是面見忽必烈，上奏說：

「當今之計，只有廣開財源，才能解決財政的困難，爲此臣已有良策，還望陛下批准。」

忽必烈日夜爲錢煩心，今聽阿合馬之言，頓時一振，他說：

「卿有良策，儘管講來。」

阿合馬摸透了忽必烈的貪利心理，這時他直言說：

「非常之秋，當用非常之策。眼下用度浩繁，陛下也不必拘泥稅賦之制了。只要加徵賦稅，多設名目，錢財自來。臣只擔心此舉讓人非議，還請陛下爲臣做主。」

忽必烈久思不語，後道：

「天下安定十分重要，只要不違此道，你就放手做吧，朕自會爲你做主。」

阿合馬獲此諭旨，開始放膽暴斂。他除了加徵稅以外，又使了兩個毒招。其一，壟斷冶鐵業。他把原屬民營的冶鐵戶統一管理，由朝廷控制，發給冶鐵戶「宣牌」。每年產鐵一百零三萬七千斤，全由官府製成農具二十萬件，高價賣給農民使用。阿合馬爲貪暴利，指使官府粗製濫造，質量低劣的農具無人願買，阿合馬就命官府強行分配，違者以罪論處，一時百姓怨聲載道。其二，增加鹽稅。無論僧、道、軍、民戶，一律不得免稅。

阿合馬的舉措不得人心，他的家人見人們都痛恨他，便勸他說：

「爲皇上辦事，雖要用心，但也不至於讓天下人怪怨你啊。從前的理財大臣不這樣做，你爲什麼不學他們呢？」阿合馬回答說：

「他們不做，是他們愚昧，我爲何要學他們？皇上只看重多收錢財，這點心意爲臣者不能體會，還有好下場嗎？我收不到錢皇上一定怪我，怎麼做他就懶得問了，這才是問題的關鍵。」

阿合馬爲朝廷斂財，自己也藉機貪污受賄。有不少人紛紛彈劾他，忽必烈卻對他們說：

「阿合馬上任以來，朝廷收益立見增長，他是有功的。雖有些方法欠妥，卻也是權宜之計，乃朕特許，與他無關。」

有了忽必烈的縱容，阿合馬更是橫徵暴斂、肆無忌憚了。他濫發鈔幣，每年發行的鈔幣都在數十萬錠到一百九十萬錠之間。由此造成了物價暴漲，人民破產，連各級官府都深受其害。阿合馬搞得天怨人怒，自己卻賺取了忽必烈的信任，被一升再升，最後被任命爲平章尚書省事，成爲尚書省的最高行政長官。

知不示人，示人者禍也。

譯文

揣知的結果不能告訴別人，將其公開的人會遭到禍患。

釋評

人們都有自己的祕密，自不想讓人看透。那些奸詐之人更會極力掩飾自己，深恐被人識破。

有此禁忌，打聽別人就要分外注意不要讓人知曉了，嚴守祕密，故作不知，當是最好的辦法。在此招禍的人多是不善保身之人，他們有的自恃聰明，不避嫌疑；有的藉此討好，不得其法；有的妄加猜測，遭人忌恨。

不管怎樣，揣摩心意還是隱諱的事，是不能拿到檯面上的。

楊修

東漢才子，以舉孝廉任郎中，後為曹操主簿。為人才思敏捷，恃才傲物。

事典

處處顯能的楊修

楊修是東漢太尉楊彪的兒子。楊修聰明絕頂，才學淵博，被舉爲孝廉，曹操讓他代理倉部屬官主。楊修富有才能，做起事來得心應手，曹操很器重他。曹植有心和他交好，便寫信給他說：

「幾天不見，甚是想念，你的大才，我甚爲傾慕，而當世其他人，我就不敢恭維了。」

楊修回信說：

「幾天沒在您身邊侍奉，如隔三秋，這都是因爲你對我關愛至深啊。承蒙您賜寄的詩文，我反覆誦讀，說它如同《詩經》一般，也不爲過。」

二人相敬相惜，由此可見。

楊修爲了幫曹植當上太子，苦心謀劃。曹丕因此嫉恨楊修。楊修的朋友一次對他說：

「太子之位一日未定，曹丕就有希望。你這樣公開幫助曹植，萬一曹丕當上太子，他能不報復你嗎？你還是小心行事的好。」

楊修對之一笑，口道：

「曹植是我的朋友，我幫助他是理所當然的。有我相助，曹丕當上太子的事，是斷不會發生的。」

曹丕請朝歌郡長吳質爲己謀劃，爲不被人知，他讓吳質藏在裝滿竹簍的車子裡出入府中。楊修得知此事，馬上報告了曹操。曹丕得知消息，又依吳質之計，第二天在車裡裝絹。楊修再去報告，卻搜不出人來，自此曹操開始懷疑他了。

曹操總是出示教文考試諸子。每次作答，楊修都在旁爲曹植出謀劃策，揣摩曹操的心意，再告之以如何應對。曹操見曹植所答深合己意，心中歡喜。曹丕便派人密告曹操說：

「楊修擅測丞相之意，這些回答都是他的意思。他爲顯己能，又四處誇耀，實在令人痛恨。」

曹操爲了驗證此事，便派曹丕、曹植分別出城，又暗下命令讓守城官吏不許任何人出城，以此觀察二人所爲。曹丕去而復返，曹植卻依楊修之言，斬殺守城者出城。曹操心生厭惡，對楊修愈加忌恨。

楊修犯忌之處還有很多。修建相國門時，曹操曾去查看，在門上寫了個「活」字，然後一言不發便走開了。人們不知其意，不知如何是好。楊修見之，開口便說：
「門中加『活』乃『闊』，丞相的意思是嫌門太大，應該拆毀重建。」
一次曹操在一盒酥上題寫一個「合」字。眾人不知所措，呆呆站立。楊修越眾而出，吃了一口酥，且道：
「丞相讓我們每人一口，你們還猶豫什麼呢？」
曹操當眾稱讚了楊修的聰明，心中卻十分不快。
楊修的朋友都十分敬佩他的才學，卻也爲他的鋒芒外露擔心。他們私下對他說：
「丞相生性孤傲，目中無人，向以機智示人，而你卻屢挫其鋒，不飾己能，丞相一定不會好受的。長此以往，這不是什麼好事，你得小心啊！」
楊修不以爲意，只道：
「丞相知人善任，心胸寬廣，他是不會怪罪我的。何況我猜得一點也不差，丞相不是多次當面讚揚我了嗎？」
曹操掃平漢中，征伐劉備進退不得。有一日，出口令定爲「雞肋」，隨軍的楊修由此猜出了曹操的心意，對人說：
「雞肋，食之無味、棄之可惜。丞相定是要退兵了。」
於是他讓人準備行裝，曹操知道後惱羞成怒，對楊修安上擾亂軍心的罪名，將他殺害。

密而測之，人忌處解矣。

譯文

人心的祕密能測度出來，就可以解出別人忌諱的地方了。

釋評

遭人忌諱是一切禍患的先兆，不排除這些，事情終會無法解決。

人們忌諱什麼總是有苗頭和表現的，如果能事事用心，仔細揣摩，就不難得出答案。

小人的觀察力是驚人的，他們能從蛛絲馬跡中準確猜測出人們的所思所想，對自己不利的便設法補救，讓禍患在萌芽之中得以消除。

李蓮英

清朝大太監，十三歲入宮，十六歲侍奉慈禧。為人謹慎，「事上以敬，事下以寬」，於晚清複雜的政治環境中左右逢源，深受寵信。

事典

李蓮英的心機

清末的大太監李蓮英做了許多禍國殃民的事。他公開賣官鬻爵，大肆收受賄賂，干預朝政。光是搜刮的財富就達千萬兩之多。他作惡多端，卻又得以善終，這在中國歷代太監之中，也是不多見的。李蓮英之所以能如此，實和他的心機過人、善於揣摩上意有關。

當初，李蓮英只是宮中的一個小太監。有一次，梳頭的太監被慈禧又罵又罰，只因慈禧不滿意他梳的髮型。李蓮英見此心頭一亮，馬上鑽入妓院，跟妓女學習最漂亮的髮型技藝。

三天之後，李蓮英學成回來，便央求替慈禧梳頭的太監說：

「小人身懷梳頭絕技，只要公公肯推薦我，小人自會讓太后滿意。如此一來，公公既可免卻責罵，太后也會讚你薦人之功，小人更會對公公感激不盡。」

李蓮英說得動聽，梳頭太監又讓他試著做了個髮型，一切滿意之後，梳頭太監這才向慈禧推薦了李蓮英。他使出渾身解數，爲慈禧太后梳了一個當時妓女最流行的髮式，慈禧高興之下，就留他爲自己梳頭了。

能服侍慈禧，李蓮英找到了晉升的臺階。他費盡心機，百般討好，時刻都琢磨慈禧的心意。一次偶然的機會，李蓮英偷聽到了咸豐和大臣肅順之間的談話。咸豐怕他死後慈禧專權，打算效仿漢武帝除掉鉤弋夫人的做法，殺死慈禧。李蓮英自知將此祕密告之慈禧，當是奇功一件，必會讓慈禧重視自己，於是他連夜出宮，把消息告訴了慈禧的妹妹。慈禧得知此事，對李蓮英暗生感激之心，她施展手段讓咸豐沒有處置自己。咸豐死後，慈禧發動政變。她大權在握，對李蓮英極力提拔，讓他做了太監總管。

李蓮英小人得志，未免行爲乖張起來。一位老太監對他說：

「總管初登此位，最忌諱的便是行事招搖，惹太后怨怪。我們身爲奴才，凡事當小心謹慎，萬萬不可一步登天就不知檢點。」

李蓮英聽了老太監的勸告後非常不快，他陰沉著臉說：

「做官有做官的排場，現在和往日不同了。我身爲總管，場面上的事還是要應酬的，太后怎會怪我呢？」

一日，李蓮英陪慈禧出宮。路過李蓮英的府第時，慈禧凝望李府高懸的「總管李寓」匾額，暗自眉頭一皺。這細小的動作，被李蓮英看在眼裡，心頭一涼。他猜出定是慈禧嫌他自大，心生不快了。

李蓮英暗悔沒有聽從老太監的勸告，這會兒便盤算如何解救。他心不在焉地陪慈禧遊玩之後，悄悄回家讓人摘下匾額，又回轉向慈禧請罪說：

「奴才該死，請太后責罰。」

慈禧太后慢聲道：

「你何罪之有啊？」

李蓮英痛哭流涕說：

「奴才不在家時，小太監竟背著奴才，在奴才家門上掛一『總管李寓』的匾額，這分明是讓奴才難堪哪！奴才德才俱無，全仗太后提拔，方有今日。奴才哪裡敢自恃呢？我回家摘了匾額，重打小太監一頓，把他送到內務府查辦治罪了。」

慈禧本來心中有氣，至此卻越加喜歡李蓮英的聰明謹慎，她沒有責怪李蓮英，從此更加信任他了。

君子惑於微，不惑於大。

譯文

君子對小事糊塗，對大事不糊塗。

釋評

君子和小人不同，他們猜測出來的事，只要涉及國家大事，縱是明知道犯忌，也是要進言勸說的。而對攻擊自己的流言蜚語，他們卻能淡然處之，不予理會。

君子對大小事的界定，固是他們高風亮節的反映，也是他們心繫國事的一種必然抉擇。這和小人的過度敏感，損公肥私形成了鮮明的對比。

呂端

北宋名相，出生在官宦之家，以父位蔭補入仕。入宋後，官至參知政事，事太宗、真宗兩朝。為人寬厚持重，進退得宜。

事典

呂端的提醒

宋太宗時，呂端在朝爲官，很少和人發生爭執。對人所提出的建議，也很少發表自己的見解。人們都說他糊塗，呂端也不辯白。有人問他說：

「身爲朝廷大臣當爲國分憂，敢進忠言，你事事都不表態，是何道理呢？」

呂端回答說：

「小事上糾纏不休，你爭我辯，我呂端不屑爲之。倘若涉及國家大事，我自會說話的，你們放心好了。」

宋太宗有一次就國事徵詢他的意見，呂端反覆諫諍，言辭十分激烈，宋太宗十分驚詫，對他說：「人都說你糊塗，這次怎麼這般抗辯呢？你平日不是這個樣子啊！」

呂端重聲言道：「細枝末節，不是為大臣者所管之事。若是在此勞神，當誤大事了。國事為大，臣之責乃糾偏導正，此事關係天下命脈，臣豈敢推託保身？陛下若不聽臣諫，他日臣再諫。」

宋太宗至此瞭解了呂端，開始對他刮目相看了。寇準時任樞密院副使，對呂端十分推崇，呂端也素喜寇準為人，二人常有交往。寇準有一次向他請教為官之道，呂端便直言不諱地批評他說：

「你為人剛直、清正廉潔，這是你的長處，我就不多說了。不過你的短處也不少，事事計較、爭強好勝、出言無忌，這都是你的不足啊！官場本不是一塵不染之地，你為何視它為一塊淨土呢？如果你看不慣的東西都一律排斥，看不順眼的人都一味指責，那麼這官場也就不適合你了，怎麼能待得下去？長遠就更無從談起了。」

寇準聽過此語，對呂端更加推崇了。

宋太宗力排眾議，任命呂端當了宰相。群臣心有不服，宋太宗便對他們說：

「呂端小事糊塗，大事上卻從不糊塗。他忠心為國，不計私利，這才是君子行為，不知者眞是無知啊！」

西夏的李繼遷和宋為敵，不時侵擾大宋的西部邊境。一次宋軍在反擊中，擒獲了李繼遷的母親。宋太宗想殺她立威，單獨召見寇準商議此事。呂端猜出了宋太宗的心意，於是把寇準請到府中，當面對他說：

「皇上召你入宮，我想必為國家大事，我不能不有所瞭解。若是其他瑣事，你也就不必說了。」

寇準講明事情的經過，又說：

「皇上處死李母心意已決，擬在保安北門外斬首示眾，藉以懲戒李繼遷。」

呂端站了起來，驚慌道：

「幸虧你告知此事，否則必壞大事。你暫緩行刑，我這就進宮進諫。」

寇準擔心地說：

「皇上態度堅決，我看是很難勸諫了。萬一惹惱了皇上，大人豈不是自討苦吃？我是為大人的安危著想啊！」

呂端謝過寇準的好意，隨後便進宮面見太宗，對太宗說：

「當年項羽要烹殺劉邦的父親，劉邦知道此事後是何反應，陛下可知？」

宋太宗被他問得不著邊際，一時無語，呂端接著說：

「劉邦竟笑言道『希望到時分給我一杯羹』。由此可知凡成大事者不會顧及他的親人，李繼遷這樣的亂臣賊子更不會顧忌什麼了。皇上若是殺了李母，只會讓李繼遷的反叛心更加堅定，於事無補不說，還會反添仇怨，以後的事情就不可扭轉了。」

宋太宗冷靜下來，亦覺呂端言之在理。他問呂端如何處置此事，呂端就建言說：

「依臣愚見，可將李母安置延州，妥善照顧，用以招降李繼遷。如果李繼遷拒不歸順，他也終有顧忌，不敢胡爲。來日方長，不怕沒有最終解決的那一天。」

宋太宗拍腿叫好，喜道：

「你提醒得好啊！如果不是這樣，大錯便鑄成了。」

李繼遷因爲其母在宋朝手中，雖沒有歸降，卻減少了侵襲。李母死後，李繼遷不久也去世了。他的兒子向宋朝投誠，朝廷終於解除了西部邊境的威脅。

小人慮於近，不慮於遠。

譯文

小人只考慮眼前的利益，不思慮長久的得失。

釋評

小人見利必爭的本性，決定了他們天怨人棄的最終結局，這是千古不爭的事實。他們玩弄小聰明，以禍害別人為能，然而在他們暗自得意之時，卻不知報應的日子也不遠了。

小人總是以小人之心度君子之腹，他們把君子的隱忍當做軟弱可欺，這就說明了他們的短視。一旦大禍降臨，誰也救不了他們，這是自作孽者應得的懲罰。

晉惠公

姓姬，名夷吾，春秋時晉國國君，晉獻公之子，晉文公之弟。早年流亡以自保，後回歸即位。為人心胸狹隘，背信棄義，當政期間毫無作為。

事典

自作自受的晉惠公

西元前六五一年，在位二十六年的晉獻公死去，隨後的君位之爭使晉國大亂。大臣里克先殺了繼位的奚齊，荀息又立卓子爲君，里克又殺了卓子。

公子夷吾逃亡到梁國，他想借助秦國的力量當上國君，於是就向秦國求援，還故作誠懇地保證說：

「我若爲君，必不忘秦室的大恩，將用黃河外的五座城池作爲答謝。」

夷吾的手下勸諫說：

「晉之土地，得之不易，公子答應獻城，大爲不妥。」

夷吾冷笑說：

「我逃亡在外，有家難歸。若能奪得君位，區區五城又算得了什麼？我想秦國因爲貪圖五城，會幫我的。不這樣做，我還有其他的良策嗎？」

果如夷吾所想，秦穆公深知五城之地上的崤函關乃戰略要地，於是馬上答應了此事。他聯合齊桓公，派兵護送夷吾回國，扶其爲君，是爲晉惠公。晉惠公殺了里克及其同黨。權位鞏固之後，他拒不讓出五城給秦國，且說：

「祖宗之地，我何曾答應給予別國？恐是有人誤傳吧！」

晉惠公的臣子中有人上諫說：

「主公若想不失信於天下，雖忍痛割捨祖宗之地，卻也是無奈。主公當初本不該輕言許諾，事已至此，主公日後吸取教訓也就是了，不應反悔啊！」

晉惠公嘻笑聲聲，口道：

「要怪就怪秦國愚昧無知，我只是隨便說說，誰讓他們輕易相信呢？」

西元前六四七年，晉國遭遇天災，糧食嚴重欠收。晉惠公派人去秦國求購糧食，秦穆公記恨晉惠公失信，他對群臣說：

「晉乃虎狼之國，前番欺騙我們，今又厚顏求糧，他們這是自討沒趣啊！我怎會賣糧給他們呢？如此晉國必受大損，這對我們實在有利。」

大臣公孫支卻持有相反的看法，他對秦穆公分析說：

「惠公背信棄義，百姓就會離棄他。他只失信主公一次，晉國百姓卻未嘗其害。如果主公把對惠公的恩怨加在晉國百姓身上，晉國百姓便會記恨主公見死不救，惠公卻能無損分毫。惠公只見到眼前的一點好處，卻不計算將來的害處，他是不足爲懼的。只要主公肯再救助他一次，以後他若再對秦國不義，晉國百姓必會棄他而去，而助主公的。」

秦穆公心胸開闊，聽從了公孫支的意見，同意賣糧。大批運糧船隊抵達絳城，晉國百姓歡聲雷動，無不對秦國心存感激。

第二年，秦國恰遇災荒，晉國卻是豐年。秦穆公派人向晉國求援，晉惠公卻不思報恩，堅決不賣糧食給秦國。晉國大夫慶鄭對晉惠公的小人行徑十分不滿，他苦勸惠公說：

「主公失信在先，今又絕情在後，爲了一點便宜、一點私心而不計畫長遠，這是滅國之道啊！絕不可再爲了。秦國對我們有恩，主公這樣做百姓們都會怨怪主公，何況天下呢？若讓天下不齒，主公何以立身？晉國何以圖存？」

晉惠公毫不知恥地說：「這都是你胡亂猜想出來的結果，我就從沒聽說。」

被激怒的秦穆公起兵攻打晉國，晉惠公引軍迎戰。晉軍因怨恨晉惠公殘酷無情，出爾反爾，此時無心應戰，毫無鬥志。晉惠公三戰皆敗，最後被生擒活捉。

設疑而惑，眞僞可鑑焉。

譯文

假設一個疑問來試探他人，眞假就可以鑑別了。

釋評

鑑別一個人的真偽，是不能僅憑猜測便得出結論的。鑑別君子不易，識別小人也不是易事。

尤其對那些善於揣摩心意的小人，想要真正地認清他們，假設一個自知的疑問來試探他們，考察他們，不失為一個行之有效的方法。小人為其假象所迷，自會依此逢迎附和，這樣，他們的真面目便暴露出來了。

事典

楊暨的主意

楊暨是三國時期魏明帝的近臣，任中領軍之職。他心直口快，凡事直言，魏明帝多次對他說：「你的好心我領了，但你的直率簡直讓人受不了。這是你的大病，爲何不改正它呢？同是忠臣，劉曄就不像你這樣言辭失當，他才是你的榜樣啊！」

楊暨從此和劉曄來往密切，劉曄就向他傳授道：

「想要讓皇上高興，首先要揣摩皇上的意圖，所謂知己知彼。這才能對症下藥，決定自己的取捨。你一片忠心，卻往往不能讓皇上接受，難道不是不善於領會聖意之故嗎？以後只要按我說的做就行了。」

楊暨聽過不悅，回家對家人說：

「君子做事光明磊落，從不媚上迎合，而如今劉曄竟教我小人之術，可見他並不是一個君子啊！皇上讓我學他，想必皇上也被他矇蔽了。」

西元二三二年，魏明帝準備征伐蜀國，群臣紛紛表示反對。魏明帝把劉曄一人召入內宮，問他說：

「你多謀善斷，朕最是信任於你，伐蜀一事，你以爲如何？」

劉曄順著魏明帝的意思說：

「此乃陛下英明之舉，千秋一統之大業，早該實行了。群臣人人怯懦，安於享樂，不思進取，他們哪知陛下的雄心呢？所謂成大事者不與眾謀，陛下只要下定了決心，盡可出兵攻蜀。」

魏明帝十分滿意劉曄的回答，對他連連誇讚說：

「你的忠心，朕不會忘記的。滿朝文武，只有你最瞭解我啊！」

劉曄和群臣商議此事時，爲了免遭他們攻擊，故作反對征蜀之言，道理仍是冠冕堂皇，他振振有詞地說：

「國家立國不久，百廢待興，應該養精蓄銳，以待來時。蜀國山高路險，民窮地偏，若是勞民傷財、貿然出征，勝算不多，縱是攻下也得不償失。」

群臣皆以爲他說的有理。

楊暨也是反戰派之一，他多次勸諫魏明帝。魏明帝十分厭煩地斥責他道：

「我視你爲忠臣，難道你也反對我嗎？你不懂得行軍打仗的事，以後就不要胡亂參與此事了。」

楊暨仍堅持說：

「群臣反對，自有其中的道理。劉曄身爲先帝的謀臣，他也認爲此事絕不可行，陛下不想聽聽他的意見嗎？」

魏明帝一愣，忙道：

「劉曄明明對朕說征伐有理，應該速行，他怎會反對此議呢？」

楊暨找來劉曄對質，劉曄卻一言不發。魏明帝讓楊暨告退，未等責備劉曄，劉曄卻搶先說：

「陛下征討蜀國，本是一件機密大事，而如今卻人人皆知。敵國倘若知道，豈不壞了陛下的大計？我和群臣所說之言，本是想替陛下瞞著此事，並不是眞心反對伐蜀，還望陛下明察。」

魏明帝怒氣頓消，還對他的行爲表示了嘉許。

劉曄狡辯脫罪，出宮後就極力埋怨楊暨，他氣呼呼地說：

「我之所爲，全在自保免責而已，你爲何認眞呢？皇上的威勢不可得罪，群臣的氣勢洶洶也不能公開抵觸。我只是說說而已，誰讓你告訴皇上的？」

楊暨想如此大事，劉曄竟玩弄辭令、兩面討好，不禁對他心生鄙夷了。他求見魏明帝，述說了此事。魏明帝不信，口道：「劉曄忠心耿耿，他絕不是你說的那種小人。他處處爲朕考慮，言隨朕心，若是冤枉了他，朕心何忍？」

楊暨思之片刻，出了個主意，說：「劉曄善於窺伺陛下的心意，絕不是什麼忠心。陛下不妨把他召來，就事向他問話，陛下口中所說，要和心中所想相反，劉曄只知迎合，必會和陛下所說的相同，由此就可試出劉曄的爲人了。」

魏明帝以此法試探劉曄，劉曄的慣用之術一下現出了原形。果如楊暨所說，他處處迎合魏明帝。魏明帝立即省悟，開始疏遠他了。劉曄知道了實情，日夜惶恐難安，憂懼而終。

附貴而緣，殃禍可避焉。

譯文

依附權貴來攀結別人，災禍就可以避免了。

釋評

小人的心思總是用在保全自己、保住富貴之上。小人時刻都在揣摩變化了的形勢，進而為自己謀取保護傘和安排退路。

在專制時代，官官相護的弊端和關係網的密布，讓小人更不遺餘力地拉幫結夥，攀附權貴。只要是用得著的人物，他們都會極力巴結，委身服侍。

對此沒有感受和感知不深的人，難免會遭遇各種不幸，而精於此道的小人，由於他們思慮在前、行動在先，就能撈取不少好處。

事典

早作安排的章仇兼瓊

章仇兼瓊是唐玄宗時的劍南節度使，他對當朝宰相李林甫十分畏懼，唯恐遭他暗算，大禍臨頭。一次，章仇兼瓊對當地的富豪鮮于仲通說出了自己的隱憂，他悽惶道：「按理說我對李林甫的孝敬也不算少了，但我瞭解他的爲人，似他那樣陰險狡詐的人，說不定哪一天便會翻臉無情啊。你說我該怎麼辦呢？」

鮮于仲通點頭說：「大人所料不差，那李林甫實在不能依靠。大人在外爲官，若是朝中沒有內援，實在不讓人安心。若有人攻擊大人，無人肯爲大人說話，大人豈不任人宰割？大人所慮極是，還是趕辦此事吧！」章仇兼瓊於是委託鮮于仲通操辦此事，他交代說：

「聽說皇上有一新寵楊貴妃。我猜想既是新寵，一定無人去攀附她，這是個大好時機。你若能替我去一趟長安，和楊貴妃拉上關係，我就不用日夜憂心了。」

鮮于仲通聽此一笑，他說：

「京師若無人引薦，去了也是白去。好在我認識一人，他叫楊釗，乃是楊貴妃的遠房堂兄。」

章仇兼瓊一聽即喜，連道：

「這下好了，有了這層關係，我還愁什麼呢？」

鮮于仲通所說的楊釗，就是後來權勢通天的楊國忠，「國忠」這個名字是後來唐玄宗賜給他的。楊釗原是當地的一個無賴，好吃懶做，又嗜賭成性，無人瞧得起他，鮮于仲通一時心軟，倒是常常周濟他。

章仇兼瓊催促鮮于仲通馬上把楊釗領來。一見面，身爲蜀地最高長官的章仇兼瓊竟吹捧楊釗說：

「貴妃之兄竟埋沒在此，都是我照顧不周啊！您看起來一表人才，定懷治國安邦之術。能和您相識，我實在榮幸之至。」

楊釗本是惶恐異常，一見章仇兼瓊對己沒有威儀不說，還低三下四，一時不知所措，鮮于仲通在旁也說：

「您久受委屈，所幸天不沒英才，也不枉我們相交一場。如今節度使大人慧眼識人，有心重用您，不知意下如何？」

楊釗受寵若驚，當即點頭應允。章仇兼瓊喜之不盡，馬上讓他做了自己的屬官。自此，章仇兼瓊如獲至寶，對這個「屬官」待若上賓，關愛備至。不知眞情的人十分不解章仇兼瓊的「謙恭」。一些知道內幕的人也認爲他做得有些過分，於是對他說：「楊釗是楊貴妃的親戚不假，可他們的關係只是五服內的兄妹，並不親近。大人這樣厚待他，未必就有回報，大人做事還是留些餘地爲妙。」

章仇兼瓊一笑說：

「依附權貴、順藤摸瓜，是件容易做到的事嗎？我自甘下賤，與他結納，這種患難之交，才能讓他感動不忘。楊釗爲人狡黠，機智善辯，有楊貴妃的提攜，他日必爲顯貴。這一點，我是不會猜錯的。」

不久後，章仇兼瓊便安排楊釗護送絲緞入京師。他親自爲楊釗設宴送行，又悄悄對他說：「一路辛苦，我特爲您在郫縣準備了一點薄禮。到了郫縣，自會有人交予您手，切不可推託啊。」

到了郫縣，章仇兼瓊的親信將薄禮呈上，卻是讓楊釗一驚非小。禮物全是蜀地最精美的土特產，應有盡有，價值達萬串錢之巨。楊釗感激章仇兼瓊，到長安後便將禮物分贈給楊氏兄弟姐妹，他一再強調說：

「這都是節度使章仇兼瓊讓我送給你們的，他實是我的恩人哪！」

楊氏姐妹從此總在玄宗面前說章仇兼瓊的好話。玄宗對他的好感日增，縱是有人彈劾章仇兼瓊，玄宗也一概不理。楊釗也藉著此行接近了玄宗，爲日後掌權鋪平了道路。

結左右以觀情，無不知也。

譯文

結交他身邊之人來考察其情態，就沒有不知道的事了。

釋評

一個人的心意是不會輕易外露的，在公開場合，人們就更會注意掩飾，不讓外人察覺。而在日常生活之中，在和親近之人相處時，人們的戒備心就會明顯放鬆，他們的心意便容易為人偵知了。

因此，那些窺伺的人，總喜歡交結他人的身邊之人，以便從他們口中探知他人的真實情態，來印證和修補自己的揣摩，進而準確無誤地制定對策，應對變故。

張儀

戰國末期魏國貴族後裔，曾隨鬼谷子學習縱橫之術，謀略詭譎，兩度出任秦相，以連橫之策助秦兼併天下，是戰國時期著名的政治家、外交家和謀略家。

事典

張儀的「法寶」

戰國時期，秦國想要攻打齊國。因齊國和楚國相約合縱，秦惠王便派宰相張儀出使楚國，勸楚國和齊國斷交。

張儀來到楚國，他派人重金收買楚王身邊的人，甚至連楚王的廚師也都有饋贈。張儀的手下心有疑問，對張儀說：

「大人說服楚王，身肩重任，爲何無緣無故討好那些人呢？楚國大臣尚可理解，服侍楚王的閒人就大可不必了。」

張儀就此明示說：

「想要說服楚王，必要先知其心意。我們一無所知，只是猜測，怎能一擊而中呢？千萬不能小看楚王身邊的人，他們和楚王朝夕相處，楚王的一切他們知之最深啊。我結交他們，正是此故。」張儀透過楚王身邊的人，對楚王的情況全然掌握。於是，他對症下藥，對楚王說：

「秦王不惜土地，大王只要和齊國斷絕往來，秦王就願意獻出商於一帶六百里的土地給楚國，並且奉上美女服侍大王。秦王眞心實意和大王交好，不僅削弱了齊國實力，使大王少了一個敵人，更可使秦楚互相扶持，永結兄弟之國。」

張儀之言，句句滿足了楚王貪婪好色的願望。楚王聽後笑顏逐開，很爽快地便答應了張儀的請求。

楚國大臣陳軫諫阻楚王說：

「秦國之所以向大王示好，只是因爲秦國懼怕楚國和齊國交好。一旦大王和齊國斷交，楚國便孤立了，也就失去了讓秦國重視的資本。秦國怎會白白送上六百里土地呢？如此，秦齊兩國都會與楚國交惡，楚國就危險了。」

楚王深信張儀所說，張儀收買的大臣靳尚也極力爲張儀辯解。楚王便不顧陳軫的苦勸，在楚齊邊境掩閉城關，斷絕盟約，不再與齊國來往。後來張儀果然耍賴，他對接收土地的楚國使者說：

「秦王賜我土地六里，我就把它獻給大王吧！」

楚國的使者爭辯道：

「我奉大王之命，前來接收商於六百里土地，怎會是六里呢？」

張儀把眼一瞪，大聲說：

「天下沒有這樣的好事，誰會把六百里土地拱手送人呢？我說的是六里，大王當時一定是聽錯了。」

楚國使者回報楚王。楚王怒火攻心，派兵攻打秦國，結果戰敗，損兵八萬。楚王於是又乞求割地求和。秦惠王要以楚國黔中一帶和秦國武關以外土地相交換，楚王深恨騙他的張儀，他回答說：

「張儀欺我太甚，只要把張儀交我處置，黔中地我就贈送給秦國。」

秦王見有如此便宜，有心把張儀交出。張儀知其心意，只好主動請求入楚。秦王暗中高興，表面上卻說：

「楚王恨你入骨，你這一去凶多吉少，你爲何自投羅網呢？」

張儀心中酸楚，嘴上卻說：

「以一個張儀換取黔中之地，我張儀死也値了。不過我也有不死的把握，請大王放心。楚王最寵信的大臣靳尚早被我收買，靳尚又深得楚王最寵愛的夫人鄭袖信任，他們都是我脫險的『法寶』。」

張儀入楚，楚王把他囚入天牢，準備處死。靳尚馬上找到鄭袖，對她說：「你的禍事來了，你還不知道嗎？如今張儀被囚，秦王深愛張儀，必會把上庸六縣之地送給楚國，並將美女嫁與楚王，以贖回張儀。大王敬重秦國，又貪愛土地，到時候必會寵愛秦女，夫人的地位就岌岌可危了。如果夫人能勸說大王放走張儀，此禍即可解除，夫人何不爲之呢？」

鄭袖受其哄騙，立即緊張起來。她反覆勸說楚王放了張儀，還哭著說：

「大王若殺了張儀，那秦國報仇之日，也是我和大王分別之時啊！大王若是執意爲之，請將我們母子送往江南，或免爲秦所害。」

楚王無德無能，聽鄭袖這麼一說，立即也害怕不已。他暗自慶幸沒有殺掉張儀，於是立即把張儀放出，對他禮敬有加。

置險難以絕念，無不破哉。

譯文

設置險阻、難題用來斷絕他人的邪念，就沒有打不敗的敵人了。

釋評

料敵在先，制敵於未動，向來是戰勝敵人的有效招法，對付小人也該如此。

小人怕險畏難，他們雖膽大包天，卻把自己的得失看得最重。所以只要摸清了小人的意圖，順勢製造麻煩，使其有所顧慮和懼怕，他們便不得不有所收斂。

這種辦法既不費刀兵，又可避免不必要的損失，可謂智勝小人之計。

呂夷簡

宋代政治家，字坦夫，祖籍萊州，出身仕宦之家。真宗年間以刑部郎中權知開封府，仁宗立，年幼，呂夷簡以宰相之職輔佐，權重一時，亦盡職盡責，以致政治清平。慶曆二年（西元一〇四二年）病卒，謚「文靖」。

事典

老謀深算的呂夷簡

宋朝的大臣呂夷簡，在擔任刑部員外郎時，蜀地上報說抓到了造反者李順。聽到這個消息，群臣都向皇上祝賀。呂夷簡審理此案，查出此人並非李順，想報告皇上眞相，群臣就極力勸阻說：

「皇上已知道李順被擒，龍顏大悅，你不必太認眞了，更不能掃皇上的興啊！李順是眞是假現在已不重要，反正叛亂已平，你不說就沒人知道此事了。」

呂夷簡當時不肯，他堅持說：

「這絕不是無關輕重的事，做臣子的怎能這樣欺騙皇上呢？」

他向皇上說明了此事，群臣都對他十分不滿，忌恨在心。呂夷簡的親人看出形勢對他不利，於是規勸他說：

「在朝爲官不能得罪群臣，這是爲官者必須做到的事。否則他們一塊和你作對，你還有太平日子可過嗎？你只知效忠，卻不講究結眾的方法，會被日益孤立的。」

自此呂夷簡屢遭群臣彈劾，皇上雖沒有聽信讒言，呂夷簡卻不勝其苦。他漸漸變得圓滑和世故起來，爲人辦事也分外小心謹愼。宋仁宗趙禎即位之後，呂夷簡被提升爲右諫議大夫。有一次，玉清昭應宮發生火災，太后放聲痛哭，且說：

「先帝修建此宮，乃是尊道奉天，今既全毀，我對不起先帝的遺旨，哪能心安呢？」

呂夷簡揣測出太后有重修玉清昭應宮之意，他沒有直言諫阻不可，卻說：

「所謂災異，乃警人之兆也。修建此宮，費用浩大不說，先帝當初費的精力就很大，如今天降火災，莫非是上天告誡不可奢用民財嗎？」

呂夷簡旁敲側擊，太后也不好再提重修之事。

呂夷簡當宰相後，一名叫劉渙的官員請求太后把權力交給皇上。太后見信生怒，把劉渙定罪爲干預朝政。準備把他流放嶺外。呂夷簡得知此事，趁太后病重，祕密將他留下。他把一切都向皇上作了報告，皇上讚許了他的忠心，又提拔劉渙當了右正言。有人就此問呂夷簡說：

「萬一皇上怪你擅自做主，不遵懿旨，你豈不是罪無可恕？」

呂夷簡長笑說：

「天下沒有一個不想掌權的皇帝，我甘冒風險這樣做，全是爲了皇上，皇上怎會怪我呢？對此我有絕對的把握，自然沒有意外了。」

一〇四〇年，元昊率西夏兵侵宋。擔任宋軍監軍的宦官黃德和臨陣脫逃，導致宋軍大敗。殿中侍御史文彥博審理此案，查實之後，便上奏皇上把黃德和腰斬處死。群臣對宦官擔任監軍早有不滿，趁此機會，他們便一致請求仁宗廢止此弊。他們理直氣壯地說：

「軍隊大事，關及國家安危，宦官無知無能，自不能將此重任託付給他們。黃德和之案已證實了這一點，陛下如不及時調整，痛下決心，大禍日後更深。」

仁宗見群臣洶湧，便把身爲宰相的呂夷簡找來商議。呂夷簡自知宦官勢力不可得罪，又怕群臣怨怪，他思量之下，出語說：「陛下不必將宦官全罷免，黃德和只是個案而已，只要選取忠厚有識之人，當不會誤事。」

仁宗讓他挑選人員，呂夷簡馬上回絕說：「臣不瞭解宦官的情況，再說，臣身爲宰相，也不該和宦官有私人交往。皇上若能下詔讓主管宦官的都知、押班去挑選，必能稱職。他們若是徇私舞弊，選用私人，陛下可將他們與失職監軍同罪嚴懲。」

仁宗依呂夷簡之意，下達聖命。第二天，那些都知、押班竟都來叩求仁宗不要讓宦官再擔任監軍了。不久，各軍中的監軍也紛紛請辭，此弊一日頓消。原來，黃德和被處死後，宦官已心有畏懼，呂夷簡再提出讓選派人員的都知、押班做保，如有人失職將他們一併懲治，他們就更加害怕了，因此才主動放棄。

附錄

鬼谷子巧制小人八招

第一招：分而制之
——巧制小人勾結之法

釋評

世上小人作惡，往往形成幫派黨群，你呼我應，互相勾結。而君子光明磊落，恥於結黨營私，這樣就常常被小人們的暗箭射中，甚至到死也不知其所以然。世態如此，豈不悲哉？其實，這是君子太過於慈悲迂腐、寬大為懷的惡果。事實上，對於已經形成幫派群黨的小人們，應該毫不手軟地制他們於死地，而從前古代君子已使用過且成功的策略之一，就是挑起事端，使之互鬥，各個擊破，不戰而勝之。

事典

晏嬰二桃殺三士

春秋齊景公在位時，晏嬰任相國，同朝共事的還有威震齊國的「齊邦三傑」，即公孫接、田開彊、古冶子，這三人都勇猛異常，他們勾結在一起，依仗其功勞和勇力，目空一切，十分傲慢無禮。而齊國還有一位名叫陳無宇的奸臣，四處散發錢財，收買人心，企圖篡奪齊國的政權。這四人又結成爲「四人邦」，盛氣凌人，爲非作歹。

晏嬰深感憂慮，請求除掉他們。景公嘆口氣，面露難色地說：「這三個人膂力過人，一般人不是他們的對手，行刺恐怕也未必能成功。」

晏嬰思索片刻，然後想出一條分化瓦解、各個擊破的妙計講與齊景公聽，景公認爲不妨一試。於是，景公派人送給他們三個人兩顆桃子，並且說：「你們三位可以憑著功勞的大小而吃這兩顆桃子。」

公孫接首先發言：「有一次，我徒手制服了一頭瘋狂的野豬，後來有一次，我又捉住了一隻凶猛的母虎。像我這樣大的本事，理所當然地應該先吃一顆桃子了。」說完，他站了起來毫不客氣地拿了一顆桃子。

接著，田開彊搶著說：「我曾兩次一個人手持長矛，伏擊打退了敵人的勁旅三軍，像我這樣大的本事，理所當然地也應該吃一顆桃子了。」說完，他也站了起來毫不遲疑地拿了一顆桃子。

古冶子看到桃子都被他的兩個拜把兄弟拿走，已沒有他的份了，不禁怒氣沖沖地說道：「有一次，我曾和主公一起渡河，當時一隻大龜銜走主公車駕的左馬，把馬拖進了水深流急的漩渦裡。於是我就潛入到河底下，逆流走了一百步，又順流走了九里水路，捉到了大龜並殺了牠。然後，我左手操起馬尾，右手提起龜頭，像飛鶴一樣躍出水面，船工們都大吃一驚，以爲我是河神。你們說像我古冶子這樣大的功勞，論起吃桃來應該說是沒有哪個能和我相比的吧！而你們兩個卻一個人先拿了一顆桃子，那我怎麼辦？」說完站起來拔出劍來，像是要與他們二人搏鬥的樣子。

公孫接和田開彊聽了古冶子這篇言辭，又看到他還眞的發怒了，不由得感到萬分慚愧，便一起說道：「兄弟，論勇敢，我們比不上你；論功勞，更不能與你相提並論。卻毫不相讓地搶了桃子，而沒有留給你，這說明我們兩人太貪婪。今天若不以死來表達我們對自己貪心的懺悔，那我們豈不是膽小鬼了嗎？」說完，兩人便把桃子拿了出來，放在桌上，隨後，拔劍自刎而死。

古治子面對同伴們的屍體，良心也受到深深的譴責，自言自語道：「從前我們三人原是很要好的拜把兄弟，如今為了奪這兩顆桃子而爭個死去活來，這實在是太不應該了。現在他們兩個已死了，獨我一個人還活著，這是不仁；用惡言惡語去羞辱他人，而誇耀自己的功德，這是不義；對自己的所作所為感到厭惡而不去死，這是不勇。」說完，他也沒拿桃子，同樣拔劍自刎而死。

晏嬰就這樣不費吹灰之力，僅憑一條分化瓦解的妙計就消滅了三個不易消滅的敵人。

第二招：以攻爲守
——巧制小人先告之法

釋評

以攻為守的絕招，常常是正義的一方在遭到邪惡的一方誣告時，沉著應戰，虛與委蛇，伺機而動，反手制敵而不得不採取的策略手段。

事典

陳軫的反守爲攻

陳軫是戰國時的游說家，他在秦國供職時，另一著名的游說家張儀與他爭寵，便在秦王面前中傷他說：「陳軫原是大王的臣子，卻常常將秦國的機密透露給楚國。聽說他還打算投奔到楚國去；如果眞是這樣，請大王將他殺掉，以絕後患。」

秦王聽後，大吃一驚，於是，趕快命人將陳軫找來，對他說：「寡人待先生不薄吧！可是現在聽說先生要離開秦國，不知打算到哪國去，寡人也好爲先生準備車馬！」

陳軫明知是張儀告的狀，但仍然顯得非常坦率的樣子回答道：「是的，臣打算到楚國去。」

秦王脫口而道：「果然不出張先生所料，寡

人也知道先生一定會前往楚國的，你不去楚國，又能到哪裡去呢？」

陳軫神色平靜地說：「是啊，臣離開秦國，本來就是要到楚國去的嘛！這樣好順從張儀的計謀，以證明臣到底是否會將秦國的機密透露給楚王。大王，臣給您講個趣事吧！以前有個人娶了兩個老婆，有個男的去勾引那個年長的老婆，年長的就破口大罵；另外有個男的去勾引那個年輕的老婆，年輕的就以身相許了。過了不久，那個楚國人不幸死了。有人問後一個男的說：『如果讓你選擇她倆作老婆，你是願娶年長的呢，還是年輕的？』那個男的回答道：『願意娶年長的。』詢問者不解地問：『年長的破口大罵，而年輕的卻以身相許，你為什麼不娶年輕的而要娶年長的呢？』那個男的解釋道：『年輕的處在從前那樣地位，我當然希望她委身於我；而現在要作為我的老婆，我當然不希望她到處招蜂引蝶。所以，還是年長的那位本分些為好。』現在楚國有英明的國君，昭陽君又是賢能的相國，作為人臣的我，如果常把秦國的機密透露給楚王，楚王一定認為我不忠，是不會收留臣的，昭陽君也一定不會與臣共事的，這其中的道理難道不清楚嗎？臣今天以去楚國的行動，來表明臣不會透露秦國的機密給楚王，還可以證明臣對大王的忠心是否有了改變。」

陳軫走了以後，張儀便緊接著進來問秦王：「陳軫究竟要到哪裡去？」

秦王讚嘆道：「陳軫不愧是天下少有的辯士啊！當寡人問過他以後，他目不斜視地看著寡人說：『臣當然會到楚國去。』寡人只好無可奈何地問他：『先生既然一定要到楚國去，那麼，張先生的猜測就是眞的囉！』他仍然神色平靜地說：『臣想離開秦國到楚國去，不僅張儀猜到了，而且就連路過秦國的客人都能猜到，因爲這沒有什麼値得隱瞞的。從前，伍子胥忠於他的君王，因此，各國的君王都希望他能當自己的臣子；孝己孝順他的雙親，因此，天下的父母都希望他能做自己的兒子。所以說，一個僕人或者是小妾如果不出里巷就能賣掉，那一定是良僕賢妾；而一個被遺棄的女子，如果能很快地再嫁給本鄉的男子，那一定是善婦賢妻了。臣如果對大王不忠，楚王會認爲臣能忠於他嗎？而像臣這樣的忠心耿耿還不被重用，不去楚國又能到哪裡去呢？』」張儀聽後，竟目瞪口呆，無言以對。

秦王認爲陳軫的話很有道理，便對他十分優厚，暫時留住了陳軫。陳軫在秦國待了整整一年，在張儀不斷挑唆下，最終不被秦王重用，深感無法施展自己的抱負，最後還是離開秦國投奔到楚國去了。

第三招：握其把柄
——巧制小人中傷之法

釋評

凡事都要留一手，這是在專制政治的官場中，防止小人陷害、明哲保身的一大絕招。君子為了防備小人的日後反攻倒算，預留一些可供證明自己清白的證據，可以防止小人偽造證據陷害自己。小人大都有做賊，心虛、欲蓋彌彰的特性，對他們保持高度的警惕性，掌握一些他們的賊言劣行作為把柄，這就像是齊天大聖頭上套了一個緊箍一樣，一旦小人膽敢肆無忌憚地作惡，把緊箍咒一念，他就沒轍了，再也不敢行凶，或者至少有點收斂。

事典

鄒浩的諫疏之禍

北宋哲宗時，哲宗皇帝有一個兒子，即獻湣太子趙茂，是昭懷皇后劉氏做妃子時生的。哲宗皇帝沒有其他的兒子，當時孟皇后已廢，正宮的位子是空著的，由於劉氏有了這個兒子，哲宗就想立她爲皇后，然而，孩子出生三個月後就夭折了。在這期間，大臣鄒浩三次進諫，陳說不宜立劉氏爲皇后，但進諫的奏章底稿都沒有保存下來，其內容也不爲外人所知了。後來，鄒浩由於上疏揭發奸臣章惇而被貶到邊遠地區。

哲宗死後無子，由其弟徽宗繼位，重新起用鄒浩爲朝中大臣，鄒浩返回朝廷時，君臣一見面，徽宗首先提到的就是進諫立后一事，並再三讚嘆，還詢問諫疏的底稿還在不在。鄒浩答道：

「已經燒掉了。」退朝後，鄒浩將此事告訴陳瓘，陳瓘惋惜地說道：「你的禍患由此開始了！以後如果有哪個奸人僞造一份諫疏陷害你，你就無法申辯了。」

奸臣蔡京主持政事後，因爲他平素就忌恨鄒浩，便叫他的黨羽僞造了一份鄒浩上疏的奏章，其中說：「劉后殺害了卓氏（哲宗的另一個妃子），並奪走了她的獨生子冒充爲自己的兒子。這樣做，固然可以騙人一時，但怎麼可能欺騙得了上天呢？」徽宗看了這份對皇室大不敬的僞奏，立即下詔調查這件事。再次將鄒浩貶謫到衡州任別駕（刺史的輔臣），以後又改派到昭州，這一切果然應驗了陳瓘的話。

事典

韓雍有備而無患

明代宗景泰年間，廣東副使韓雍巡撫到江西時，一天忽然有人報告說寧王的弟弟某親王來拜訪他。韓雍一面謊稱有病，請王爺稍候片刻：一面馬上派人去叫三司（明代將各省之都指揮使司、布政使司、按察使司合稱「三司」），並囑咐：「側門而入，以遮罩之。」一面找了個白木几子。然後韓雍才出來匍匐在地說：「臣患病在身，恭迎來遲，望親王恕罪。」

某親王一進門，便講了他哥哥要反叛朝廷的情況。韓雍推說自己耳朵有毛病，聽不清楚，請某親王把要講的都寫下來。某親王要紙，韓雍就讓手下人將白木几抬了進來，說道：「一時倉卒，未備紙張，請親王屈尊，就寫在几子上吧。」親王便將他哥哥要謀反的情況詳細寫在白木几上，就告辭了。

韓雍將這事報告了朝廷，皇上便派一大臣來調查。這時寧王兄弟又握手言歡了，某親王拒不承認說過他哥哥要反叛的話，因此沒有找到寧王謀反的任何證據。調查這事的大臣回京後，朝廷即以離間寧王宗室罪叛處韓雍，並且要將他押往京城追究。韓雍上繳了某親王親筆書寫在白木几上的狀子，並說有三司爲證，這才獲得了釋放。

第四招：以餌爲誘
——巧制小人謀算之法

釋評

道高一尺，魔高一丈。要巧制小人的謀算，往往先要揣摩小人的心理，施以好處。就像想要釣到大魚，必須先設置香餌一樣，在重利的引誘下，一些貪圖利益的小人就會自動上鉤，自投羅網。

事典

蘇秦遺計復仇

蘇秦是戰國時代叱吒風雲的縱橫大家，他曾以合縱之術說服六國抗秦，從此政途發達。一身佩帶六國宰相大印，聲威顯赫，春風得意，但最後不幸遭忌在齊國遇刺身亡。

蘇秦還在燕國時，他在權傾一時、得意忘形之際，竟色膽包天地私通上了燕文侯的遺孀、燕易王的母親。試想此種醜事要是傳出去了，豈不要使燕易王的臉面大大地丟盡！燕易王知道後，又羞又氣，本想處置蘇秦，但轉念一想，此事非同小可，若貿然處置，恐怕得罪了自己的母親——當今的國母；但如果睜隻眼閉隻眼的任其下去，又實在是無法忍受。正當燕易王左右爲難之時，狡猾的蘇秦已靈敏地察覺事情不妙，心想燕國是無法待下去了，自己得趕快想辦法逃走。

一天，他對燕易王說：「大王，臣繼續留在這，恐怕不會再給燕國帶來更多幫助。如果臣去齊國，得到齊王的信任後，再爲燕國在那裡活動，會對大王和燕國更爲有利。」燕易王深知，目前對燕國威脅最大的莫過於齊國，蘇秦的計謀若果真能實現，無疑對燕國大爲有利；退一步說，即使蘇秦沒有幫燕國的意思，他離去也比留在這裡好些，於是便說：「隨先生的便吧！」

過了幾天，蘇秦假裝得罪了燕易王而「逃」到齊國。巧舌如簧的蘇秦當然讓齊宣王查不出什麼破綻，於是便委他爲客卿。齊宣王好色，蘇秦就出餿主意要他徵選民間妙齡少女入宮，供其淫樂；齊宣王貪財，蘇秦又出餿主意要他變換名目徵收苛捐雜稅。齊宣王樂不可支，更視蘇秦爲心腹之臣，而對另外一些大臣的逆耳忠言卻都拋之腦後。齊宣王就在蘇秦的唆使下，日夜淫樂，很快就骨枯油乾，命赴黃泉了。

齊宣王去世後，齊湣王繼位。他仍然像父王那樣對蘇秦寵愛有加，言聽計從。蘇秦便利用齊宣王去世之機，勸說齊湣王一是要不惜窮竭國庫隆重地安葬先王，藉以向天下顯示自己的孝道；二是要增築高大的宮殿，擴建狩獵的苑囿，藉以向國人明示自己的志向。蘇秦企圖搞亂齊國，給燕國以可乘之機的連篇鬼話，竟被齊湣王認爲是無上妙計而一一照辦。

蘇秦這種明爲強齊實爲弱齊的卑鄙伎倆，理所當然地受到了齊國一些認清事理的大臣反對；而他這個外鄉人竟受到齊宣、湣兩代王的寵愛，也受到了齊國一些皇親貴戚的嫉妒。儘管他們一再向齊宣、湣王竭力進諫，但驕奢淫逸的齊宣王至死不悟，而剛剛登基的齊湣王也是置若罔聞。

於是，有人不惜重金買下刺客，密謀行刺蘇秦。有一天，蘇秦毫無戒心地早朝上殿，剛一走上臺階就被一壯漢用匕首捅進肚子，那壯漢隨即逃之夭夭。齊湣王聞訊大怒，馬上命人緝捕凶手。然而，朝廷上下平素嫉恨蘇秦的人互相勾結，彼此關照，凶手又怎能捉住？

蘇秦雖未當場喪命，但自知不久便會離開人世。可是凶手一時難以捉拿歸案，自己死後將更難緝捕凶手。然而，此仇不報，在九泉之下也不甘心啊！他靈機一動，想出一個復仇的妙計。

蘇秦臨死之前，對前來探望他的齊湣王悲慘兮兮地說：「大王在上，臣忠心耿耿輔佐先王和大王，以報答先王和大王您的知遇之恩，未曾想得罪了齊國的權貴小人，竟採取謀殺的卑鄙手段欲置臣於死地。臣很快就要與大王永別了，望大王依臣之計，捉拿凶手爲臣報仇。」說著說著，淚如泉湧，嗚咽抽泣。齊湣王也感動得熱淚盈眶，點頭示意一定要爲他報仇，蘇秦這才痛苦地閉上了雙眼。

蘇秦死後，齊湣王按照他的生前計策，派人在街市將蘇秦五馬分屍，還張貼布告說：「蘇秦是爲了燕國而跑到齊國來做間諜的，今日事情敗露，正法示眾。有誰願意揭發其罪行的，賞以千金。」那個行刺蘇秦的刺客果然自動露面了，他滿心以爲刺殺外國間諜是正義之舉，肯定會得到齊湣王的封賞的，不料卻是自投羅網。齊湣王命令司寇嚴加審訊，刺客被打不過，只好供出了主使者的姓名。齊湣王下令一併逮捕，一起綁赴法場斬首示眾。

蘇秦生前以一布衣而相六國，身雖死猶能遺計自報其仇，亦可以說是世上少有的「智多星」了。

第五招：假以推理
——巧制小人匿惩之法

釋評

推理是人類思維活動的一種形式，它是由一個或幾個已知的事實為前提而推導出一個新判斷的思維過程。常常被用於執法人員審訊罪犯之中；在審訊過程中，執法人員借助推理，分析和判明各種真假供述，揭穿疑犯匿跡藏形的假象，使罪惡行徑原形畢露，以達到制服小人的目的。

事典

張升推理斷命案

東漢張升任潤州州官時，當地曾發生一件命案：有個女人的丈夫已出門幾天不見回家，這天忽然有人通報，菜園井中有個死人，這個女人很吃驚，趕去一看就號啕大哭起來說：「這就是我的丈夫啊！」向州府裡報了案。

張升讓人把鄰里們都召集起來到井邊，張升說：「請大家幫助辨認一下，井下面的屍體是否是女人的丈夫。」大家都說：「井太深，無法識別，請大人把屍體撈上來再辨認。」於是，張升就命人把女人拘留起來，進行審問。果然她承認了是她的姦夫殺了她丈夫，她則是同謀。

事後人們問張升怎麼識破那個女人的，他回答說：「大家都辨不清，那女人就辨得清？她憑什麼認定那是她的丈夫？這不是不打自招嗎？」

事典

楊逢春「夜審」捉凶犯

明朝時，南京刑部典吏王宗，正在部裡值班，忽然有人來告訴他說，他的妾在寓所裡被人殺了。王宗立即跑回寓所，但很快又返回部裡並向上報了案。刑部尙書周公懷疑是王宗殺妾，下令把他抓了起來。王宗申辯說：「我是聽到報信後才回去的，這情形是大家都知道的。而且這個女人沒有外心，向來和我情投意合，我爲什麼要殺她呢？」終因證據不足，定不了罪。

幾個月後，都察院下令再次審查此案，發文責成浙江道御史楊逢春辦理。楊逢春詳細審閱了卷宗，沉思多時，然後宣布：定於某天夜裡二更後，審理王宗的案子，並告示百姓。到了這天夜裡，楊逢春派獄吏在監獄和大堂門外暗中監視並指示說：「有靠近來偷看的人，就抓進來！」臨近二更時分，獄吏果然捉到兩個人。其中的甲說：「是乙帶我作伴的，我不知道他爲什麼要來這裡。」楊逢春就放了甲，然後對乙用刑，乙終於全部招認了。他說，他和王宗所住寓所主人的妻子通姦，被王宗的妾發現了，所以就殺她滅口。楊逢春立即懲辦凶犯，釋放王宗。

事後，楊逢春解釋說：「如果白天審案，前來觀看的人就多了，怎麼能發現那罪犯呢？如果不是和自己切身利益相關的事，有哪個人肯深更半夜大老遠地來偷看審案呢？」

第六招：善鑿三窟

——巧制小人報復之法

釋評

為非作歹的小人都心狠手辣，一旦得勢則對反對他的人立即施以報復。而對君子而言，得勢時不忘失勢，得意時不忘失意，為人處事多個心眼，多留幾手，多鑿幾窟，是謹防小人得勢得意時反攻倒算的絕招。

事典

明哲保身的姚元之

唐武則天臨朝後，改國號爲周，她寵幸奸臣張易之、張宗昌等，打擊異己，大量殺害李氏宗室，致使綱紀傾頹，人心思復。

丞相張柬之、右臺中丞敬暉、司刑少卿桓彥範等五人密謀策劃殺掉二張；當時任靈武道安撫大使的姚元之一向忠正耿直，張柬之等五人便邀他合謀此事，果然一舉成功，殺了張易之兄弟，逼迫武后退位，擁立太子李顯復位，是爲唐中宗。張柬之等五人因爲除奸有功而被封爵，姚元之也因此而被封爲梁縣侯。

當武則天被迫退位遷往上陽宮時，唐中宗率領文武百官前去問安。參加密謀的張柬之等五人互相慶賀，惟獨姚元之一人痛哭流涕。張柬之等說：「小人被誅，明君復位，合當高興。今天您怎麼反倒悲哀哭泣？」姚元之答道：「元之侍奉則天皇帝日久，現在突然要分手了，所以感到悲痛難忍。況且元之前幾天追隨諸公誅滅奸臣小人，是盡了作臣子的本分；今天辭別舊主，也同樣是在盡臣子的本分。即使是因此而受到懲罰，我也心甘情願。」原來他是看到武三思（武則天的姪兒）未除，判斷已留下禍根；更知張柬之等剛愎自用，當時勸說也是毫無用處，只好預留後路，以防不測。

當誅除二張之後，洛州長史薛季昶曾對張柬之等建議道：「二張元凶雖已剷除，但武氏子弟還在朝中任職，草不除根，終當再生。」張柬之等回答道：「現在大局已定，你說的那批人不過是砧板上的肉，留給天子開刀好了！」薛季昶嘆息道：「如果這樣，你我死無葬身之地了。」朝邑尉武強人劉幽求也對桓彥範等說：「武三思還沒受到懲處，如果現在不及早作準備，等到大禍臨頭時再後悔就來不及了。」桓彥範等也沒重視。

不久，善於迎合君意的武三思，果然深得唐中宗的信任，並且勾搭上了韋后，竟然蓄謀亂政，虛封張柬之等五人爲王，而罷去其實權。張柬之、崔玄暐憂慮而死，其餘三人皆被害死。而姚元之因爲在送別武后往上陽宮時的一哭，遂未株連。

武三思最後終被殺，而姚元之則成了玄宗時在任最久的名相。可見此人是頗善於營建「三窟」、明哲保身的。

第七招：以柔克剛
——巧制小人叛亂之法

釋評

凡事無利則害，非福即禍，而世人無不趨利避害，求福去禍，這是人的本性使然，小人尤甚。因此，制服動亂之小人有一法：曉以利害，陳以福禍，往往也能收到以柔克剛的效果。

事典

孔鏞隻身止亂

明孝宗時，孔鏞任高州知府，到任才三天，峒族人突然進犯州城，然而州內的軍隊全都被調走了。眾官員提議關起城門來守城，孔鏞說：「守一個空城又能支持幾天呢？只有因勢利導，用朝廷的恩威去曉諭他們，或許他們會自動退去。」眾人都感到這樣做很難成功，認爲孔鏞的見解是脫離實際的迂腐之談。孔鏞說：「既然如此，那麼我們只能束手待斃了？」眾人說：「即便這樣，應當誰去呢？」孔鏞接著說：「這是我管的城池，當然應該我去了。」眾人見勸阻他不成，請求他帶著士兵去，孔鏞都拒絕了。

峒族人遠遠望見城門開了，以爲是軍隊出來交戰，再一看，是一個官員騎著馬走出來了。只有兩個馬夫爲他牽著馬，而且城門隨即關上了。峒族人攔住馬問孔鏞是做什麼的，孔鏞說：「我是新來的太守，你們領我到寨子裡去，我有話要對你們的首領說。」峒族人一時摸不清他的底細，姑且帶著他向前走去。走了很遠，進入了一片樹林中，孔鏞回頭一看，跟從他的馬夫溜走了一個，到了峒族人居住的地方，另一個馬夫也溜走了。

峒族人帶孔鏞進入山洞，峒族首領拔出刀來問：「你是做什麼的？」孔鏞大聲說：「我是你們的父母官，要讓我坐下，你們這群人再來參見我。」峒族人取來了一個坐榻，放在屋子中央，孔鏞坐下，招呼大家上前來，眾人你看我、我看你遲疑未動。

他們的首領問孔鏞是誰，孔鏞說：「我是孔太守。」首領說：「莫非是孔聖人的後代嗎？」孔鏞說：「是的。」這時峒族人一下子都圍上來拜揖孔鏞，孔鏞對大家說：「我本知你們是良民，由於飢寒所迫，才聚集在這裡苟且求個免於一死。前任官員不體諒你們，動不動就用軍隊來鎭壓，想把你們剷盡殺絕。我現在奉朝廷的命令來做你們的父母官，把你們看成是自己的兒孫，怎麼忍心殺害你們呢？你們如果眞能信任我，我會寬恕你們的。你們可以和我回州府，我發給你們糧食、布匹，以後就不要再出來搶掠了。但如果不信任我，那麼可以馬上殺了我，但是接著就會有官兵向你們興師問罪，一切後果就要由你們承擔了。」

在場的峒族人都嚇呆了，說：「要是眞的像您說的那樣體恤我們，在您任太守期間，我們絕不再騷擾進犯州府了。」孔鏞說：「我們一言爲定，不必多疑了。」眾人再次拜謝。孔鏞說：「我餓了，請上飯給我。」眾人殺牛宰羊，熱情地招待他。孔鏞飽餐了一頓，眾人對他的膽量都很驚訝和佩服。孔鏞見當時天色已晚，又對眾人說：「今天我來不及進城了，就在這裡住一宿吧！」眾人爲他準備好了臥室，孔鏞從容入睡。

第二天他吃了早飯，說：「我今天回去了，你們能派人跟隨我前去取糧食、布匹嗎？」眾人說：「好吧！」於是有人爲他牽著馬，峒族幾十個騎士跟從著他走出山林。

黃昏時分，孔鏞到了城下，城上的官吏看到他領來一隊峒族騎兵，驚訝地說：「肯定是太守害怕而投降峒族人，領著他們來攻打城池了。」他們爭著問孔鏞爲什麼帶著峒族人來，孔鏞說：「只要一開城門，我自有安排。」眾官員更加懷疑，拒絕開城門。孔鏞笑著對峒族人說：「你們暫且留步，我自己進城，然後再出來犒賞你們。」峒族人後退了一段距離，孔鏞才得以入城，孔鏞入城以後，命令手下人取來糧食和布帛，然後從城牆上扔給峒族人，峒族人得到糧帛以後道謝而歸。後來峒族人就不再做擾民的事了

孔太守雖然有祖先的名聲來作依靠，然而他說話行事溫和得體，一點也沒有觸犯凶惡敵人的聲勢。所以說：「天下最柔的常常能操縱、驅使天下最剛的。」

第八招：以緩制急
——巧制小人好色之法

釋評

世上有些拈花惹草、好色無度的小人，常常以勢以力強迫一些俊俏漂亮女子就範，以滿足自己的獸慾。而不少心地善良的黃花閨女忍心吞氣，不敢反抗，終使這類小人惡行得逞。當然，女性從力量上鬥不過這類蓄謀已久的好色之徒，那麼，碰到此類危急情況，如何面對陰險狡猾的好色小人？一是不要屈服其淫威，二是要有心計巧妙應付。

事典

徐氏不懼淫威

東漢末年，江東孫權的弟弟孫翊任丹陽太守時，媯覽任都督領兵，戴員爲郡丞，媯覽和戴員由於多次受到孫翊責備，因此都很忌恨他。於是他們重金賄賂孫翊左右的親信邊洪，密謀殺害孫翊。

有一天，正當孫翊送客時，邊洪從後面砍死他，然後逃到山裡去了。孫翊的妻子徐氏重金招募武士去追捕，捉到邊洪後，把他殺掉了。媯覽於是得以進入孫翊府中，接收、占有了孫翊所有婢女侍妾以及左右侍從，而且還想霸占漂亮的徐氏。徐氏見媯覽要加害於自己，就欺騙他說：「請你等到本月月底的那天，我設祭壇祭奠了丈夫以後，脫掉喪服，那時才能依從你。」媯覽同意了她的要求。

徐氏便偷偷派人去找孫翊過去手下的將領孫高、傅嬰等人，訴說了孫翊一家的不幸。孫高、傅嬰聽了痛哭流涕，發誓要爲孫翊報仇。

到了月底這天，徐氏爲丈夫祭奠完畢，就脫去喪服，薰香沐浴，又在其房間安排設置了帷帳。她有說有笑，顯得很高興的樣子。嬀覽藏在隱蔽的地方窺視到這一切，對徐氏便不再有疑心。徐氏先讓孫高、傅嬰與婢女們躲藏在大門裡面，等嬀覽進大門後，徐氏從屋裡出去拜見他。就在這時，徐氏大喊一聲，孫高、傅嬰一齊衝出，一起殺死了嬀覽，其他的人也在外面殺了戴員。於是，徐氏又重新披麻戴孝，把嬀覽、戴員的首級供奉在孫翊靈前以祭奠孫翊。事情傳揚出去後，全軍上下都爲之震驚嘆服。

事典

希光誅仇祭夫

北宋欽宗靖康年間，有個女子名叫申屠希光。她很有詩才，嫁給侯官縣的秀才董昌以後，她雖然生活清貧，家務辛苦，但她卻怡然自樂，很是滿足。

郡中有個叫方六一的大富豪，見希光長得很美，就想把她弄到手。他使人誣陷董昌，致使董昌被殺且株連九族。這時，方六一又假冒好人，出面說情，使董昌的妻子兒女都獲得赦免。董昌被殺以後，方六一就派侍從去向希光獻殷勤。並且強行送去聘禮。這麼一來，希光就明白方六一的陰謀，她假意答應對方的要求，並請求他幫助安葬自己的丈夫，再和他舉行婚禮。方六一聽大喜，派人按照禮節埋葬了董昌。喪事辦完之後，希光把孩子託在董昌友人家裡，然後豔妝打扮，隨身攜帶一把鋒利的匕首，裝出滿臉高興的樣子，來到方六一家裡，向他表示感謝，同時假意同與他結婚。方六一進到新房帷帳中，希光就用匕首殺了他，接著又殺了他的兩個侍從。到半夜，希光假稱方六一得了急病，讓人挨個去叫他的家人，方六一家裡的人一個個都被她殺死。於是，希光砍下方六一的頭，裝在一個袋子裡，帶到董昌墳上去祭奠。第二天，希光把村民們全部召來，告訴他們事情的原委，最後她說：「我要隨丈夫長眠地下了。」說著，她就上吊自盡了。

徐氏和申屠氏，都能夠在自己丈夫死後，不屈服好色小人的淫威，爲其亡夫報仇雪恨。徐氏是個達官貴人的夫人，她以緩制急，在外與其亡夫的部將合謀，在內有眾奴婢的同心協力，殺死一個粗疏而不加防備的好色小人媯覽，就好像打死一隻生病的老鼠那樣輕而易舉；而申屠氏就不容易了，在仇人尚未暴露出來之前，她只有耐心等待，等到好色小人方六一原形畢露之後，她又沉著冷靜，虛與委蛇，最後以大無畏的復仇精神，不僅親手殺死了謀害亡夫的僞君子方六一，而且從容不迫地用計將其全家殺得一個不留，後者未免有點濫殺無辜，但面對如此陰險狡猾的仇家，她不將之斷子絕孫，又怎能出這股悶氣呢？

國家圖書館出版品預行編目資料

小人經 / 長樂老原著 ; 馬樹全譯註.
—— 二版. ——臺中市　：好讀, 2017.02
面：　公分，——（經典智慧 ; 54）

1.人格心理學

ISBN 978-986-178-414-4（平裝）

173.7　　　　105025210

好讀出版

經典智慧54

小人經 剖析古代奸臣、小人的震撼之作

原　　著／長樂老
譯　　註／馬樹全
總 編 輯／鄧茵茵
文字編輯／莊銘桓
校　　對／李行之、瞿正瀛
美術編輯／賴怡君
發行所／好讀出版有限公司
台中市407西屯區工業30路1號
台中市407西屯區大有街13號（編輯部）
TEL:04-23157795 FAX:04-23144188 http://howdo.morningstar.com.tw
（如對本書編輯或內容有意見，請來電或上網告訴我們）
法律顧問　陳思成律師

線上讀者回函
獲得好讀資訊

讀者服務專線／TEL：02-23672044 / 04-23595819#230
讀者傳真專線／FAX：02-23635741 / 04-23595493
讀者專用信箱／E-mail：service@morningstar.com.tw
網路書店／http : //www.morningstar.com.tw
郵政劃撥／15060393（知己圖書股份有限公司）
印刷／上好印刷股份有限公司
如有破損或裝訂錯誤，請寄回知己圖書更換

二版／西元2017年02月01日
二版四刷／西元2021年09月30日
定價：300元
如有破損或裝訂錯誤，請寄回台中市407工業區30路1號更換（好讀倉儲部收）

Published by How Do Publishing Co. ,LTD.
2021 Printed in Taiwan

ISBN 978-986-178-414-4